U1071447

21世纪全国高职高专财经管理类规划教材

市 场 营 销

李红伟　陈　林　主　编

徐国良　陈　君　副主编

申秀清　焦利军　王进　杨富文　刘亚杰　参　编

北京大学出版社
PEKING UNIVERSITY PRESS

内 容 简 介

本书内容主要包括三大部分，第一部分主要介绍市场营销的概念和观念，分析市场的基本方法和进行市场营销的基本策略；第二部分介绍营销组合策略；第三部分介绍营销管理的基本方法，同时也介绍了近年来市场营销的新理论。在内容安排上，本书增加了大量的案例和阅读资料，课后有习题和实训内容，符合高职学院的教师实际教学和学生自主学习的需要。

本书适合各类高等职业学院、高等专科学院、成人教育高等专科学院和本科大学的二级职业学院经济管理类专业及相关专业学生使用，也可以用于企业、公司管理人员的培训及各类自学考生使用。

图书在版编目（CIP）数据

市场营销/李红伟，陈林主编. —北京：北京大学出版社，2006.8
（21 世纪全国高职高专财经管理类规划教材）
ISBN 978-7-301-10383-8

I. 市… II. ①李… ②陈… III. 市场营销－高等学校：技术学校－教材 IV. F713.50

中国版本图书馆 CIP 数据核字（2005）第 150586 号

书　　名：市场营销
著作责任者：李红伟　陈　林　主编
责 任 编 辑：郭　芳　何　翔
标 准 书 号：ISBN 978-7-301-10383-8/F・1342
出　版　者：北京大学出版社
地　　址：北京市海淀区成府路 205 号 100871
电　　话：邮购部 62752015　发行部 62750672　编辑部 62765126　出版部 62754962
网　　址：http://www.pup.cn
电 子 信 箱：xxjs@pup.pku.edu.cn
印　刷　者：北京大学印刷厂
发　行　者：北京大学出版社
经　销　者：新华书店
787 毫米×980 毫米　16 开本　15.75 印张　341 千字
2006 年 8 月第 1 版　2016 年 2 月第 7 次印刷
定　　价：24.00 元

未经许可，不得以任何方式复制或抄袭本书之部分或全部内容。

版权所有，侵权必究

举报电话：010－62752024；电子信箱：fd@pup.pku.edu.cn

前　言

本书以适应高职教学需要、体现高职特点为原则，在编写过程中极力做到内容简明扼要、结构安排合理，同时重视理论联系实际，案例和阅读资料极为丰富。本书适用于高职高专学院、成人教育高等学院、本科大学的二级职业学院经济管理类专业教学。

本书在编写中做到了以下几点。

（1）针对性和适用性强。本书主要是针对高等职业教育市场营销教学需要编写的，具有较强的针对性和适用性。

（2）完整、简洁、够用、适度。理论知识方面，本书从够用和适度出发，按照高等职业教育学生所应掌握的市场营销基本理论体系和内容进行编排，理论体系完整，知识量适中，深浅适度。

（3）知识新。本书容纳了营销学的最新发展，强调了营销理论与现实实践的紧密结合。

（4）案例多、新、全。本书几乎每个知识要点都有相应的案例加以说明，篇尾有“案例讨论”、“案例分析”，适合教学之用。

案例选择方面，尽可能贴近当前市场营销实际，涉及的公司和品牌也尽可能选择读者所熟悉的。

（5）相当数量的阅读资料。本书为减轻教师的讲授量，为实践性教学留出时间，同时又不至于影响学生知识面，每节都有一定量的阅读资料，资料够用、适度。符合教师实际教学和学生自主学习的需要。

（6）课后习题精炼、针对性强。本书每章后都有适量的习题，类型多，题量适中，适合高职学生的学习特点，也符合高职教师实际教学的需要。

本书由全国八所高职院校经济管理系（专业）的市场营销专业课主讲教师共同编写，主编为李红伟、陈林，副主编为徐国良、陈君，参编为申秀清、焦利军、王进、杨富文、刘亚杰。全书最后由李红伟修改和统稿。具体编写分工为：

第 1 章	北京电子科技职业学院	李红伟
第 2 章	石家庄职业技术学院	陈林
	北京电子科技职业学院	李红伟
第 3 章	北京工业大学通州分校	焦利军
第 4 章	内蒙古农业大学职业技术学院	申秀清
第 5 章	石家庄职业技术学院	陈林
第 6 章	石家庄职业技术学院	陈林

第 7 章　四川绵阳职业技术学院　　　　陈君
第 8 章　大连职业技术学院　　　　　　徐国良、王进
第 9 章　北京电子科技职业学院　　　　李红伟
　　　　首都经济贸易大学密云分校　　杨富文
　　　　辽宁交通高等专科学校　　　　刘亚杰

本书在编写过程中，得到了北京电子科技学院黄根隆副院长、经济管理系徐秀艺主任和梁莉芬书记的积极支持，同时北京大学出版社郭芳、何翔等同志也给予了大力协助；此外，还参阅、引用了有关著作和教材，在此一并表示衷心的感谢。

由于编者水平有限，书中难免有缺点和不足之处，敬请读者批评指正。

编　者
2006 年 7 月

目　　录

第 1 章　市场营销观念

教学目的和要求

✧ 使学生理解市场、市场营销的概念，重点掌握市场营销含义。
✧ 使学生了解生产观念、产品观念、推销观念、市场营销观念、社会市场营销观念，重点掌握市场营销新旧观念的区别。
✧ 使学生了解营销学的产生、营销学的研究对象。
✧ 使学生会运用市场营销观念去分析问题。

市场营销涉及我们经济生活的各个方面，关系到我们每一个人。在日常生活中我们认为理所当然的行为，如乘车、购衣、读报或看电视，所有这些都依靠营销。例如：公交公司鼓励人们坐车，告知人们时刻表和车票价格，且尽可能使更多的人知道，他们也会为诸如坐轮椅的人提供特殊的服务。每一种这样的行为都是一种市场营销决策。

很难想象现代生活没有营销将会怎样。如在超级市场购物或上学校付学费或去看电影时，你是站在市场营销中的顾客的立场上；当你劝服你的室友借车给你或你毕业后去求职时，你就站在了营销者的角度上。求职者把个人简历当作营销工具来获得与可能的雇主会面的机会，并利用会面去展现他们是怎样理想的“产品”。

市场营销已经成为我们人类所从事的许多活动的一部分；我们所面临的活动场所和范围也许在不断变化，但是市场营销基本理论却是普遍适用的。

案例 1.1　谁是合格的营销人员

美国西北大学市场营销学教授菲利普·科特勒曾在对外经济贸易大学的演讲中提到三个推销员到非洲去卖鞋的故事。

美国一家制鞋公司正在寻找国外市场，公司派一个推销员到非洲一个国家，让他了解一下能否向该国出卖鞋子。这个推销员到非洲后发回一封电报：“这里人不穿鞋，没有市场。”于是总裁又派去另一名推销员。第二个推销员在非洲呆了一个星期，然后发回一封电报：“这里人不穿鞋，市场巨大。”于是总裁又派去第三个人。他到非洲后呆了三个星期，发回一封电报：“这里人不穿鞋，但有脚疾，需要鞋；不过不需要我们生产的鞋，因为我们的鞋太瘦，我们需要生产肥一些的鞋。这里的部落首领不让我们做买卖，除非我们向他的金库进一些贡，才能获准在这里经营。我们需要投入大约 1.5 万美元，他才能开放市场。

我们每年能卖大约2万双鞋，在这里卖鞋可以赚钱，投资收益率约为15%。”

菲利普•科特勒认为，第一个推销员肯定不是在做市场营销，而只是一个收取定单的人。没有定单，他也就无所事事。第二个人也不是在做市场营销，只是一个推销员。因为第二个人认为：尽管这里的人不穿鞋，但我能让他们穿鞋。只有第三个人才是真正在做市场营销。他在电报中并没有说“我能卖鞋”，但是他说明了这里需要什么样的鞋，投资收益率如何，怎样通过卖鞋赚钱。

那什么是市场？什么是市场营销？怎么看待市场营销呢？

1.1 市场与市场营销

1.1.1 市场

1. 市场是商品交换的场所

市场是商品交换的场所，这是最早的人们对市场的认识。早期的市场，也仅指买卖双方聚集交易的场所，是以场所、地理或时空来作为认定标准的。对市场的这种认识持续了上千年，而且即使是现在，在很多场合下仍然在使用。

阅读资料1.1 《周礼》中的市场

在我国2000多年前的《周礼》中就阐述了丰富的市场管理思想，强调要根据市场的不同类型而进行管理。城镇中的市场分为朝市、大市和夕市。朝市是指从天亮后到早饭前的这段时间，做买卖的主要是行商坐贾；大市是指从正午之后开始的市场，做买卖的主要是四方的百姓；夕市是指从日偏西到黄昏的这段时间，做买卖的主要是小商小贩。在交通要道上要按规定设立市场，每隔50里左右设置一个市场，每个市场都要设置旅客住宿的地方。在农村要设置分散的小集市。

2. 市场是商品交换关系的总和

这种观点认为无论双方身处何地、有无场所，只要买卖双方之间有交易关系，就认为形成了个体的、局部的市场，而这种关系的总和就是整体的、一般意义上的市场。“关系论”的出现，意味着人们对市场的认识从“场所”这一形式转移到了“交换”这一实质上，应当说是人们对市场认识的一种进步。

随着近代科技的发展，尤其是通讯技术的发展，出现了电话、传真等通讯工具。此时，买卖双方的交易可能并不需要一个固定的、有形的场所，甚至于双方根本不用谋面。既然场所可能不存在，还用“场所论”去解释一般意义上的市场的话显然是行不通的，于是出现了“交换关系”这种变通。

美国经济学家弗里德里克·L·普瑞尔认为：“市场是一种经常被谈论，但很少被定义的制度。通常它是买者与卖者碰面，议定商品和劳务交换的过程，价格存在的地方，价格受到供求力影响的地方。”他举例说，“市场并不是只出现在正式的集市场合。例如，在美国，许多小麦的买卖是商人之间通过电话进行的。有时候，一个市场的存在是难以确定的。”这时的西方学者是根据买卖双方是否发生交换关系，而不论这种交换关系是以什么形式发生来规定市场的。”

3. 市场是某种产品的现实购买者与潜在购买者需求的总和

在这个意义上，市场应该包含三个主要因素，即有某种需要的人、为满足这种需要的购买能力和购买欲望。用公式来表示就是：

市场＝人口＋购买能力＋购买欲望

顾客或消费者是构成市场的第一要素，它同购买欲望和购买能力共同构成市场的三要素。构成市场的这三个要素是相互制约、缺一不可的，只有三者结合起来才能构成现实的市场，才能决定市场的规模和容量。所以，市场是上述三个因素的统一。市场是指具有特定需要和欲望，而且愿意并能够通过交换来满足这种需要或欲望的全部潜在顾客。

阅读资料 1.2　购买者构成市场

市场营销学出现后，对市场的理解发生了一些变化。因为市场营销学是站在企业的角度亦即卖方的角度来进行研究的，于是在作为卖方的企业来看，自己所寻找的市场当然就是指买方，而不是买卖双方。也就是说销售者构成行业，购买者构成市场。

比如我们经常会说：“这个商品有没有市场？”这时我们的意思是说这个商品“能不能卖出去”或者说“有没有人买”。有人买，能卖出去，就有市场；卖不出去，没人买，就没有市场。

1.1.2　市场营销

1. 市场营销的概念

1985 年，美国市场营销协会定义委员会重新给市场营销下了定义：“市场营销是个人和组织对思想、产品、服务的构思、定价、促销和分销的计划和执行过程，以创造达到个人和组织的目标的交换。”

尽管上述定义从理论上讲很完善，但表述上显得拖沓，因此，中国学者多数喜欢采用美国市场营销学专家菲利普·科特勒的定义："市场营销是个人和集体通过创造，提供出售，并同别人交换产品和价值，以获得其所需所欲之物的一种社会和管理过程。"

在交换双方中，如果一方比另一方更主动、更积极地寻求交换，则前者称为市场营销者，后者称为潜在顾客。所谓市场营销者，是指希望从别人那里取得资源并愿意以某种有价之物作为交换的人。市场营销者可以是卖主，也可以是买主（如参与拍卖）。在另一种场合，买卖双方都在积极寻求交换，那么，我们就把双方都称为市场营销者，并把这种情况称为相互市场营销。

阅读资料 1.3　给市场营销下定义

市场营销，从字面来看，"营"具有管理之意，包括计划、组织、指挥、协调和控制等；"销"具有通过促销活动把商品和服务销售给消费者之意。因此，可以把市场营销看作是在市场中进行商品交换的活动过程。

从概念的形成过程来看，市场营销是由英文"MARKETING"一词翻译过来的，产生于美国，原义是市场上的买卖活动。随着市场经济的发展，人们对市场营销的认识在不断的深化，但由于考虑问题的角度不同，便产生了对市场营销的不同理解，从而形成了不同的概念。

1960 年，美国市场营销协会（American Marketing Association，AMA）定义委员会将市场营销定义为"把产品和劳务从生产者引导到消费者或用户所进行的企业活动。"这个定义的缺点，是把市场营销仅仅局限在流通领域，从而容易产生市场营销与推销的混淆。

美国人里查德、彼得·吉利特和约翰·瑞思斯在其所著的《市场营销原理与决策》一书中，把市场营销定义为："确定市场需求，并使提供的商品和服务能满足这些需求。"这一定义的优点，是把市场营销研究超出了流通领域，从而把营销与推销区别开来；缺点是没有超出企业的界限，认识不到市场营销对整个国民经济发展的重要意义。

2. 市场营销的内涵

同其他定义相比，1985 年的新定义在内涵上丰富得多，从而更符合社会的实际情况。其发展主要体现在五个方面。

（1）该定义把市场营销主体从企业扩展到整个社会。在市场经济条件下，无论营利组织还是非营利组织，无论政府机关还是个人，都必须了解市场，研究市场，因而必须发展营销活动。可见，这一概念完善了政府机关及非营利组织是市场营销主体的理论。

（2）该定义把市场营销客体从产品扩展到思想、服务的领域。由于市场营销主体的差异，其运作对象各不相同。企业要营销自己的产品和服务，政府机关要营销自己的思想和政策，个人要营销自己的体力和智力等。可见，这一概念适应了市场经济条件下市场营销发展的要求。

（3）该定义强调了市场营销的核心功能是交换。交换是以提供某物作回报而与他人换取所需要物品的行为。因此，交换活动存在于市场经济条件下的一切社会经济生活中。如供应方用商品换取需求方的货币，纳税人用税金换取政府机关的服务等。可见，这一概念抓住了市场营销理论的实质。

（4）该定义指明市场营销的指导思想是顾客导向。在买方市场条件下，顾客（服务对象）处于主导地位。市场营销主体只有以顾客为导向，才能在社会上树立自己的良好形象，顾客才愿意购买你的产品，才会支持你的观点政策，也才能实现自己的目标。

（5）该定义说明市场营销活动是一个过程，而不是某一个阶段。市场营销活动包括决策的过程和贯彻实施该决策的过程，需要全部工作的协调平衡才能达到目标。否则，如果只有一项或某几项工作做得好，其他工作做得不好，也就无法实现决策目标，达不到应得的经济效益。

3. 市场营销与促销、推销的区别

市场营销不同于促销和推销。现代企业市场营销活动包括市场营销研究、市场需求预测、新产品开发、定价、分销、物流、广告、人员推销、销售促进、售后服务等。

促销只是市场营销策略之一。海尔集团公司总裁张瑞敏指出："促销只是一种手段，但营销是一种真正的战略。营销意味着企业应该'先开市场，后开工厂'。"

推销是市场营销中促销策略的一个组成部分，促销策略包括广告、公关、人员推销和营业推广（销售促进）四个方面的组合。推销一般仅指促销组合中的人员推销。推销是营销人员的职能之一，但不是最重要的职能。

营销不同于推销，如果企业搞好市场营销研究，了解购买者的需要，按照购买者的需要来设计和生产适销对路的产品，同时合理定价，搞好渠道选择等市场营销工作，那么这些产品就能被轻而易举地销售出去。

从管理的角度，市场营销管理包括三个层次：一是策划，其工作主要是制订市场战略，规划未来。这是单位一把手做的工作。二是管理，其工作主要是进行市场调研与预测，并要搞好市场、人员等管理工作。这是单位的中层管理者干的工作。三是推销，其工作主要是进行市场调查、搜集信息、销售商品、回收货款。这是单位的推销人员干的工作。从三个层次看，如果一把手的工作做不好，再能干的推销员也很难把产品销售出去。

阅读资料 1.4　营销的目的就是使推销成为不必要

菲利普·科特勒曾指出："市场营销最重要的部分不是推销，推销仅仅是市场营销冰山的顶端，是市场营销几个职能中的一个，并且往往不是最重要的一个。因为，如果营销人员做好识别消费者需要的工作，发展适销对路的产品，并且搞好定价、分销和实行有效

的促销，这些货物将会很容易地销售出去。”

美国市场营销学专家彼得·杜拉克指出：“某些推销工作总是需要的。然而营销的目的就是使推销成为不必要。”

4. 市场营销中需要区别的几组概念

（1）需要、欲望、需求

人类的需要和欲望是市场营销活动的出发点。

需要是指没有得到某些基本满足的感受状态。

欲望是指想得到基本需要的具体满足物的愿望。

需求是指对于有能力购买并且愿意购买的某个具体产品的欲望。

将需要、欲望和需求加以区分，其重要意义就在于阐明这样一个事实，即市场营销者并不创造需要；需要早就存在于市场营销活动之前；市场营销者，连同社会上的其他因素，只是影响了人们的欲望，并试图向人们指出何种特定产品可以满足其特定需要，进而通过使产品富有吸引力，适应消费者的支付能力且使之容易得到，来影响需求。

（2）产品、服务

产品、服务表述为能够用以满足人类某种需要或欲望的任何东西。人们通常用产品和服务这两个词来区分实体物品和无形物品。但是实体产品的重要性不仅在于拥有它们，更在于使用它们来满足我们的欲望。

阅读资料 1.5　市场营销近视症

市场营销者的任务，是向市场展示产品实体中所包含的利益或服务，而不能仅限于描述产品的形貌。否则，将导致企业“市场营销近视”，即在市场营销管理中缺乏远见，只看见自己的产品质量好，看不见市场需要在变化，最终使企业经营陷入困境。

（3）效用、价值

所谓效用是指产品满足人们欲望的能力。效用实际上是一个人的自我心理感受，它来自人的主观评价。价值用马克思的话来说就是“凝结在产品中的无差别的人类劳动”，由“社会必要劳动时间”来衡量，是一个客观的评价。

（4）交换、交易

所谓交换是指通过提供某种东西作为回报，从别人那里取得所需物的行为。交易是交换活动的基本单元，是由双方之间的价值交换所构成的行为。

当人们决定以交换方式来满足需要或欲望时，就存在市场营销了。

阅读资料 1.6　交易与交换

一个人可以通过四种方式获得自己所需要的产品，交换是其中之一。第一种方式是自行生产；第二种方式是强制取得；第三种方式是乞讨；第四种方式是交换。

交换的发生，必须具备五个条件：至少有两方；每一方都有被对方认为有价值的东西；每一方都能沟通信息和传送物品；每一方都可以自由接受或拒绝对方的产品；每一方都认为与另一方进行交换是适当的或称心如意的。

交易是交换活动的基本单元。一次交易包括三个可以量度的实质内容：至少有两个有价值的事物；买卖双方所同意的条件；协议时间和地点。

1.2　市场营销管理观念

美国市场学专家菲利普·科特勒为衡量一个企业营销组织机构的优劣，设计了"POISE"评估标准。"POISE"表示：观念（Philosophy）、组织（Organization）、情报（Information）、策略（Strategy）和效率（Efficiency）。由此可见，考察一个企业，首要标准就是观念，即企业从上到下的工作人员是否有一个一心想到消费者、为消费者服务的经营指导思想。不仅最高层次的决策者及各个部门的负责人要具备这种指导思想，每一个具体工作人员也要具备正确的观念并把它体现在各自不同的本职工作中。只有这样，一个企业的营销活动状况才能良好。

市场营销管理观念（市场营销哲学），就是企业在开展市场营销管理过程中，在处理企业、顾客和社会三者利益方面所持的态度。现代企业的市场营销管理观念可归纳为五种，即生产观念、产品观念、推销观念、市场营销观念和社会市场营销观念。

1.2.1　生产观念

生产观念是指导销售者行为的最古老的观念之一。生产观念认为，消费者喜欢那些可以随处买得到而且价格低廉的产品，企业应致力于提高生产效率和分销效率，扩大生产，降低成本以扩展市场。显然，生产观念是一种重生产、轻市场营销的商业哲学。

阅读资料 1.7　福特是黑色的

在从工业革命到 1930 年左右这段时期，很多公司把注意力集中在提高制造技术上。美国福持汽车公司就是当时持这种指导思想的典型代表。亨利•福特曾宣称："不管顾客需要什么颜色的汽车，我只有黑色的。”应当说福特公司以此为指导思想在当时还是相当成功的，由于采用了流水线生产技术，使汽车生产成本大幅度降低，产量迅速提高，从而使汽车价格大幅降低，汽车得以开进千家万户。

我国实行改革开放初期，很多企业以及当时的政府官员也曾以这种生产观念为导向，大量上项目，仅仅电冰箱在全国引进了近百条生产线，仅仅阿里斯顿生产线就上了9条，仍是供不应求。

生产观念是在卖方市场条件下产生的，开始于18世纪的工业革命。在这一阶段，企业关注的是制造过程。他们寻找各种方法以便更快、更高效地生产更多的产品。生产阶段时期，许多工业企业处于卖方市场，即对产品的需求大于产品供给，具体表现为：“我们能生产什么，就卖什么。”在这一时期，制造商只关注生产。事实上，消费者对他们的产品需求很大，以至于他们急迫需要改善生产方式去满足现实的需求。

以生产观念为导向的营销活动具有以下特点：

（1）生产活动是企业经营活动的中心和基本出发点；

（2）降低成本、扩大产量是企业成功的关键；

（3）不重视产品、品种和市场需求；

（4）追求的目标是短期利益；

（5）坚持“我生产什么、商家就卖什么、消费者就买什么”的经营思想。

可见，这是一种只适应于“卖方市场”的营销理念，具有明显的局限性。

（1）由于持这种营销理念的企业，重视生产，忽视销售，把所有的精力和人、财、物等资源都集中在生产环节，忽视市场和消费需求的存在，这对于当时处于商品生产初期阶段的企业尚可有效。但是，随着市场的发展，如果企业仍然不考虑市场需求，盲目生产，那么企业就无法逃脱被市场淘汰的命运。所以，以生产为导向的观念只适合于消费者购买力低、需求缺口大、生产力水平低的卖方市场。

（2）营销手段单一，不适合市场经济发展的需要。加强生产管理、进行规模化生产、降低产品成本，对企业来讲固然重要，但仅有这些还是远远不够的。忽视市场销售和消费者需求，将销售手段仅仅停留在生产制造过程，就无法满足现代消费需求的多样化。

（3）这种观念所代表的急功近利倾向也是现代企业所忌讳的。以生产为导向的理念对企业进行评价的指标体系主要是短期利润。片面追求短期的销售额，忽视企业的长期利益，如果现代企业仍然持有这种指导思想，那它迟早会被市场所淘汰。

在生产观念的指导下，企业普遍认为：只要能向顾客提供买得起、买得到的产品，就会实现销售；生产的关键就在于降低成本、扩大产量、提供价廉的产品；企业只注重生产，无需关心市场。

案例 1.2　本公司旨在制造面粉

美国皮乐斯堡面粉公司从成立到 20 世纪 20 年代一直宣称："本公司旨在制造面粉。"因为那个时代，人们的消费水平低，所以美国皮乐斯堡面粉公司认为不须做大量宣传，只需保持面粉的质量，大批量生产，降低产品成本和售价，销售量就自然大增，利润也继而增加，而不必讲究市场需求特点和推销方法。

1.2.2　产品观念

产品观念认为，消费者最喜欢高质量、多功能和具有某种特色的产品。企业应致力于生产高质量产品，并不断加以改进。所谓"酒香不怕巷子深"、"皇帝女儿不愁嫁"。

最容易滋生产品观念的场合，莫过于当企业发明一项新产品时。此时，企业最容易导致"营销近视症"，即不适当地把注意力放在产品上，而不是放在市场需求上，只看到自己的产品质量好，看不到市场需求在变化，致使企业经营陷入困境。

产品观念和生产观念有许多相同之处，都产生在供不应求的"卖方市场"形势下，都是以生产为中心，都忽视市场的存在和多样化的需求。正因为如此，许多人将二者合而为一，但二者有较为明显的差别。产品观念认为，消费者欢迎那些质量好、多功能和具有多种特色的产品。因此，企业应致力于提高产品质量，只要物美价廉，顾客自然会找上门，无需大力推销。可见，以"产品观念"为营销理念的企业，往往迷恋于自己的产品，表现出面向"标准"而不是面向需求的产品导向意识。

以产品观念为导向的营销活动具有以下特点：

（1）生产和质量是企业经营活动的中心，"质量第一"而不是"顾客第一"；

（2）加强生产管理、提高产品质量是企业成功的关键；

（3）忽视消费者的需求与推销活动；

（4）追求的目标仍是短期利润；

（5）坚持认为"拥有质量就拥有购买者"的经营思想。

可见，虽然产品观念比生产观念前进了一步，但这种指导思想同样只适应于卖方市场，并日益显示出其固有的缺陷，主要表现在以下两点。

（1）这种营销理念所强调的"质量观"与现代企业所强调的"质量是企业的生命"有根本的不同。他们的质量观是面向标准，即政府、行业管理机构、企业所提出的质量标准，而不是面向消费者、符合市场消费者所要求的质量标准。

（2）持此营销理念的企业过分强调质量在营销中的地位，从而淡化了消费者其他需要，导致"营销近视症"。

1.2.3 推销观念

推销观念（或称销售观念）是为许多企业所采取的另一种观念。它认为，消费者通常表现出一种购买惰性或抗衡心理，如果听其自然的话，消费者一般不会足量购买某一企业的产品。因此，企业必须积极推销和大力促销，以刺激消费者大量购买本企业产品，从而扩大销售，提高市场占有率，取得更多的利润。

案例 1.3 本公司旨在推销面粉

1930 年左右，美国皮乐斯堡面粉公司发现，在推销公司产品的中间商中，有的已开始从其他厂家进货，销售也随之不断减少。为了扭转这种局面，该公司第一次在公司内部成立了商情调研部门，并选派了大量推销人员，同时更改了口号："本公司旨在推销面粉。"美国皮乐斯堡面粉公司还非常重视推销技巧，不惜采用各种手段，进行大量的广告宣传，甚至使用硬性兜售的手法，推销面粉。

推销观念产生于资本主义国家由"卖方市场"向"买方市场"过渡的阶段，是随生产时期的大混乱出现的。从 20 世纪 30 年代一直持续到 50 年代。从 20 世纪 20 年代末开始，随着资本主义生产力的发展，社会产品日益丰富，花色品种不断增加，市场上许多产品开始供过于求，企业竞争激烈，特别是 1929 年资本主义世界爆发了空前严重的经济危机，堆积如山的货物卖不出去，市场萧条。面对如此严重的危机，许多企业认识到，即使有高质量的产品也未必能卖得出去，要在激烈的市场竞争中求得生存并不断发展，企业的中心工作必须由生产转移到促进销售上来，于是形成了以推销观念为核心的营销理念。与过去相比，这一阶段的企业开始把注意力转向市场，但仅停留在产品生产出来以后如何尽力推销的阶段上。

在这个时期，制造商们认为商务成功依靠的是比竞争对手更有效的推销。他们关心的问题不是"顾客需要什么"，而是"我们如何使顾客购买我们的产品"。企业强调的是产品的推销，就如在生产时期努力提高制造技术一样，商行建立了直销队伍并且与商人和其他能把其产品打入市场的商行建立起联系。这时，广告开始发挥了重要作用。

推销观念在现代市场经济条件下被大量用于推销那些非渴求物品。

以"推销观念"为营销理念的企业营销活动具有以下特点：

（1）现有产品是企业经营活动的中心和出发点；

（2）强力推销是企业成功的关键，坚持"好酒都得靠吆喝"的经营思想；

（3）忽视消费者的需求，注重产后推销工作；

（4）追求的目标还是短期利润；

（5）这种观念只适应于未成熟的"买方市场"。

推销观念尽管走出了只顾生产、眼光向内的狭隘与偏见，开始把眼光转向市场，但认识还是肤浅的，还存在严重的缺陷。第一，营销工作的滞后性，即不进行事前的市场调查与预测，只有产品卖不出去造成产品积压后才想方设法搞推销。这种滞后性的推销工作往往带有非常盲目的性质，搞不清楚产品积压的真正原因，不能防患于未然，必然导致企业生产经营活动的恶性循环和被市场牵着鼻子走。第二，导致企业工作重心的错位和企业形象的损坏。由于企业过分强调推销的作用，急于推销积压的产品，使企业的工作重心全部放在产品推销上面，影响企业其他经营活动的开展。另外，企业在想方设法推销产品的过程中，很容易产生硬性推销、强买强卖、滥用广告的现象，这样既损害消费者的利益，又损害了企业自身的声誉，最终影响企业的长远利益。

1.2.4 市场营销观念

20 世纪 50 年代，西方社会经济条件发生了深刻变化，由“卖方市场”转变成“买方市场”，以此为分水岭，市场营销观念发生了一次大的转变，由以企业为导向的传统营销观念转变为以消费者需求为导向的市场营销观念。

第二次世界大战以后，随着第三次科学技术革命的深入，市场可供的产品数量激增，品种日新月异。同时由于大量的军工企业转为生产民用产品，使商品市场的供应量急剧扩大，供给大于需求的现象日益突出，买方市场出现。在买方市场条件下，消费者有了充分选择商品的余地，可以在充裕的商品中通过比较从而选择自己喜爱的商品。另一方面，随着社会的发展，消费者的收入水平和文化生活水平不断提高，消费者的需求日益向着求便利、追时尚、求愉悦、多变化的方向发展。时代的变革和市场环境的变化向企业的生存与发展提出了严峻的挑战，过去那种“酒香不怕巷子深”的优越感已不复存在。面对日益激烈的市场竞争，谁拥有顾客，谁就得以生存和发展，从而使市场营销理念进入市场营销观念阶段。

案例 1.4 该研究消费者需求了

美国皮乐斯堡面粉公司采取的各种强力推销方式并未满足顾客经常变化的需求，特别是随着人民生活水平的提高，这一问题也就日益明显，迫使该公司必须从满足消费者的心理及实际需要出发，对消费者进行研究。1950 年，该公司经过市场调查，了解到战后美国人民的生活方式已发生了变化，家庭妇女采购食品时，日益要求多种多样的半成品或成品，如各式饼干、点心、面包等，来代替购买面粉回家做饭。针对市场需求的变化，这家公司开始生产和销售各种半成品或成品的食品，使销售量迅速上升。

1958 年，该公司又进一步成立了皮尔斯堡销售公司，着眼于长期占领市场，着重研究今后 3 年到 30 年消费者的消费趋势，不断设计和制造新产品，培训新的销售人员。

市场营销观念是作为对上述诸观念的挑战而出现的一种新型的企业经营哲学。市场营销观念认为，实现企业各项目标的关键，在于正确确定目标市场的需要和欲望，并且比竞争者更有效地传送目标市场所期望的物品或服务，进而比竞争者更有效地满足目标市场的需要和欲望。从本质上说，市场营销观念是一种以顾客需要和欲望为导向的哲学，是消费者主权论在企业市场营销管理中的体现。

在市场营销观念指导下的营销活动具有如下特征。

（1）消费者需求是企业经营活动的出发点。长期以来，企业活动的重点和出发点一直放在企业内部的生产环节上，其产销活动过程是："生产—销售—消费"，而以顾客为核心的市场营销理念则已变成了"需求—生产—销售—消费"。这种变化使顾客需求由过去的被动地位转化为主动地位，成为企业经营活动的出发点。

（2）发现目标市场和消费者的潜在需求，并集中企业的一切资源占领目标市场是企业成功的关键。这样就改变了过去仅仅注重推销手段，使营销活动顾此失彼的被动局面。

（3）营销活动贯穿于企业经营活动的全过程。如市场调查与预测、产品设计与开发、生产组织与财务分析、分销渠道与仓储运输、销售与公关、包装与商标、广告宣传等。

（4）追求长远利益和公司的长久发展。营销人员已经意识到，企业追求利润的手段应该建立在满足消费者需求的基础上。消费需求满足的程度越大，说明企业在消费者心目中的地位越高，企业赢利的可能性越大。因此，企业在营销过程中首先注重商品或服务对消费者需求的满足程度。

市场营销观念下，企业的经营观念已经从仅仅把产品推销给顾客转变为寻找顾客的需求，并且设法满足这种需求。生产观念和销售观念说到底还是一种"以产定销"的观念。在市场营销观念下，企业的出发点不是像在前两阶段那样以制造者的目标为中心，而是以顾客的需求和欲望为出发点。具体表现为："顾客需要什么，我们就生产销售什么。"这一时期许多公司开始在其流通过程中运用市场营销，建立了市场营销机构，开始把注意力投向顾客的需求和欲望，并开始贯彻市场营销的观念。这是一种把市场营销和公司其他部分整合起来，并满足顾客的需求和欲望，使得公司长期赢利达到最大化的市场营销思想。

市场营销观念取代传统观念是企业经营思想上一次深刻的变革，是一次根本性的转变。新旧观念的根本区别可归纳为以下四点（如表1-1所示）。

表1-1 传统观念与市场营销观念的比较

观念 指标	传统观念	新型观念
中心	产品	市场需求
出发点	厂商自身	顾客（消费者）
目标	单一目标（利润最大化）	多重目标（需求是前提）
手段	单一手段	整合营销手段

（1）中心不同。传统观念都是以卖方需要为中心，着眼于卖出现有产品，"以产定销"；市场营销观念则强调以买方需要即顾客需要为中心，按需要组织生产，"以销定产"。

（2）出发点不同。按传统观念，市场处于生产过程的终点，即产品生产出来之后才开始经营活动；市场营销观念则以市场为出发点来组织生产经营活动，市场处于生产过程的起点。

（3）目标不同。传统观念以销出产品取得利润为终点；市场营销观念则强调通过顾客的满足来获得利润，因而不但关心产品销售，而且十分重视售后服务和顾客意见的反馈。

（4）手段不同。按传统观念，主要是以广告等促销手段千方百计推销既定产品；市场营销观念则主张通过整体营销的手段，充分满足顾客物质和精神上的需要，实实在在为顾客服务，处处为顾客着想。

阅读资料 1.8　市场营销观念的运用

市场营销观念的形成和在实践中被广泛运用，对西方企业改善经营起了重要作用，取得了重大成就。如索尼公司设计的随身听，任天堂设计的高级电视游戏机，马自达推出的RX-7型运动车，这些制造商的订货多得应接不暇，因为他们在大量营销工作的基础上设计出了“合适”的产品。美国的可口可乐、万宝路、P&G、IBM、麦当劳等公司也都是运用市场营销观念并取得成功的范例。因此，在西方有人把这一经营思想的变革同产业革命相提并论，称之为“营销革命”，甚至还有人说这是企业经营思想方面的“哥白尼日心说”。这虽然未免夸大其词，但这一经营思想的重要性及其影响之大，的确不容忽视。不过，近年来也有人提出，不应过分夸大营销革命的作用而忽视技术革命和新产品开发，新产品毕竟是占领市场的物质基础。

市场营销观念的理论基础就是“消费者主权论”，即决定生产何种产品的主权不在于生产者，也不在于政府，而在于消费者。在生产者和消费者的关系上，消费者是起支配作用的一方，生产者应当根据消费者的意愿和偏好来安排生产。生产者只要生产出消费者所需要的产品，就不仅可增加消费者的福利，而且可使自己获得利润，否则他们的产品就没有销路。这显然是在买方市场的前提下产生的，在卖方占支配地位的供不应求的市场上，难有真正的消费者主权。

虽然市场营销观念强调满足顾客需要是企业压倒一切的最高宗旨，但私人企业生产经营的根本目的毕竟是为了利润，满足需要不过是获得利润的一种手段，许多企业为了牟取暴利，往往置消费者利益和社会利益于不顾。例如，虚假的广告宣传，冒牌的或有害的商品，不择手段的推销等，不一而足。于是，自20世纪60年代以来，消费者保护运动在西方发达国家更加发展壮大。在这一运动的推动下，许多国家的政府也加强了保护消费者利益的立法和执法。1973 年美国管理学权威彼得·杜拉克说过：“消费者保护成为一种流行的社会运动，证明过去20年里市场营销没有真正被广泛实行，消费者保护运动是市场营销的耻辱。”这一切表明，市场营销观念需要补充和修正，需要一种更加完善的营销管理哲学。

1.2.5 社会市场营销观念

20 世纪 70 年代，以美国为代表的一些营销学专家对以顾客为核心的营销理念产生了怀疑，提出了一系列问题。彼得·杜拉克曾明确指出：“市场营销的漂亮话讲了 20 年之后，消费者主义居然变成一个强大的流行运动，这就证明没有多少公司真正奉行市场营销观念。”为此，许多学者提出了一系列新的观念，以修正和替代简单的市场营销观念，出现了如“人性观念”、“明智的消费观念”、“生态强制的观念”等。这些新的观念所关注的是同一社会问题的不同方面，因此被统称为“社会市场营销观念”。

社会市场营销观念是对市场营销观念的修改和补充。社会市场营销观念认为，企业的任务是确定各个目标市场的需要、欲望和利益，并以保护或提高消费者和社会福利的方式，比竞争者更有效、更有利地向目标市场提供能够满足其需要、欲望和利益的物品或服务。社会市场营销观念要求市场营销者在制定市场营销政策时，要统筹兼顾三方面的利益，即企业利润、消费者需要的满足和社会利益。

社会营销观念作为一种新的市场营销理念，核心观点是：企业提供产品和服务，不仅要满足消费者的需求或短期欲望，而且要符合消费者的长远利益和社会的长远发展，改善社会福利，即企业决策者在确定经营目标时，应当根据自己企业的优势，既要考虑市场需求，又要注意消费者的长远利益和社会利益，综合运用各种营销手段，引导消费者合理消费，实现企业利益和社会效益的统一。

以“社会市场营销观念”为指导思想的营销活动的特点如下。

（1）消费者利益和社会利益并重，成为企业经营活动的双层中心。它克服了企业单纯以消费者需求为中心的片面性，在关注消费者现实需求的同时，还关注消费者的长远利益和整个社会的整体利益，倡导资源的有效合理利用，维护人类生存的环境。

（2）全面、完整地运用营销手段是企业成功的关键。企业不仅综合利用各种营销手段，尽力寻找和满足消费者的需求，而且通过各种措施引导消费者进行合理消费。如在满足部分烟民吸烟需求的同时，还提醒人们“吸烟有害身体健康”等。

（3）重视追求企业的长远利益和社会的全面进步。可见，“社会市场营销观念”与以前的市场营销理念有所不同。它克服了以往企业作市场营销决策时主要考虑自己眼前利润的做法，开始把社会利益作为市场营销决策时必须考虑的因素，认为企业的市场营销决策必须全面兼顾消费者利益、社会利益和企业的长远利益。

1.3 市场营销学

市场营销学萌芽于 20 世纪初，形成于 20 世纪中叶，成熟于 20 世纪 80 年代。

市场营销学是在西方发达国家诞生，在资本主义经济高速发展中形成、发展并日趋成熟的。

19 世纪末至 20 世纪初，一些主要资本主义国家先后完成工业革命，由自由竞争走向垄断。资本主义进入垄断阶段后，一方面随着科学技术的进步，社会生产力迅速发展，市场商品空前丰富；另一方面，生产社会化与生产资料资本主义私有制的矛盾也越来越尖锐、竞争趋向激烈，生产的无政府状态不断加剧，商业危机日趋严重。如果说过去企业间的竞争主要限于生产领域，表现在如何提高劳动生产率、降低生产成本、增加产量以获取最大利润方面。那么，这时竞争焦点已逐渐转移到流通领域，体现在如何使产品适应市场需要，占据最大市场份额以获取最大利润上。

过去主要是能不能生产的问题，而这时主要是能不能销售的问题。市场形势的变化，使得资本主义企业，尤其是那些拥有巨额资本、实力雄厚的垄断组织，力图通过对市场的研究和分析，窥测市场需求及变化趋势，以摆脱盲目状况，并根据市场状况的变化调整自身的营销计划与行动，争取在激烈竞争中占据有利地位。

资本主义国家中代表垄断资产阶级利益的政府，也开始试图借助于市场研究，对社会经济生活进行干预。同时，经济学理论和科学技术的发展所提供的现代化手段也为研究市场活动的变化、了解和预测市场需求发展趋势以解决流通过程中的一些具体问题提供了可能。市场营销学作为一门研究市场营销问题的专门学科，在商品经济日益发展的历史条件下应运而生。

市场营销理论于 20 世纪初诞生在美国。当时，美国资本主义迅速发展，市场迅速扩大，伴随大量新产品涌入市场，卖方市场开始向买方市场转化，竞争、信息和促销变得越来越重要，出现了大量的中间商、广告和促销活动。同时，正规的专门化分销渠道买卖商品的趋势日益明显，并出现了同第一流生产企业并驾齐驱的百货商店、邮购商店和连锁商店等。从经济思想来看，19 世纪强调经济自由的思想开始受到质疑，并于 20 世纪初出现了完全的自由竞争并不能使社会总体利益达到最佳水平的新论点。

以上种种因素，最终导致了市场营销理论的产生。

阅读资料 1.9　营销学大事记

美国的赫杰特齐先生在调查研究了许多企业的经营活动之后编写的第一本市场营销学的教科书于 1912 年出版。我们在研究市场学的产生和发展时，通常以这本教科书的问世作为市场营销学诞生的标志。早期市场营销理论的研究是肤浅的，无论是讲课还是教科书，其内容仅限于推销与广告方法。这时的市场营销学没有引起企业家的重视和产生广泛的社会影响。

1937 年，发生了市场学发展史上的一个重要事件，就是“全美市场营销协会”的成立。它的成立，成为市场营销学发展史上一个重要的里程碑，它标志着市场营销学已经跨出大学讲坛、引起了整个社会的兴趣和关注，成为一门实用的科学。

1933 年，上海复旦大学丁馨伯教授以美国的市场学著作为蓝本，编译了我国第一本《市场学》教材。

菲利普·科特勒是当代市场营销学界最有影响的学者之一。1967 年出版《市场营销管理》一书，成为最受欢迎的教材，多次出版，译成十几国文字，受到各国管理学界和企业界的高度重视。菲利普·科特勒提出，市场营销管理就是通过创造、建立和保持与目标市场之间的有益交换和联系，以实现组织的各种目标而进行的分析、计划、执行和控制过程。

1. 市场营销学的学科地位和性质

市场营销学是一门以经济科学、行为科学和现代管理理论为基础，研究以满足消费者需求为中心的企业市场营销活动及其规律性的综合性应用科学。

市场营销学，严格来讲，它应属于管理学的范畴。市场营销学是 20 世纪初从经济学的母体中脱胎出来的。但是，现代市场营销学不是经济学的分支学科，不是一门经济科学，而是一门应用科学，属于管理学的范畴。然而市场营销学与经济学又不是毫无关系的，因为经济学是市场营销学的母学科，其核心思想是资源的稀缺性。

事实上，市场营销学的发展经历了一个充分吸收相关学科研究成果，博采众家之长的跨学科演变过程，进而逐步形成了具有特定研究对象和研究方法的独立学科。其中，经济学、心理学、社会学以及管理学等相关学科对市场营销思想的贡献最为显著。

2. 市场营销学的研究对象

市场营销学的研究对象是以满足消费者需求为中心的企业市场营销活动过程及其规律性，即在特定的市场营销环境中，企业以市场营销研究为基础，为满足消费者现实和潜在的需要，所实施的以产品（Product）、定价（Price）、地点（Place）、促销（Promotion）为主要内容的市场营销活动过程及其客观规律性。其内容具有综合性、实践性、应用性的特点。

复习思考题

一、关键词汇

市场营销（Marketing）　推销（Selling）　促销（Promotion）
美国市场营销协会（American Marketing Association，AMA）
生产观念（Production Concept）　产品观念（Product Concept）
推销观念（Selling Concept）　市场营销观念（Marketing Concept）

社会市场营销观念（Social Marketing Concept）

二、简答

1．市场营销学的发展历史大致可分为哪几个阶段？
2．市场营销学的学科性质与研究对象是什么？
3．新旧两类营销观念的区别何在？
4．企业要真正树立、贯彻和实施市场营销观念须做哪些转化工作？

三、案例思考

1．20世纪80年代末和90年代初，当我国提出建立社会主义市场经济体制的设想时，有些地方政府积极行动，由政府出资大搞“楼堂馆所”，建了一大批类似“某某交易市场”的形象工程，然后大力招商，有些效果还行，有些却不太理想，甚至出现了有“场”无“市”，最后只能转作他用的现象。

思考：这些地方政府所理解的市场属于我们所讲的哪一类市场概念，在理解上与市场经济的要求有什么偏差？

2．20世纪20年代，福特在汽车购买者争相要求多样化时，继续生产黑色T型车，而通用对此要求做出反应从而超过福特；到了50年代，顾客要求小型车时，通用不加理会，而德国大众和日本公司开始注意到这种呼声而迅速崛起；80年代，只有日本公司应客户的要求而生产高质量的汽车，结果使日本汽车行销全球。

思考：你从中得到了什么启示？

3．有一次，美国创造性思维权威爱德华·德·博诺在为福特汽车公司英国销售部（福特在底特律以外的最大业务部）举办研讨会，讨论欧洲汽车市场生产力过剩25%的竞争问题时，提议福特公司应建立一家公司，取名为全国汽车停车场公司，它要拥有英国所有市中心的多数停车场。如果全国汽车停车场公司成为福特的一家公司，那么可以在所有市中心停车场上贴出告示：只有福特公司产的汽车能够在这些停车场停车。福特公司没有采纳他的意见，他们说，作为一家工程设计公司，买停车场不是它们的业务。爱德华·德·博诺提出的是一种超越竞争市场观，可以想象将来某一天，很可能有些企业会全部买下或建造停车场，然后让韩国人为他们制造私牌汽车，他们再为这些汽车提供销售、保险或转售。所有这些构成汽车的综合价值，实现在这些综合价值上的垄断，超越竞争。

思考：你从中得到了什么启示？

4．国内乳业发展模式有“先发模式”与“后发模式”两种。

先市场，后奶源，再高标准的奶源，这就是国内乳业巨头的基本发展轨迹，也是目前国内绝大多数乳业企业都采取的发展模式，我们将之称为“先发模式”。

但也有企业采用“后发模式”——“先奶源、后市场”。在奶源建设方面取得领袖位置、占领制高点之后，接下来要做的才是争夺市场、争夺消费者。不可否认的是，“先高端奶源，后市场”的运作模式，虽然为发力全国奠定了基石，但同时也丧失了抢占市场的最佳时机。起步先于蒙牛乳业一年多的长富，如今市场位置落后于蒙牛，就是最明显的例证。

蒙牛创业之初“先抢市场，后建工厂”的发展思路、“公司＋农户”的“虚拟联合”模式，也即“先发模式”，一直是蒙牛人津津乐道的高速成长秘籍。“后发模式”若想成功需要两大前提：一是奶业市场在未来相当一段时间内足够大，而且呈快速增长势头，为这种企业提供后发的空间和机会；二是采取这种模式的企业开拓市场、抢夺市场的能力要足够强，做市场务必旗开得胜，从而使后发企业后来居上、迅速做大的可能性变成现实。万一不能在短期内拿到足够的市场份额，长富的结局将会非常危险。

“实际上，包括最知名的几家大型乳业企业在内，国内的乳业企业一直在‘两头抢’——一头抢市场，一头抢奶源，真正两头都非常扎实的企业基本上没有。”一位不愿透露姓名的乳业企业高管人士一语道出中国乳业企业真相。

应当说，是快速膨胀的市场催生了中国乳业的两种发展模式——“先发模式”与“后发模式”。两种模式究竟谁能在未来胜出？这需要时间和实践来做出回答。

思考：

（1）“先发模式”是如何运作的？它体现出的是哪一种市场营销观？

（2）“后发模式”是如何运作的？它体现出的是哪一种市场营销观？

（3）你倾向于上述两种模式中哪一种模式？为什么？

第2章 市场分析

教学目的和要求

- ✧ 使学生了解营销环境要素及其对企业的影响，掌握基本的环境分析方法。
- ✧ 使学生了解影响消费者行为的因素及消费者购买决策过程。
- ✧ 使学生了解生产者市场购买类型及购买决策过程。
- ✧ 使学生了解影响中间商购买行为的因素。
- ✧ 使学生了解市场调研的主要方法，掌握并学会运用其中几种市场调查方法。

企业要在市场中生存，就必须了解市场、分析市场。企业只有运用现代调查、预测等手段，分析各种环境因素，分析各类市场的构成、特征及其对企业营销活动的影响，才能制定出恰当的营销方案，做到无往不胜。

如在《财富》杂志评选出的全球500家最大工业/服务业企业中，排名第86位，并位列“最受尊敬企业”第7名的宝洁公司，它所经营的300多个品牌的产品畅销世界160多个国家，其成功的秘诀之一就在于周密的市场分析。早在1934年宝洁公司就在美国成立了市场研究机构，到70年代它成为最早一家使用免费电话与用户沟通的公司，并建立了强大的数据库，把用户的意见及时反馈给产品开发部门。迄今为止，宝洁公司每年用多种工具和技术与全世界超过700万的消费者进行交流。此外，宝洁公司还建立了用户满意程度监测系统，了解各国市场对公司产品的反应。由此可见，分析市场对企业而言是多么重要。

本章首先对市场的环境因素进行了分析，其次对消费者、生产者、中间商和政府的市场行为进行了分析，最后还简单介绍了进行市场调查、预测等市场分析的具体手段。

2.1 市场营销环境分析

2.1.1 企业与环境

企业市场营销环境是指与企业有潜在关系，影响企业为目标市场提供产品和服务能力的所有外部力量的集合。由于他们处于企业营销管理职能之外，因此又称为企业的不可控因素。

企业作为社会经济细胞，与整个社会大系统之间是相互依存的关系。一方面，企业要从环境中获取生存发展的资料；另一方面，企业还要将自己的产品输送到社会这个大系统中，换取继续生存发展的资本，周而复始，循环不断，社会经济才得以持续发展。因此，企业每时每刻都与所处环境发生千丝万缕的联系，而环境因素必然对企业的营销活动有重大影响。历史上无数事实证明如果营销管理者忽视对环境的调查了解，盲目做出决策，则企业必然陷入困境。

环境构成要素虽然复杂，但是，根据其对企业产生影响的方式不同，大致可以分为微观环境要素和宏观环境要素两大类。

案例 2.1　适时而变

20 世纪 20 年代末，福特汽车公司不顾市场环境的变化，坚持生产老式的、黑色的“T”型汽车，结果销售量急剧下降，不得不停产改造生产线，给竞争对手留下可乘之机。70 年代之前，美国汽车生产商认为消费者喜欢大型的、舒适的、豪华的汽车，而没有预见石油价格的飚升，更没有及时采取应对措施，导致美国小型车市场被日本汽车占领。90 年代，我国某企业应用生物工程技术改造出一种新昆虫，以此为原料生产保健品，在宣传产品时没有做顾客分析，以这种高科技昆虫原料为诉求重点，结果市场反应很不理想，后来委托营销咨询公司进行市场调查，才发现产品的诉求点——昆虫，使人产生不良联想，是产品滞销的根本原因。因此，企业必须时时注意对营销环境进行调查、预测和分析，然后据以确定营销战略和策略，并相应地调整企业的组织结构和管理体制，使之与营销环境相适应。

2.1.2　微观环境

所谓微观环境，是指对企业为目标市场提供产品和服务的能力有直接影响的各因素的总和，包括：企业、供应商、营销中介、顾客、竞争者和公众六个要素。

1. 企业

企业是由多个职能部门组成的经济组织，如研究与开发部、财务部、采购部、制造部等，每个职能部门都有自己的中心任务。市场营销部门是企业职能部门之一，它的中心任务是满足顾客需求。为出色完成该任务，营销部门必须同其他职能部门发生各种联系，换言之，营销部门必须在其他部门的积极配合下，才能完成满足顾客需要的任务。

2. 供应商

供应商是指向企业及其竞争者提供生产上所需要的各种资源的组织和个人，这些资源包括：原材料、设备、能源、劳务和资金等。企业能否从供应商处获得在质量、价格、交货期等方面都能满足需要的资源，将会对其经营活动产生巨大影响。

3. 营销中介

营销中介是指在市场调研、促销、分销以及把产品送到最终购买者方面给企业以帮助的各类机构。营销中介的作用是为企业营销活动提供便利，辅助完成交易，使交易成本更低，效率更高。市场经济越发达，社会分工越细，营销中介的作用越大。企业在营销过程中，必须处理好同这些中介机构的合作关系。

营销中介有各种类型的中间商、实体分配机构、营销服务机构（包括市场调研公司、广告公司、咨询策划公司和传播媒体）、金融中间人（包括银行、保险公司、信托公司和投资公司）等。

案例 2.2　康明斯公司与供应商的合作

康明斯公司生产的重型柴油卡车引擎产品在美国市场占有 60%的份额，最近该公司从用户那里了解到，市场上出现了一批标着“小松”和“尼桑”商标的日本中型卡车引擎，客户正在试用这些引擎。康明斯公司营销人员意识到，公司的产品受到了日本人的威胁。很明显，如果日本人能在中型引擎市场占有一席之地，那么重型引擎市场就可能是他们下一个目标。为了自保，康明斯决定增强自己的竞争力。他们首先下调产品价格，下调幅度从 10%～40%不等。接下来要降低成本，这比较困难。

康明斯公司决定向日本人学习，研究他们的生产方式。他们发现采用更灵活的机械设备，可以使存货从 60 天的供应量降低到 3～4 天的供应量，极大降低存货成本。物料成本一直占生产预算的一半，该公司在供应商的帮助下，三年之内将物料成本降低了 18%。同时，公司与供应商之间也从敌对关系变成了合作伙伴，用该公司主席自己的话说，就是“我们正尝试用与顾客的相处方法，来与供应商搞好关系”。

4. 顾客

企业与供应商、营销中介保持密切关系的目的，是为了有效地为目标顾客提供产品和服务，满足顾客的需要是企业营销的指导思想，因此顾客的心理习惯，行为特点，需求特点及其规律对企业的经营有决定性影响。按照购买目的不同，一般将顾客分为：消费者市场、生产者市场、中间商市场和政府机构市场。每一种市场都有独特的顾客，企业要认真研究为之服务的不同顾客群。

5. 竞争者

企业的营销活动以竞争为基础，竞争是市场经济的普遍规律，现代企业都处于不同的竞争环境中。首先，企业应识别自己的竞争者。企业可以根据自身条件选择范围不同的竞争者。企业除了本行业现有竞争者外，还要看到替代品的生产者、潜在加入者等诸多竞争力量。其次，企业应了解竞争者的目标、策略以及与本企业在各方面力量的对比状况，他们在市场上的竞争地位和反映类型等，做到知己知彼。再次，企业要管理好与竞争者之间的关系，从中发展战略同盟者，尽量开展正面竞赛，达到双赢和多赢目的。

阅读资料 2.1　四种类型的竞争者

从市场营销的角度分析，企业面临着四种不同类型的竞争者。

（1）愿望竞争者是指提供与本企业不同的产品，满足消费者目前不同愿望的企业。如消费者的收入是有限的，而在同一时限下是购买汽车、住宅还是旅游、娱乐等，出现了不同需求品之间的竞争。

（2）一般竞争者是指采用不同的方式满足消费者同一种愿望的企业，如机动车和非机动车都可以做家庭交通工具，这两种产品的销售者之间必然存在着某种竞争关系。

（3）产品形式竞争者是指采用相同方式满足消费者同一种愿望，但是所提供的产品在质量、规格、款式、特色、价格幅度等方面有较大差别的企业。如在机动车中面包车、小汽车和摩托车之间存在竞争关系。

（4）品牌竞争者是指提供同种产品形式，但是使用品牌不同的企业。如都是生产高档小汽车，但是不同品牌之间存在着竞争关系。

6. 公众

公众是指对企业经营活动有实际或潜在兴趣和影响的团体，包括：金融公众、媒体公众、政府公众、市民行动公众、地方公众、一般公众、内部公众等。他们可能有助于增强一个企业实现自己目标的能力，也可能妨碍这种能力。鉴于公众会对企业的命运产生巨大影响，精明的企业家就会采取具体措施，成功处理与公众的关系而不是消极地任其发展。

2.1.3　宏观环境

所谓宏观环境，包括人口、经济、自然、技术、政治、法律和社会文化等要素，一切营销组织都处于这些宏观环境因素之中，不可避免地受其影响和制约。宏观因素也是不可控因素，企业及其微观环境都在它们的控制之下。这些宏观力量及其发展趋势给企业提供机会，同时也造成威胁。

1. 人口环境

人口环境是指人口规模、增长率、密度、分布、年龄、性别、教育等因素，这些因素对企业营销活动有影响。

2. 经济环境

分析经济因素应重点考察经济收入、消费模式、储蓄和信贷的情况。经济收入在市场上表现为实际购买力，它是除人口因素之外，决定市场规模的另一个重要因素，如 2000 年度拥有 13 亿人口的中国轿车市场销售小汽车 65 万辆，而仅有 4000 万人口的波兰，同年小汽车的销售量为 50 万辆。这充分证明了经济收入在决定市场规模中的重要地位，消费模式揭示了人们收入的投向，储蓄和信贷将对当前购买力的高低产生调节作用。

3. 自然环境

自然环境在这里是指作为营销活动投入的自然条件以及受到营销活动影响的自然条件。它包括自然资源（土地、森林、矿产、水利）、地形、气候等因素，一个地区的自然条件影响到企业的营销效率，即从质的方面影响企业的经营，与成本、效益有很大关系，必须予以重视。如自然资源丰富，地势平坦的地区有利于企业的营销活动，反之则不利。

案例 2.3　西尔斯·罗巴克公司

西尔斯·罗巴克公司是世界上最大的零售商之一，由于善于寻找市场机会，自 1886 年创办以来一直生意兴隆。这家公司最早是为农场主服务的。当时横贯美洲大陆的铁路已经建成，交通运输发展了，农村邮政投递畅通，邮政业务也改善了。而一家一户的农场主，仍处于分散、孤立的状态，不能随时进城去商业中心选购商品，而且他们在许多方面还有着与城市消费者不同的需要。西尔斯·罗巴克公司分析了形势，根据广大农场主的情况，决定开展邮购业务，把适合他们需要的商品寄给他们，并实行“保正满意，否则如数退款”的政策。结果业务蒸蒸日上。到第一次世界大战结束，西尔斯·罗巴克公司已经成为全国性的大邮购公司。1921 年以后，美国的形势起了变化：公路四通八达，农场主收入和生活水平大大提高，几乎每家都有自己的汽车，可以随时进城采购商品。同时，美国人口从农村大量流入城市。西尔斯·罗巴克公司决定在城市商业中心开设零售商店，业务转向经营零售商店为主。在继续为广大农场主服务的同时，为日益增多的城市消费者服务。第二次世界大战结束后，城市郊区和远郊人口迅速增加，而大零售企业都集中在城市商业区。面对新的形势，西尔斯·罗巴克公司又发现了良机，及时调整战略：在人口迅速增加的郊区和远郊开设库存充足、花色品种齐全的大型商店，并设有宽阔的停车场。这样，既远离竞争者，又使郊区和远郊的消费者在一个屋顶下，能够买到一切要买的东西。由于满足了目标顾客的需要，西尔斯·罗巴克公司再次扩大了它的业务。

4. 技术环境

科学技术是重要的和有长远影响的环境因素。目前以电子、通讯、生物工程等新兴技术为代表的新技术革命，带来了社会生产方式、人们思维方式和消费习惯的历史性转变，必然对市场营销带来深刻影响。

5. 政治和法律环境

政治和法律环境主要是指法律、政府机构的政策法规，以及各种政治团体对企业活动所采取的态度和行动。为了保证经济的良好运行，我国政府日益重视经济立法和执法，近些年来，我国颁布了许多经济法律法规，如《企业法》、《合同法》、《商标法》、《广告法》、《环境保护法》、《消费者保护法》等。这些法律法规是保障我国经济协调、稳定发展和维护社会整体利益的有效手段。

从营销角度分析政治法律环境，一方面主要是培养企业对政治法律的敏感性，从而把握住给企业带来的机会。如日本汽车生产厂商研究我国大城市交通法规，发现绝大多数大城市禁止载重 2 吨以上的货车入城，因此他们积极开发 1.8 吨的轻型货车，在我国市场大获成功。另一方面，要注意企业对法律，特别是政策的能动性，通过经济利益集团及早施加影响，从而使国家、地方政策法律有利于企业组织的发展。最后，我国消费者自我保护意识不断增强，消费者组织日益强大，这些倾向对企业经营影响也会日趋强烈。

阅读资料 2.2 日本的法律

21 世纪，日本要建成循环社会。为此，政府推出了一系列相关法律。

（1）《家电循环法》：由生产者负责回收，用户要支付一定费用。

（2）《汽车循环法》：每年淘汰上百万辆汽车，由厂家回收，车主交费 150 美元。

（3）《食品再生法》：目前每天浪费 1000 万吨食品，为避免浪费，要求食品加工企业，大型连锁超级市场，宾馆饭店等与农户签订协议，将不能使用的边角、果皮等积成堆肥。

（4）《建设再生法》：建筑垃圾，拆迁中的钢筋水泥、木材、沥青要分类处理。

（5）《都市再生计划》：增加城市公园、草坪、树木面积（全国有 46%的人口居住在东京、大阪和名古屋）。

6. 社会文化环境

人类学家爱德华·B·泰勒认为：“文化是个复合的整体，其中包括知识、信仰、艺术、道德、法律、风俗以及作为社会成员而获得的其他方面的能力和习惯。”社会文化环境是影响人们欲望和行为的最重要的因素，世界上没有社会文化环境完全相同的两个国家（地区），因而研究、分析、熟悉、适应目标顾客在宗教信仰、价值观念、伦理道德、生活方式、风俗习惯、审美情趣、教育水平、语言文字等方面的差异性，就成为营销中必不可少的内容，如果忽视各国（地区）文化上的差异性，自觉或不自觉地按照本国（地区）文化所决定的消费行为来策划出口产品和营销手段就很难被目标市场国（地区）的顾客接受。

我国加入世界贸易组织后，国内企业与外国企业的接触越来越频繁，因此，更应重视对各自文化差异的把握，避免不必要的损失。

2.1.4 环境分析

环境分析，是指将环境机会分析与威胁分析结合起来，用于确定在环境条件既定的条件下，企业所面临的环境机会和环境威胁。因为在营销过程中，当某一环境因素发生变化时，对某一企业的影响是两方面的，即存在着环境机会，也可能产生环境威胁。如果将环境机会和环境威胁结合起来分析，就可以得出机会-威胁分析矩阵图，如图 2-1 所示。

机会

SB I	IB III
TB II	MB IV

威胁

图 2-1 机会-威胁分析矩阵图

在机会-威胁分析矩阵图中，纵轴代表机会水平，横轴代表威胁水平，这两个指标在机会矩阵分析和威胁矩阵分析中可以得到。通过机会-威胁分析矩阵，可以相应地归纳出以下四种不同类型的业务。

（1）冒险业务（Speculative Business，SB），即高机会水平和高威胁水平的业务。

（2）困难业务（Troubled Business，TB），即低机会水平和高威胁水平的业务。

（3）理想业务（Ideal Business，IB），即高机会水平和低威胁水平的业务。

（4）成熟业务（Mature Business，MB），即低机会水平和低威胁水平的业务。

在企业的营销活动中，对营销环境机会与营销环境威胁的分析，一定要有超前性和预先性。企业要取得营销的成功，关键在于准确把握时机和市场脉搏，适时地推出产品和服务，尽力避免环境威胁。

2.2 消费者市场分析

消费者市场是由为满足生活消费需要而进行购买的个人和家庭组成。现代市场营销的目的是满足市场的需要，实现交换。在消费者市场上企业为了实现交换，就必须了解消费者的需要，了解消费者购买行为特点，这是制订营销计划，决定营销组合策略的出发点。

2.2.1 消费者市场需求特点

国为消费者市场是由为满足生活消费需要而进行购买的个人和家庭组成，所以也可以说消费者市场是最基本的市场，是一切市场的基础，任何企业都应该关注消费者的需求及其行为特征。消费者市场的需求特点如下。

（1）需求具有无限扩展性。需求是一种有支付能力的需要，是人们有能力购买并愿意购买某个具体产品的欲望。因为人的欲望是无穷的，而科学技术的发展又具有实现人们欲望的无限可能性，所以，要求企业不断创新产品去满足人们不断发展的需求。

（2）需求具有多层次性。由于经济条件的限制，也由于人们的欲望、兴趣不同，人们会选择不同档次的产品来满足某方面的具体需求，因此，消费者需要的产品档次是多样的。企业应了解目标市场的需求层次，提供多层次的产品分别满足人们的需求。

案例 2.4 低档次雨伞畅销国际市场

北京雨伞厂生产的一种低档次雨伞多年来畅销国际市场，产品供不应求。原来在一些发达国家的高级商店经常为顾客提供周到的服务，其中一项就是下雨天免费赠送雨伞。为了降低成本，这种免费赠送的雨伞并不要求高质量，其寿命只要满足二三次的使用即可，因此大量需要档次低，价格廉的产品，而北京雨伞厂的产品正好满足了这种需求。此外，有些收入较高的人士为了方便起见，宁愿下雨时临时购买一把廉价雨伞，用过就扔掉。因此，低档次的雨伞在发达国家大有市场。

（3）需求具有复杂多变性。随着时间推移，科学技术的发展，企业竞争加剧，人们生活水平提高等原因，越来越多的消费者追逐消费潮流和时尚，导致产品生命周期迅速缩短，更新换代速度加快，因此要求企业重视市场调研工作，预测、发现消费动向，提高应变能力。

（4）需求具有可诱导性。消费者是非专家购买，接受产品信息的过程就是学习过程。企业要通过介绍产品知识，提供有关产品信息，提供生产者保证，增强消费者的购买信心，引导其购买行为。同时，消费者的购买常是非理性购买，企业可以通过产品的包装设计，货架布置，气氛烘托等方法激发购买冲动。

（5）需求具有连带性和替代性。

① 连带性。商品的连带性在营销学意义上是指两个密切相关、必须组合起来才能使用，或一起消费使人感到更满意、更方便的商品，如相机与胶卷，电影与休闲食品等。企业应注意研究商品之间的连带性关系，形成系列化销售，增加销售额和利润。

② 替代性。替代品是潜在的竞争者，企业应注意替代品价格的变化。替代品价格的变化将会引起对本企业产品需求的变化。

（6）需求具有周期性。周期性在非耐用品的经营上表现为消费者的购买周期，在耐用品上表现为消费者的更新周期，在某些时尚性产品经营中表现为重复周期。研究需求的周期性，有助于预测市场对产品的需求规模和变化的倾向。

2.2.2　消费者的购买对象

尽管各国的经济发展水平不同，消费品市场差异很大，但是按照营销学家的观点，依据人们购买、消费的习惯不同，所有消费品都可以分为便利品、选购品、特殊品三类，对于同一类别的消费品，各国消费者的购买行为是相似的。企业应根据所经营产品之类型，采用相应的营销措施。

（1）便利品。它是指顾客经常购买或即刻购买，并几乎不做购买比较和购买努力的商品，比如香烟、肥皂、报纸、食盐等。企业在经营该类商品时，为顾客提供购买的"便利性"非常重要，即应做到整个市场营业网点密布，避免缺货断档，让顾客随时随地能买到产品。便利品还可以划分为日用品、冲动品、应急品三类。

（2）选购品。它是指消费者在选购过程中，对产品的适用性、质量、价格和式样等方面进行有针对性比较后，才能决定购买的商品。这些商品或者由于价值较高，人们购买时较慎重；或者由于式样多，差异化程度大，人们难以抉择。因此常需花费较多的时间和精力反复挑选、比较，如服装、家具、家用电器等。对于选购品的经营，企业最好把自己的产品与竞争者的产品陈列在一起，方便人们比较、挑选；还应备有丰富的花色品种，以满足不同消费者的爱好；同时，要使用受过良好训练的推销人员，为顾客提供信息和咨询。

（3）特殊品。它是指具备独有特征和（或）品牌标记的产品，有相当多的消费者愿意对这些产品做特殊的购买努力。对于这种商品，消费者不愿接受替代品，宁愿花费较大精力去寻找、等待，如高级服装、小汽车、专业摄影器材等。经营特殊品的企业，不必过多考虑销售地点是否方便，只要让潜在的顾客知道购买地点即可。

上述产品分类，说明产品特性对营销策略有很大影响。当然，市场营销策略还需取决于产品生命周期的阶段、竞争者的实力、市场细分的程度以及社会经济状况等许多因素。

2.2.3　消费者的购买行为模式

消费者的购买行为是指消费者在寻求、评估、购买，使用预期能满足其需要的产品和服务时表现出来的行为。消费者的购买行为受到诸多因素的影响，有来自消费者自身的，也有来自外部环境的。消费者接受外部刺激，在内心经历一个非常复杂的转化过程后，表现出营销人员能观察到的一系列行为。但是，他的内心经历了一个怎样的决策过程，该过程又受到哪些因素的影响，这是营销人员最感兴趣，但又无法完全认识的领域。营销学家投入大量精力来研究外部刺激与消费者反映之间的关系，建立了消费者的购买行为模式图（如图 2-2 所示）。

该模式表明，在企业可控的市场营销因素和不可控的环境因素共同刺激下，消费者根据自己的特性处理这些信息，经过一定的决策过程产生一系列购买决定，即消费者对刺激因素做出的反应。其中企业要重点研究影响消费者行为的因素和消费者购买决策过程。

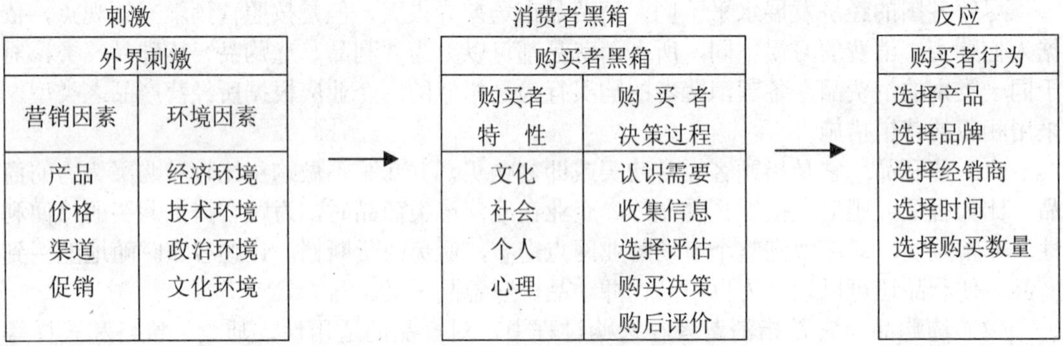

图 2-2 消费者的购买行为模式图

2.2.4 影响人们购买行为的主要因素

要透彻地把握消费者的行为，有效地开展市场营销活动，必须分析影响消费者行为的有关因素。现代营销学认为，人们的消费行为在很大程度上受到文化、社会、个人和心理等因素的影响。

（1）文化因素。文化因素是宏观环境要素之一，不仅对企业的营销活动有影响，对于消费者的购买行为也有着最广泛而深远的影响。

案例 2.5 奇瑞 QQ 的文化营销

“奇瑞 QQ”是奇瑞公司 2003 年 6 月向市场推出的微型轿车品牌，是国内第一款专门为年轻人张扬个性与快乐而造的汽车，从名字到式样、色彩，都充满了青春活力。它别具特色的时尚、前卫的文化内涵成为汽车文化营销的突出亮点。

“奇瑞 QQ”在品牌名称上采用网络名词，“QQ”是网络时代年轻人几乎无人不知、无人不用的网络沟通工具，用它做品牌名称，朗朗上口、简洁明快、易于记忆和传播，极富“新经济”特征的时代感和亲和力。在外观设计上动感灵性，线条流畅，活泼的前大灯仿佛两只对世界充满好奇和渴望的大眼睛，弧形的进气窗，配上各种略带卡通感觉的鲜艳色彩，将年轻人“追求自我，弘扬个性，秀出本性”的心理特征描绘得淋漓尽致。在汽车配置上装载奇瑞公司独有的车内数码音响产品“I-SAY”数码听系统，它集 MP3 播放、移动存储、文本合成器等多种数码产品功能于一身，将汽车音响的功能从单纯的收音机、CD 机和磁带机扩展到与电脑、互联网相连的信息终端，成为会说话的“QQ”，这是“奇瑞 QQ”在轿车人性化魅力方面的新突破。

（2）社会因素。在社会生活中，人与人之间形成各种各样的关系，这些关系对人的消费行为会产生很大的影响。

① 社会阶层。社会阶层是指人们在社会生活中所处的地位，是社会学家根据职业、收入、教育水平、社会威望、居住区域等因素对人们进行的一种社会分类，是按层次排列的、具有同质性和持久性的社会群体。每一阶层的成员具有类似的价值观、兴趣爱好和行为方式。同一社会阶层的人，要比来自两个社会阶层的人行为更加相似。因此，社会阶层不仅是影响消费者行为的重要因素，而且常被用作细分消费者市场的重要依据。

② 参考群体（相关群体）。参考群体是指能够影响个人态度、意见和价值观的一群人。相关群体影响消费者行为的程度在不同产品和品牌中表现有所区别，那些私人用品，在消费时不会被别人看到的产品影响小，反之影响大。如调查发现购买空调的家庭，受相关群体特别是邻居的影响最大，不同的人对别人的影响力也不相同。

企业应该研究不同群体对消费者的影响，特别是要找出那些影响力强的人作为促销重点，此外还要重视相关群体对消费者的示范作用。

案例 2.6　克莱斯勒公司巧用意见领袖

克莱斯勒公司在 LH 系列小汽车全面上市之前，通过对 25 个城市数万名社会杰出人士的调查，从中选择出 6000 名企业或社会的领导者，将 HL 系列小汽车免费提供给他们试用。在试用期内，通过遍布全国的营销网络与汽车试用者保持积极接触，及时倾听他们对新汽车的评价，迅速解决他们遇到的问题。与此同时，向这些试用者提供大量的产品信息，以增进他们对该汽车各项性能的了解。在试用结束后的跟踪调查中发现，98％的试车者都向他们的朋友推荐了这一新车型。市场反应可想而知，克莱斯勒公司在新车上市的当年就出色完成了销售任务。

③ 家庭、身份和地位。家庭及其成员，是影响最大的主要参考群体。每个人所经历的“家庭”可分为：己所出生的家庭，包括父母，每个人从双亲那里，养成许多倾向性；自身所处的家庭，即配偶和子女，对购买行为产生更直接的影响，并形成一个消费者的“购买组织”。

身份是周围的人对一个人的要求，是这个人在各种场合承担的角色、应起的作用。每一种身份又附有一种地位，反映社会对他的评价和尊重程度。人们往往结合身份、地位做出购买选择。许多产品、品牌，由此成为一种身份和地位的标志。

（3）个人因素。购买决策也深受消费者个人特征的影响。包括年龄与家庭生命周期、性别、职业、经济条件、生活方式与个性、自我形象等。

阅读资料 2.3 家庭生命周期

家庭生命周期可分为以下几部分。

（1）单身未婚期。经济负担轻，消费以个人为中心，是各种时尚性产品的大量购买时期。

（2）新婚期。以组织家庭为中心，可能大量添置家具，家用电器等耐用消费品。

（3）满巢期。它分三个阶段：孩子6岁以下，家庭以孩子的生理需求为购买中心；孩子六岁以上，以孩子的教育为家庭购买中心；孩子已经长大，但是仍需抚养，此时家庭经济状况较好，可能是耐用品更新时期。

（4）空巢期。它分为两个阶段：前期，子女已独立，老夫妻尚有工作能力，经济富有，可能购买奢侈品；后期，老夫妻已退休，经济收入下降，重点购买医疗、保健用品及服务。

（5）鳏寡孤独期。夫妻有一方去世，余下的一方需要医疗、保健用品外，还需要陪伴和照顾等服务。

（4）心理因素。消费者的购买行为还会受到动机、知觉、学习、态度与信念等主要心理因素的影响。一个营销管理者必须具备精湛的心理学知识，掌握并运用行为科学技术开展营销活动，是营销成功的最基本保证。

阅读资料 2.4 需要、动机、行为三者关系

人同时存在很多需要，只有最强烈的需要才能形成动机。一个动机会引发多种行为。一种行为可能是由多种动机引起的。

关于消费动机，消费心理学家提出600种之多。有的消费行为是由多种动机共同作用下产生的，有的动机是深藏不露的。如某企业销售减肥药，在北京，上海，广州三城市调查，发现北京人是平均体重最重的，广州次之，上海最轻。如果据此判断北京市场对减肥产品的需求大于上海，则大错特错，事实上产品在上海销量最大。原来人们对减肥药的购买动机是“害怕肥胖，保持苗条”，那么哪个市场上希望自己苗条的人越多，则哪个市场销量就越大。

以上案例告诉我们，不能通过简单的调查就轻易得出结论，系统学习动机形成理论，对营销工作有重大指导意义。

在心理学的研究中，有关动机形成的理论有多种，较有代表性的是：阿伯拉罕•马斯洛的需要层次理论，弗德瑞克•赫兹伯格的双因素理论等，营销人员研究动机形成和发展的一般规律是为了发现和激发人们最强烈的需要，使之成为驱使人们采取行为的动机，从而有利于企业目标的实现。

2.2.5　消费者购买决策过程

购买商品时，消费者要经过一个决策过程，包括认识需求、收集信息、选择评价、购买决策和购后感受五个阶段。营销者应该了解每一个阶段中消费者的行为特点及影响因素，这样就可以制定针对目标市场的、行之有效的营销方案。

1. 认识需求

消费者购买决策过程是从发现问题或确认需要开始的，消费者每时每刻都有很多需要，但这些需要大部分处在潜在状态，消费者本人未必就能明确地意识到它的存在，只有当受到外界环境的刺激，或自身内部的某些刺激强大到足以引起他的意识，使他察觉到目前的实际状况与理想状况的差异时，这些潜在的需要才能被认识，并转化为一种驱策力（动机），促使人们通过购买产品来满足。

企业要了解促使人们认识需要的因素，诸如物品缺乏、收入变化、流行时尚和促销力度等都会促使消费者认识自身需要，特别是后两个因素，企业要牢牢把握。此外，消费者对某种产品的需求强度会随着时间的推移而变动，并且被一些诱因所触发，企业应善于安排适当诱因，促使消费者对企业的产品产生强烈需求，并立即采取购买行动。

阅读资料 2.5　消费者的信息来源

消费者的信息有以下四个来源。

（1）个人来源：家庭、朋友、邻居、熟人等的介绍。

（2）商业来源：企业安排的广告、销售人员、经销商、商品包装、货架陈列、展销会等提供的信息。

（3）公共来源：大众媒介、消费者权益保护机构等公布的信息。

（4）经验来源：消费者直接接触、检查及使用某产品所获得的信息。

一般说来，大量信息主要来自商业来源，但可信度低，只起到告知的作用；而最有影响力的是个人来源和经验来源，起到评估的作用；公共来源的信息可信度也较高。营销人员应对消费者的信息来源认真识别。需要注意的是，由于受到文化因素的影响，不同文化背景下的消费者在信息的收集和使用方面存在着明显区别。

2. 收集信息

消费者最终的购买行为一般需要相关信息支持。认识到需要的消费者，如果目标清晰、动机强烈，购买对象符合要求，购买条件允许，他们一般会立即采取购买行动。但是，在许多场合，认识到的需要并不能马上满足，只能留存记忆当中。随后，根据需要的迫切程度，消费者或者不再进一步收集信息，放弃购买行动；或者进一步收集信息，准备购买；

或者更积极主动收集信息。

消费者收集信息应达到的目的如下。

（1）建立产品属性概念。所谓产品属性即产品能够满足消费者需要的特性，任何产品在消费者心目中都是一系列属性的集合，如手机：质量、功能、外观、价格、“三包”条件；冰箱：制冷效率，耗电量，噪音，使用寿命；宾馆：卫生，环境，服务，收费，交通。

当面对一种不熟悉的产品时，消费者要学习从哪些方面去认识和评价它。

（2）形成属性权重标准。产品属性的重要性，可以将其数量化，称之为权重（权数）。产品属性权重是消费者对产品各属性重要程度的判断。由于人们的需要和偏好不同，对同一产品属性的权重排序有较大差别。

（3）形成品牌信念。它是消费者对某品牌优劣程度的总的看法。由于消费者个人经验、认识过程等的影响，其品牌信念可能与产品的真实属性并不一致。

3. 选择评价

消费者对产品的判断大都是建立在自觉和理性的基础之上。消费者选择和评价过程是两个相互渗透的阶段，通过收集信息，消费者熟悉了市场上的竞争性品牌的特点，利用这些信息来评价产品，做出最后的购买决定。其过程一般是：某消费者只能熟悉市场上全部品牌中的一部分，而在熟悉的品牌中，又只有某些品牌符合该消费者最初的购买标准，在有目的地收集了这些品牌的大量信息后，只有个别品牌被作为重点选择的对象。消费者选择过程图如图 2-3 所示。

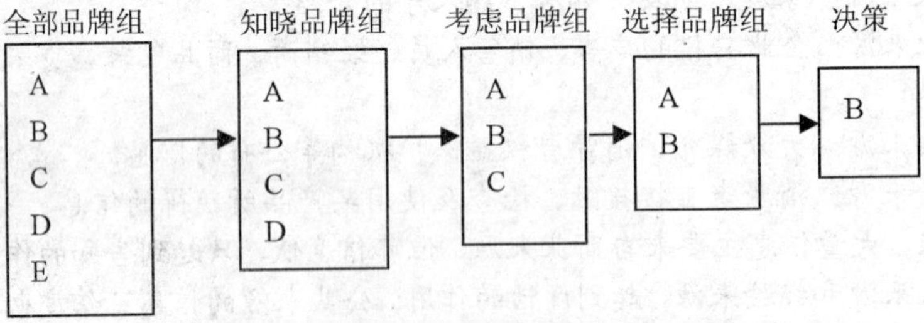

图 2-3　消费者选择过程图

在上述过程中，消费者根据什么标准对预购商品进行选择，是营销人员最应了解的问题，营销心理学的研究表明，消费者做出品牌选择的主要规则有以下三种。

（1）补偿性决策规则。补偿是指消费者将产品在优势属性上的积极评价，与在劣势属性上的消极评价，相互补偿。这是一种综合考虑某品牌的各种属性的决策方法。

（2）非补偿性决策规则。消费者把那些在某种属性上达不到标准的品牌排除出去，不作进一步考虑，这是一种产品优势再多也无法补偿某一方面劣势的决策方法。

（3）综合决策规则。把前两种规则同时用来帮助选择，在不同的阶段使用不同的决策方法。

现仅介绍补偿性决策规则中的理性产品决策模型。人们购买商品之前，往往在头脑中勾勒出最理想产品的模型，决策时将现实产品与理想产品模型相比较，选择最接近理想产品模型的品牌购买。换言之，消费者选择不满意度最小的品牌购买。

消费者的不满意度＝Σ某属性权重×｜该属性评价－理想产品评价｜

例如：某消费者购买空调，通过收集信息，已在头脑中形成最理想空调的模型，对理想空调各种属性的评价均为最高分10分。此时，该消费者将现实中A、B两个品牌的各属性分别与理想空调相比较，最后选择出与理想空调差距最小的品牌，即不满意度最小的品牌作为购买对象，比较过程如表2-1所示。

表2-1 消费者的不满意度比较过程表

产品属性	权重①	A产品评价②	B产品评价⑤	理想产品评价③	A的不满意度④＝①×｜②-③｜	B的不满意度⑥＝①×｜⑤-③｜
制冷功率	0.15	8	10	10	0.3	0
耗电量	0.3	7	6	10	0.9	1.2
噪音	0.2	6	5	10	0.8	1.0
价格	0.15	9	8	10	0.15	0.3
送风方式	0.05	10	9	10	0	0.05
服务水平	0.15	7	7	10	0.45	0.45
合计	1				2.6	3

4. 购买决策

经过评价选择阶段，消费者对可供选择的品牌形成某种偏好，从而形成对某品牌的购买意图。但是，在购买意图与购买决策之间，有两种因素还会产生影响作用。第一种因素是其他人的态度，第二种因素是意外情况。这两种因素若对购买意图有强化作用，则购买决策会顺利实现，反之，则购买决策受阻。也就是说，偏好和购买意图并不总是导致实际购买行为的发生。

消费者改变、推迟或者回避某一购买决定，往往是受到了可察觉风险的影响。营销人员必须了解引起消费者感到风险的因素，进而采取措施来减少或消除这些因素。

5. 购后感受

消费者购买产品以后，往往通过使用产品来检验自己的购买决策是否正确，确认自己的满意程度，并作为今后购买的决策参考。可见，消费者对产品满意与否直接决定着以后的行为。值得注意的是，消费者的购后满意程度不仅仅取决于产品质量和性能发挥状况，心理因素也有重大影响，因此，营销人员研究如何提高消费者购买后的满意程度，显得尤为重要。

阅读资料 2.6　目前解释人们满意程度的两种理论

“预期满意”理论。该理论认为，消费者购买产品以后的满意程度（S）是其产品期望（E）和该产品可察觉性能（P）的函数,即 S=f(E,P)。如果感受到的产品效用达到或超过购前期望(E≤P)，消费者就会感到满意，超出越多，满意感越大；如果感受到的产品效用未达到购前期望(E>P)，消费者就会感到不满意，差距越大，不满意感越强烈。因此，企业切忌夸大其词地宣传产品，西方有的企业甚至提倡较为保守地宣传，避免消费者形成过高的产品预期，以便提高其满意体验。

“认识差距”理论。这种理论认为，消费者在使用所购产品时，无论如何都不会满意，因为现实中没有产品能达到与理想产品完全一致的状态，这样，消费者会感到心理失调，怀疑购买决策的正确性。此时，企业应当采取有效措施减少或消除消费者的购后失调感。比如，有的耐用品经营企业产品售出以后，请顾客留下姓名、地址、电话，定期与顾客联系，祝贺他们买了一件理想产品，通报本企业产品的质量、服务和获奖情况，指导顾客正确使用产品，征询改进意见等，还建立良好的沟通渠道处理来自顾客的意见和抱怨，并迅速赔偿顾客所遭受的不公平损失。事实证明，与顾客进行购后沟通可以减少退货和投诉，有利于建立良好的公众形象，从而减轻顾客购买后的失调感。

2.3　组织市场分析

企业的市场营销对象不仅包括众多的消费者，也包括生产企业、商业企业和政府机构等组织，它们是原材料、零部件、机器设备、供给品和企业服务的庞大需求者，在现代营销学中，通常称之为组织市场，包括生产者市场、中间商市场和政府机构市场。为满足组织市场的需要，供货企业必须了解各类组织的购买行为特征及其采购决策过程。

2.3.1　生产者市场分析

生产者市场也叫工业品市场，是由购买产品和服务并进一步加工、制造其他产品和服务，以供销售或租赁，并从中获取赢利的机构和个人组成的市场。其行业主要涉及：农林牧渔产业、制造业、建筑业、通信业、公用事业和金融业等。在组织市场中，生产者市场的购买行为与决策具有典型的代表意义。

1. 生产者市场的主要特点

（1）购买者数量较少，但购买规模较大，地理位置集中。由于资本和生产集中，一些行业的生产者市场由少数几家买主占了大部分购买量，给双方带来管理方便、降低成本的好处，同时使双方关系更加紧密；因为顾客较少，大宗买主对供应商来说更为重要；顾客地理位置往往集中在某些区域，这些区域的购买占很大比重。

（2）需求具有派生性。产业需求性质上是一种派生需求或引申需求，源于各自下游顾客的消费需求，并随之变化。这种派生需求或引申需求又往往是多层次的。如消费者对皮衣的需求，派生出服装生产者对皮革的需求，进一步派生出皮货商对兽皮的需求，还派生出养殖业对配种及饲料等的需求。

（3）需求缺乏弹性。因多数工业用品、服务的总需求从根本上取决于消费者需求，所以短期内生产者用户需求的刚性更为明显，受价格变动影响不大。一般是离消费者越远的产品，需求弹性越小。

（4）需求波动性大。由于产业需求因消费需求而生，因此受消费者市场需求影响很大，消费者市场的少量变化，会引发生产者市场需求的剧烈波动，西方经济学家称之为加速理论。

（5）参与购买决策的人多，常由各类专业人员组成采购小组，共同做出采购决策。受购买目的制约，决策时更多考虑成本、利润等方面，行为更理智规范，方法技巧更老练，其购买决策过程更为复杂。

（6）买卖双方的关系一般较稳定，往往倾向于建立长期的业务关系。

（7）购买方式更多是直接购买和互购，租赁业务较发达。直接购买是指不经中间环节，买卖双方直接接洽的购买行为，特别是价格昂贵或技术复杂的项目尤其如此；互惠购买是指“你买我的，我就买你的”，有时表现为三边或多边贸易；租赁业务在生产者市场上很常见，对某些价格昂贵或技术更新较快的机器设备、车辆等产品，采用租赁方式，可以起到资金融通、节约成本的作用。

2. 生产者市场采购业务的主要类型

生产企业采购者行为的复杂程度和采购决策项目的多少，取决于采购业务类型。业务类型大致可分为三种：一种是直接重购，基本上属于复杂程度最低，决策项目最少的惯例化决策；第二种是修正后重购，企业需做一定的市场调查；第三种是全新采购，企业需要做大量的调查研究，其决策过程最复杂，决策项目最多。面对不同的采购类型，供应企业的营销对策应有所不同。

（1）直接重购。它是指客户按照原有的购买方案不作任何调整，直接进行采购的业务。这是一种重复性的采购活动，供应者、购买对象、购买方式等都不变，按一定程序办理即可。面对这种采购，原有的供应商应努力保持产品和服务的质量水平，尽量简化手续，提高工作效率，节约顾客的时间。此外还要经常保持与顾客的联系，一方面随时了解对方的满意程度，解决问题；另一方面通过沟通加深感情，维持长期稳定的供应关系。此时，新的供应商竞争机会很少，但也不要轻易放弃，可从零星小量交易开始，逐步扩大，力争一席之地。

（2）修正后重购。它是指产业用户改变原方案，如对产品的规格、型号、价格、交货期等要素提出新的要求来进行采购业务。这种采购活动比较复杂，参与采购决策的人数也较多。该类型采购对原有的供应商是威胁，他们应了解顾客提出新要求的原因及确切内容，以便决定是否要迎合顾客的新需要改变供应工作，抑或放弃该顾客。相反，对新的供应商来说，这种类型的采购是一次机会，应充分利用，争取订单。

（3）全新采购。它是指产业用户第一次采购某种产品或劳务，是最复杂的采购业务。企业没有相关的经验，需要大量信息。这种情况对所有供应商都是平等的竞争机会，可以派出专门的推销小组携带样品上门推销，尽量提供必要的信息，帮助顾客解决疑问，促成交易。

3. 生产者市场采购业务参与者

各企业的采购组织有所不同，小企业只有几个采购人员，大公司则设有庞大的采购部门。采购组织的权限也因采购的复杂程度不同而有所区别，在复杂的采购中，采购组织一般由多个人参与决策过程，他们组成一个“采购中心”共同完成采购任务。采购中心不是一个固定不变的实体，其成员随着决策过程的继续而不断变化，他们可能有 6 种不同的角色。

（1）使用者。它是指使用产品和服务的人。在多数情况下，使用者是最初提出购买倡议的人，他们在计划购买产品的品种、规格中起着重要作用。

（2）影响者。它是指对购买决策有直接或间接影响力的人。他们协助制定产品规格，提供评估方案的信息。企业的技术人员通常是最重要的影响者。

（3）购买者。它是指拥有正式职权去选择供应商及安排采购条件的人。他们一般是具体执行采购任务的人员，负责与供应商谈判、签约。在比较重要的采购工作中，通常有企业的高层管理人员参加。

（4）决策者。它是指企业里有权批准采购项目和供应商的人。在日常采购中，决策者就是采购者；在复杂的采购中，决策者通常是企业的主管。

（5）信息控制者。它是指可以控制信息流向的人员，他们可以控制外界与采购有关的信息流入企业内部。如决策者的秘书，企业的相关技术人员等。

生产者市场的营销者必须了解顾客内部哪些人参与决策过程，扮演什么角色，有何影响力，他们的评价标准是什么等。摸清这些情况后，才能有针对性地采取促销措施，特别是对大客户应作为重点对象，大量开展调研和促销工作。

4. 影响生产者市场购买行为的因素

生产者在整个购买决策过程中受许多因素的影响，这些因素可以分为四大类，如图 2-4 所示。

图 2-4　影响生产者市场购买行为的因素

环境因素	组织因素	人际关系因素	个人因素
经济环境 科技环境 政治环境 竞争环境 文化环境 自然环境	目标 政策 程序 组织结构 制度	地位 权利 说服力 影响力	年龄 收入 教育 个性

（1）环境因素。环境因素即一个企业外部环境的因素。诸如市场环境和经济前景对产业的发展影响很大，从而也必然影响到产业客户的采购计划。假如预计经济前景不佳，需求暗淡，企业必然要压缩投资，减少采购，这时供应者只有减价到一定程度，才有足够的刺激，使顾客愿意购买。

（2）组织因素。组织因素即企业本身的因素。每个企业都各有其目标、政策、作业程序、组织结构和制度等，生产者市场营销者应尽力了解顾客的组织因素，详细收集有关资料。

（3）人际因素。如上所述，采购组织的各参与者在权利、地位、影响力等方面各不相同，采购组织内部也存在着微妙的关系，这些无不影响采购决策，如果生产者市场上的营销人员了解客户在人际关系方面的特点，将对开展营销工作大有裨益。

（4）个人因素。个人因素即每个参与采购决策的人在个人特征，包括年龄、受教育程度、工作积极性、工作职位和个性等方面的特点，难免会影响其对产业用品和供应商的看法，从而影响其选择和决策。营销人员要了解采购组织中每个人的个人特征，特别是决策者的个人特征，有助于业务活动的开展。

以上影响生产者市场采购的四个因素中，前两个因素起决定性作用，它们决定企业是否购买，而后两个因素只有在企业做出购买的决定后才发挥作用。

案例 2.7　谁是决策者

一家电脑用纸生产企业，多年来一直通过业务员对各单位的电脑部门经理做工作，向他们宣传企业的产品质量及服务品质，但是产品销售始终没有很大起色。后来，经过市场调查发现：在电脑用纸的购买过程中，真正做购买决策的不是电脑部门的经理，而是采购部门的经理。事实上，采购部经理在最后的核准时通常会起很大作用。通常，电脑部门经理依据工作需要，提出所需纸张的规格要求，并将该项要求提供给采购部门，而采购部门出于采购预算的考虑，总在满足规格要求的前提下，选择报价较低的纸张供应商。因此，这家生产企业设计了一份详细的产品报价单，并附有同类产品的比较价格。将报价单呈送给采购部门经理后，反应非常好。结果，该企业的产品销售额在短期内获得大幅度提升。

5. 生产者市场采购决策过程

生产者市场上的营销人员还要了解顾客购买过程的各个阶段的情况，并采取适当措施，满足各阶段顾客的需要，才能实现企业目标。生产者市场采购决策过程根据采购类型不同而不同，最复杂的新购要依次经过 8 个阶段。

（1）提出需要。购买工作开始于企业内部有人提出对某种产品或服务的需要。需要可由企业内部或外部刺激引起。内部刺激，如管理层决定推出新产品，因而需要采购生产新产品的设备和原料；管理者发现原有机械发生故障或磨损严重，需要更新等。外部刺激，如在供应商的展销会上发现物美价廉的替代产品，推销员介绍的更节约成本的设备等。供应商应该了解，客户提出需要是由于他发现了问题，如何促使顾客发现问题就是刺激其需要的关键。

（2）确定需要。确定所需品种的特征和数量。对于复杂品种的采购，采购人员要会同使用者、工程师等研究确定。供应企业的营销人员此阶段要为采购单位的采购人员提供信息，帮助顾客确定其具体需求。

（3）说明需要。企业组织有关人员，对需要品种的每一个细节进行分析，对其中价格昂贵的部分品种还要进行价值分析，写出详细的技术说明作为采购人员取舍的标准。

（4）查询供应商。采购人员在该阶段寻找、确定潜在供应商，对于复杂的、价值高的产品采购，需要花费较多时间寻找合适的供应商。此时，作为供货企业的营销人员就要利用各种现代化信息工具和广告等方式，向目标顾客发布本企业产品的信息，千方百计提高自己的知名度和美誉度。

（5）征求供应信息。采购者找到技术好、信誉佳，有资格供应产品的供应商后，会邀请他们提出供应建议，然后进行分析选择。因此供货企业的市场营销人员要善于提出与众不同的建议书，引起顾客的注意和信任，争取成交。

（6）选择供应商。对供应商的建议书进行评价，根据采购小组每个成员认为重要的选择标准评估每项建议。经过讨论，各成员的意见最终会达成一致，选择一个或几个供应商。在做出最终决定之前，采购小组还要和那些较中意的供应商谈判，争取较低价格和更好的交易条件。

（7）发出正式订单。向选定的供应商发出订单，列出需要品种、规格、数量、质量水平、价格和交货期等详细项目。目前大型企业更倾向于签订连续采购计划，连续不间断地、小批量地从供应商处进货，这样可以尽量压低库存，甚至做到“零库存”，降低成本。

（8）评估履约情况。采购部门进行产品性能反馈和评价，可以通过正式或非正式渠道，了解使用者对购进产品的意见，定期检查和评估供应商履行合同的情况，这种检查和评价，成为决定是否继续向某个供应商采购产品的主要依据。

上述八个阶段是最复杂的采购类型需经历的过程；对于较简单的采购经历的阶段要相对少一些。表 2-2 所示为三种不同类型的采购依次经历的不同阶段。

表 2-2　产业购买者购买类型的主要阶段

购买过程的阶段	购买情况的类型		
	直接重购	修正后重购	全新采购
提出需要	不　必	可能需要	需　要
确定需要	不　必	可能需要	需　要
说明需要	不　必	需要	需　要
查询供应商	不　必	可能需要	需　要
征求供应信息	不　必	可能需要	需　要
选择供应商	不　必	可能需要	需　要
发出正式订单	不　必	可能需要	需　要
评估履约情况	需　要	需　要	需　要

2.3.2　中间商市场分析

中间商市场也叫转卖者市场，由那些为了直接转卖而赢利的买主组成。中间商市场的顾客，主要是各种商人中间商（经销商）、代理中间商（经纪人）。他们介于生产者和消费者之间，专门媒介商品流通，由此获取利润。

中间商在地理分布上比产业购买者分散，但比消费者集中，其需求主要也是由消费者市场需求引申或派生，且多带有组织购买的性质，与生产者市场有较多的相似特征。

1. 中间商的购买类型

（1）新产品采购类型。新产品采购类型即中间商决定增加新品种，扩大经营品种的范围，需要购买某种以前从未经营过的产品。与生产者不同的是，中间商没有必须经营的商品品种，是否要经营某种产品完全取决于该产品市场前景的好坏、买主的需求强度、产品获利的可能性等多方面因素。

（2）选择最佳卖主类型。选择最佳卖主类型即中间商仍然经营原有的品种，但是对原供应商不满，要重新选择最合适的供应商。通常中间商的货源充裕，而经营场地和资金有限，不可能接受所有供应商的产品，必然从中选择对企业最有利的供应商；或者中间商打算自创品牌，为此寻求愿意配合的制造商。

（3）谋求更佳交易条件类型。谋求更佳交易条件类型即中间商并不想更换供应商，但是由于成本上升等原因，希望通过重新谈判从现有供应商处获得更好的交易条件。如更低的进价、更长的账期、更积极的广告支持等。

2. 影响中间商采购的主要因素

由于中间商是低价买高价卖，赚取差价，因此非常重视进货价格和控制成本，凡是能使供应商降低成本，增加利润的方法，都会受到欢迎。影响中间商采购的主要因素一般是：

商品的价格和利润；商品的独特性和受顾客欢迎的程度；供货者对该产品的定位和策略；供货者的声誉和企业形象；供货者为该产品提供的广告和促销补贴。

3. 中间商的采购组织与采购决策过程

在中间商市场，实际沟通供应商和中间商关系的，是中间商内部那些决定购买和实际购买的人员及组织，他们同样形成了“采购中心”，并在不同程度上直接左右着供应商的命运。中小批发商和零售商，一般不配备专职采购人员。选择与采购通常是由店主（经理）承担，或熟悉业务的员工负责，同时兼做其他工作。较大的批发商、零售商，采购成为专门职能，采购人员设有专职岗位。但各企业有很大差异，不同类型的企业也存在很大差异。

案例 2.8 美国全国性连锁超级市场的采购过程

美国全国性连锁超级市场在总部管理之下，总部为每个产品大类设立一个商品经理（专职采购员），他们负责决定商品搭配，接待新品牌的推销人员，并有权决定是否接受新品牌。大多数公司的做法是授权商品经理对那些明显不能接受或明显可接受的项目做出决定，另一些项目则需提交采购委员会审议，由采购委员会做出是否购买的决定，但商品经理的推荐有很大影响力。有时采购委员会已经接受的新项目，也不一定被所属的各连锁商店接受，对新项目的最后决定权在连锁商店经理。每年各连锁店经营的商品品种有大约1/3由总部分配下来，其余2/3的商品由连锁店的经理根据当地的需求情况决定采购。

2.3.3 政府机构市场分析

政府机构市场，是由那些为了执行自己的职能而采购或租用产品的各级政府部门和机构组成。政府机构市场的顾客，是国家各级政府组织、事业单位和其他社会团体的采购部门，由于他们的采购资金来源于国家财政性拨款，因此可以统称为政府采购。

为了加强对政府采购的管理，提高财政支出的使用效益，促进公开、公平和公正交易，我国一些地方政府的机关、事业单位和其他社会组织使用财政性资金采购物资或服务的行为开始受到法律的约束和规范，不少地方已陆续出台了政府采购条例。研究政府采购行为，对于满足政府市场需求，扩大企业销售具有重要意义。

1. 政府市场购买者行为的特点

（1）采购范围广，由于政府采购是为了满足国防、行政、公共福利的需要，因而其采购范围涵盖了从普通的办公文具到航天飞机、导弹军火等各行各业，政府采购在任何国家都是巨大的市场，为企业提供大量的营销机会。

（2）采购手续复杂。由于支出决策要受到审查，政府机构在采购前要做许多文案工作，如填写一系列表格和按一定的程序审批等，所需时间较长。有的政府机构存在官僚作风，营销人员要有足够的耐心，还要设法绕过或冲破这种障碍。

（3）采购受到公众的监督。由于政府的收入主要依靠税收，因此，纳税人关心、监督政府的支出就不足为奇。

（4）受到非经济因素的影响。产业政策和其他政策等非经济因素会影响到政府的采购方向，如要照顾老少边穷地区，照顾衰退行业等。

2. 政府机构的采购方式

（1）公开招标选购。按照采购主管部门规定的方式向社会发布招标公告，并至少应有三家符合投标资格的供应商参加投标。采购主管部门应当就集中采购的项目编制采购目录，说明拟购商品及品种、规格、数量等，邀请供应商投标。

有意争取业务的企业，在规定期限内填写标书（格式通常由招标人规定），密封送交。采购主管部门在规定日期开标，选择报价低且符合要求的供应商成交。

参与公开招标的企业必须注意，自己的产品能否达到招标要求，合约条件是否对己有利，能否符合买方的一些特殊需求等一系列问题。企业的报价既要有利可图，又要保证夺标。

（2）议价合约选购。当政府采购的是复杂的工程项目，涉及重大的研究开发费用和风险时，采购主管部门可以采取议价和约的形式，和几个有资格的企业接触，最后与其中一个符合条件的企业签订合同。

（3）日常性采购。政府为维持日常工作正常运转而进行的采购。一般是金额小，交款和交货方式常为即期交付。其采购类似于生产者市场的“直接重购”，有时像中间商市场的“最佳卖主选择”或“谋求更好的交易条件”类型。

2.4 市场营销调研与预测

市场调研与预测都是以市场为客体的研究活动，是获取市场信息、科学认识市场的重要手段，是企业把握市场机会，制定各项营销决策的基础和依据。市场调研与预测二者既有区别又相互联系。调研的对象是过去和现在存在的事实（现象），而预测是尚未形成的事实（现象）。调研的目的既可以是为了制定经营目标和行动计划，也可以是总结经营活动的经验教训，而预测是为了更好地把握未来。但是，市场预测离不开市场调研，市场调研是预测的基础，没有调查研究，不可能有科学的预测。企业要在激烈的市场竞争中获胜，首先就必须做好市场调研和预测工作。

2.4.1 市场营销信息系统

当今社会被称为信息社会，其信息量是以前无法比拟的，大量信息的充斥，使营销管理者有可能接收到无用的或有误的信息。与此同时，一些重要信息却因为无法及时送到管理者而变得毫无用途。因此，美国许多公司在认真研究了营销管理对信息的需要后，设计了一套正式的市场营销信息系统，以适应需要。

所谓营销信息系统，是指由人、设备和程序组成的一个复合体，其任务是准确及时地为营销决策者搜集、分类、分析、评估和传递所需要的信息，以便使营销计划、实施、组织和控制具有科学性和准确性。

营销信息系统有四个子系统：内部记录系统、营销情报系统、营销调研系统、信息分析系统。

（1）内部记录系统。该系统负责收集公司内部各部门的信息，如财务部门对成本、销售、现金流量的详细记录；生产部门报告的生产计划、运输、存货等方面的情况；销售部门报告的产品销售情况；顾客服务部门报告的顾客满意度或服务问题等。大多数营销管理者都利用内部报告系统定期获取各种数据，用以评估营销业绩，识别营销问题和机会。

来自企业内部的信息及时准确，但是由于这些信息通常不是专门为营销决策搜集的，因此，营销信息系统必须对其进行分类、整理和编目，以方便营销管理者使用。

（2）营销情报系统。该系统负责监测每日发生的有关外部营销环境发展情况的信息（如技术创新、社会潮流、竞争者状况、新的法律条令等），并通过收集、分析、研究，从中筛选出有助于管理人员制定和调整营销计划的信息，上报给营销经理。营销情报可从许多渠道获得，如公众出版物中提供的信息；本企业销售人员提供的信息；批发商、零售商提供的信息；从专门的信息咨询公司购买的信息；从分析竞争者的产品、行为等获得的信息。

（3）营销调研系统。在企业营销管理过程中，营销管理者经常需要做出某项重要决策，如是否生产某种新产品，广告投放的媒体及效果等，为此需要专门性的调查研究，搜集相关信息。营销调研系统的任务就是设计、收集、加工、评估、传递与特定的营销问题有关的信息，供管理人员制定决策时使用。营销调研系统的主要功能是：识别和发现营销机会和问题、评估企业的营销行为、监控企业营销绩效、促进企业营销活动过程的改进等。一般大公司每年都要进行3～4项专题调研活动。

（4）信息分析系统。它是指企业从改善经营或取得最佳经营效益的目的出发，建立起由一系列统计程序和预测模型组成，用以进一步分析搜集到的数据，找到解决方案的系统。假定一个营销经理需分析某个问题，并找出最佳解决方案，他只要把问题及影响问题解决方案的各种信息数据输入该系统模型，经过统计程序的运算，就能得出最接近最佳解决方案的标准化数据，供给经理参考，使之制定最合适的行动方案。

建立并保持企业信息系统的四个子系统能够正常运转，是营销管理者获得市场信息的根本保证。

2.4.2　市场营销调研

市场营销调研是指按照科学的方法和程序，有计划、系统地收集和整理与市场有关的信息资料，并且对其进行分析、研究，从而为企业市场营销决策提供依据的全部工作和过程。

市场调研是认识市场的基本方法，是获取市场信息的重要手段，是企业制定竞争性策略的条件。在企业的市场营销管理过程中，每一步都离不开营销调研，市场调研的重要性，越来越受到企业经营决策层的重视。例如，可口可乐公司的总裁在我国参加会议期间，曾亲自到上海的大街小巷进行市场调研，他非常注重观察可口可乐产品摆放位置与消费者购买方便程度之间的关系，最后得出结论，将可口可乐放在与西瓜同样的位置，销售量一定可以增加。由此可见，大企业的高层领导人对市场调研的重视以及重视的细微之处。

1. 营销调研的基本内容

因为企业市场营销活动涉及多方面的情况，所以市场调研的内容和范围也极为广泛而复杂，归纳起来，主要包括以下几个方面。

（1）营销环境调研。营销环境包括宏观环境和微观环境，它们对企业营销系统来说是不可控制的因素，但企业必须密切注意其变化，以便更好地适应环境。营销环境调研包括对企业目前所处市场的特征、未来准备进入市场的特征的调研，并判断各因素变化趋势及其对企业的影响等。

（2）市场需求调研。企业经营的出发点和中心是顾客的需求和欲望，因此对市场需求调研，应成为市场调研的主要内容之一。它包括现有顾客需求状况调研，即顾客需要什么产品，需要的数量和时间；现有顾客对本企业产品和服务满意度、忠诚度的调研；对顾客的购买动机、购买行为的调研；对顾客价格敏感度的调研；对潜在顾客需求情况的调研等。

（3）企业营销状况调研。营销管理者应随时了解企业的营销状况，发现问题，改进工作。此类调研包括以下几点。

① 产品调研。产品是企业经营的物质基础，有关产品的设计、组合、生命周期、品牌、包装以及产品的市场容量、市场占有率、销售趋势等，都对企业决策有重大影响。

② 价格调研。价格对产品的销售和利润有重要影响，企业要积极开展价格调研，对于制订正确的价格策略有重要作用。包括：供求状况分析、同类产品比价、价格走势判断、新产品定价研究等。

③ 分销渠道调研。商品只有通过售卖，价值才能得以实现，分销渠道对企业产品销售有重要影响。包括：分销渠道的选择，如目标市场上可供选择的渠道有哪些，企业是否使用中间商，采取代理制还是经销制，使用几个层级较为合适等；中间商情况调查，市场上中间商的数量、类型、规模、信誉等；物流条件调查，可采取的运输方式、费用、时间、保险方式，可利用的仓库数量、储存条件等。

④ 促销调研。主要内容是促销手段、促销政策的可行性。包括：广告媒体调研、人员推销效率调研、营业推广方法及效果调研、公共关系现状调研、企业及产品形象调研等。

（4）市场竞争状况调研。企业必须对参与竞争的有关情况做出正确的评估。

① 目标市场调研：企业目前的目标市场策略是否成功，有无扩大市场份额的可能，市场竞争的格局和特点，开拓潜在市场的限制等；

② 主要竞争者调查：竞争者的市场份额，经济实力，经营目标及发展战略，经营策略，管理水平，销售组织形式，促销方式及其规模和特色，竞争的主要焦点，竞争对手的数量及其相互关系等。

2. 市场营销调研的主要类型

市场营销调研可根据不同的标准，划分为不同的类型，这里仅介绍根据营销调研目标不同而进行的划分。

（1）探索性调研。所谓探索性调研，是指当调研人员对即将进行的调查项目缺乏足够的了解时，为了找出问题的症结和明确进一步深入调查的具体内容和重点而进行的非正式的初步调查。其主要目的是界定调查问题的范围，明确调查对象和主要变量，确定调查方法和程序等。如某企业几个月来销售量大幅度下降，公司一时无法查明是何种原因引起的，就可以通过探索性调研发现问题：是经济衰退的影响？是由于销售渠道不畅通？是顾客偏好发生变化？是广告支持减少？是竞争者加入？在进行这类调查时，不必制定严密的调查方案，因而其调查方法具有相当的灵活性和多样性。

（2）描述性调研。所谓描述性调研，是指对需要调查研究的客观事实资料进行收集、记录、分析的正式调查。其任务是客观地反映市场各个要素及其相互关系的特征，即描述性调研要寻求对“谁”、“什么事情”、“什么时间”、“什么地点”这样一些问题的答案。如调查了解本商店的顾客是具有哪些特征的人，他们常购买什么商品，他们通过哪些渠道获得信息，他们在什么时间光顾商店等，上述问题的答案可作为解决营销问题的信息参考。

市场调研很多都属于描述性调研，由于描述性调研注重实地调查，收集第一手资料，因此需要事先制定详细的调查计划。

案例 2.9 英格兰谢菲尔德市超级电车的转机

英格兰谢菲尔德市利用市场调查制定营销方案，扭转了电车乘客不足的局面。

该市市政厅决定建立一个在经济上可行的环保交通系统，原来预测电车系统在投入运营后就会赢利，但最初的乘客数远远低于预期值，导致每年400万元的亏损。市政厅聘请曾为宝洁公司工作的凯文·兰宁甘（Kevin·Lannigan）来扭转局面。他的任务是找出乘客少的原因，并提出增加乘坐人数的措施。凯文采用经典的市场调查方法来完成这一任务：查阅文献，分析现有资料，进行一对一的深入访谈和抽样调查。通过研究他发现了多个问题：首先，当地的主要媒体制造了一些敌视超级电车系统的不利舆论；其次，该系统的服务需改进；再次，人们对该系统票价、可靠性和速度的认识有偏见。

根据调查结果，市政厅对电车系统进行了多项改进。例如，改变了价格策略并增加了长期车票；利用调查问卷建立了一个拥有5万人、分为数个细分市场的乘客数据库；电车公司利用市场细分的结果，决定对不同乘客开展不同的促销活动并给予奖励。这项市场调查使超级电车系统当年的经营状况明显改善，并在第二年赢利。

（3）因果性调研。所谓因果性调研，是指为了查清有关市场变量之间的因果关系而进行的专题调查，如产品的预期价格、包装、广告费用等对销售的影响。这项工作要求调研人员对所研究的课题有相当的知识，能够判断一个因素变化将会导致另一个因素的变化，并能说明何者为因，何者为果，两者之间的关联程度。企业掌握了市场各种现象之间的联系，就能预见市场的发展变化趋势。

（4）预测性调研。所谓预测性调研，是指专门为了预测市场未来的发展趋势和变化幅度进行的调研活动。

上述四种调研类型可以用于一个连续的调查过程。当调研人员还不能肯定问题的性质时，适合进行探索性调研；当调查人员明确了问题，但对有关情形缺乏完整认识时，可以进行描述性调研；当调查人员需要对问题严格定义时，适合进行因果性调研；当调研人员要了解未来的发展趋势时，要用预测性调研。

3. 市场调研的基本程序

市场调查程序是指调研工作过程的阶段和步骤。市场调研的全过程可大体划分为以下四个阶段。

（1）准备阶段。该阶段的主要任务是明确调查目的，选择调查课题，设计调查方案，落实调查人员和组织。为了保证市场调查的质量，必须充分、周到地做好一切准备工作。其中选择调查课题具有重要意义，其实质是确定调查总方向，总水平的根本问题，它还决定着调查方案的设计，制约着调查全过程。这是因为选择的调查课题不同，调查的内容、方法、对象和范围，调查人员的选择、调查组织工作也将随之不同。

（2）实施阶段。该阶段的主要任务是组织调查人员，按照调查计划的要求，系统地收集资料和数据。它是整个调查过程中的关键阶段，对调查工作能否满足准确、及时、完整、节约等基本要求有直接的影响。在整个市场调查工作中，该阶段是唯一的现场实施阶段，是获取第一手资料的关键阶段，这要求调研人员接触面最广，工作量最大，情况最复杂，变化最迅速，实际问题最多，指挥调度也最困难。因此，市场调查的领导者和组织者应亲临现场，集中精力做好外部协调工作和内部指挥工作，力求以最少的人力、最短的时间、最好的质量完成收集材料的任务。

（3）研究阶段。该阶段的主要任务首先是鉴别整理资料，对所搜集的资料进行“去粗取精，去伪存真”，保证资料的真实、准确和完整；其次，运用统计学原理和方法来研究市场现象的数量关系，揭示事物的发展规模、水平、结构等特征；最后，经过思维加工，揭示事物的内在本质，说明事物的因果关系，预测事物的发展趋势，做出自己的理论说明，并在此基础上提出对实际工作的具体建议。该阶段的工作更为繁重和紧张。市场调查能否出成果，在很大程度上取决于该阶段的工作。

（4）总结阶段。该阶段的主要任务是撰写调查报告，总结调查工作和评估调查结果。这是市场调查的最后阶段，认真做好总结工作，对于提高调查研究的能力和水平，具有十分重要的意义。总结工作如果草率，将导致整个调查工作前功尽弃。

2.4.3 市场预测

市场预测是根据已掌握的信息和材料，依据对市场经济活动规律的认识，运用科学的方法，对市场未来的发展趋势做出预计和推测。做好市场预测工作是科学决策的前提，能够加强企业经营的预计性和市场适应力，提高竞争力和经济效益，有利于促进社会生产的发展。

1. 市场预测的内容

凡是企业需要决策的问题都应该先进行预测，凡是经过市场调研的内容都应该对调查对象未来的发展趋势进行预测。对于市场预测内容的具体划分比较困难，下面强调一些较重要的预测内容。

（1）环境预测。营销环境对企业有重要影响，如科学技术发展趋势，新材料、新工艺、新能源的应用，经济周期，政府法律法规等，对企业经营有重大影响，因此应重视对环境各要素变化趋势的预测，了解其对企业经营的影响性质和程度。

（2）消费需求预测。在一定时期内，一定市场范围内，对消费者在产品需求的数量、需求结构、需求特点及其影响需求的各种因素进行预测。如现实的和潜在的总需求量，购买能力，居民收入增长速度，消费结构变化倾向，消费心理变化趋势，消费者购买行为变化趋势，消费热点，消费时尚及潮流的内容与表现等。

（3）商品供应预测。它包括通过各种渠道最终可能提供给消费者的产品总量、结构及其变化趋势，原材料、辅助材料、能源动力等生产资料供应量及其价格变化趋势等。

（4）产品发展趋势预测。在市场营销活动中，企业经常要对与产品有关的事物进行预测。如产品生命周期预测，产品的市场占有率预测，新产品需求预测，产品的品种、规格、款式、包装、品牌、定位、服务等预测。

（5）竞争者情况预测。预测现有竞争者及潜在加入者的数量及其实力变化，竞争者可能采取的策略及其对本企业经营的影响，竞争者对本企业营销策略的反应类型等。

2. 市场预测的步骤

（1）确定预测目标，拟定预测计划。由于预测的目标、对象、期限不同，预测所采取的分析方法、资料数据收集的要求也就不同。因此，在开展市场预测工作时，首先要明确预测目标，即预测要达到什么要求，解决什么问题，预测的对象、范围、时间等。预测计划是预测目标的具体化，它规定了预测的精度要求，工作日程，参加人员及分工等。

（2）收集分析资料。预测要广泛收集有关资料，尤其要重视对资料的分析整理工作，使之满足针对性、真实性和可比性的要求，避免由于资料本身的原因给预测结果带来误差。

（3）选择预测方法，建立预测模型。预测方法的选择要服从预测目的、占有资料的数量和可靠性、精确度要求以及预测费用的预算。在定量预测方法中，可通过对数据变化趋势的分析，建立起与历史资料相吻合的预测模型。

（4）确定预测值，提出预测报告。预测误差是不可避免的，为了避免预测误差过大，要对预测值的可信度进行估计，对预测结果进行必要的修订和调整，最后确定预测值，写出预测报告和建议。

3. 预测的基本方法

现代预测方法有很多，有据可查的已经达到150多种，大大增强了市场预测的科学性，现将常用的几种预测方法简要介绍如下。

（1）定性预测法。所谓定性预测法又称判断预测法、直观预测法、经验预测法等，是由预测者根据占有的历史资料和现实资料，依靠个人经验、知识和综合分析能力，对市场质的变化规定性做出判断，再以判断为依据做出量的测算。从质的方面去分析判断事物，容易把握住事物的发展方向。市场预测中常常会涉及一些难以量化的因素，如政治因素、心理因素、社会因素等，所以，在预测实践中，这类方法被广泛采用。常用的定性预测方法有集体判断法、专家预测法和用户调查预测法。

① 集体判断法。它是由企业集合有关人员进行分析讨论，对未来市场形势做出预测判断的方法。具体方式有两种：一是集中企业中高层经理人员进行讨论预测；二是集中企业有经验的销售人员进行讨论预测。集体判断法优点是预测速度快，成木低，易于组织进行，能够集思广益，相互启发。缺点是预测结果容易受讨论气氛和权威人士影响，对问题分析缺乏系统的数据。

阅读资料2.7 “德尔菲”法

“德尔菲”法是通过发函的方式进行预测。具体做法是向选择的预测专家分别发函或调查表，提出问题，并提供进行预测的各种有关资料，要求专家背靠背地按照自己的想法提出预测意见，由预测组织者把专家们的意见汇集、整理后，再将不同的意见及其理由反馈给每位专家，这样反复多次征询，逐步缩小各种不同意见的差距，得到基本上趋于一致的预测结果。“德尔菲”法具有匿名性，反馈性，收敛性的特点。

② 专家预测法。它是指专家以自己的专业知识和经验，在对过去和现在情况进行分析的基础上，对未来可能出现的各种趋势做出预测和评估的方法。专家包括经销商、分销商、供应商、营销顾问、行业研究人员等。专家预测的具体方法很多，实践中，更为常用的是“德尔菲”法。

③ 用户调查预测法。它又称为顾客意见法，是指直接向潜在用户征询购买倾向及购买意见后，再经过判断进行预测的方法。它主要用于顾客数量有限的市场。

（2）定量预测法。定量预测方法是根据历史和现状的统计资料，应用数学方法对预测对象的发展变化趋势进行预测的方法。在占有若干统计资料，预测对象的未来受突发性因素影响较小的情况下，选用适当的数学模型进行定量预测，可以得到比较满意的预测结果。但是，由于所选择和建立的数学模型不可能把所有因素都考虑进去，因此定量预测的结果出现误差也在所难免。常用的定量预测方法包括：简单平均法、加权移动平均法、指数平滑法、季节系数法、回归分析法等。

复习思考题

一、本章关键词汇

机会（Opportunities）
威胁（Threats）
微观环境（Micro Environment）
宏观环境（Macro Environment）
消费者市场（Consumer Market）
消费者行为（Consumer Action）
组织市场（Organizational market）
生产者市场（Industrial Market）
中间商市场（Reseller Market）
政府和机构市场（Institutional and Government Market）
营销信息系统（Marketing Information System）
市场调查（Marketing Research）
市场预测（Marketing Predict）

二、简答

1．企业如何对营销环境进行分析？

2．影响一对年轻夫妻购买汽车的因素有哪些？

3．当你所经营的产品与消费者心目中的理想产品有差距时，可以用哪些方法改变这种不利局面？

4．消费者市场特征与组织市场特征有什么不同？

5．一个商店经理在采购新货时会受哪些因素的影响？

6．如何开展实地调查，了解人们对手机的需求特征和购买行为特征？

三、案例思考

1．20世纪70年代末，日本和西欧的企业同时注意到中国的改革开发，但是他们对未来经济形势做出了不同的判断。西欧企业认为，中国人低工资、低物价、低消费，家用电器产品对中国人来说太昂贵，一台彩电相当于一个普通家庭三年的收入总和，因此西欧的企业放弃中国市场。

日本企业却有不同的看法：①中国人有精打细算、勤俭节约的传统习惯，很多家庭为购买大件商品可以节衣缩食；②中国人口众多，家庭数量大，10亿人，以每户4人计算，有2.5亿个家庭，其中只要有10%的家庭购买，也达2500万个家庭，其数量相当可观；③中国改革开放后，外国现代化的生活方式和消费模式，必将强烈影响中国人的消费观念；④中国以经济建设为中心的基本国策是可以信赖的，此后会有10年以上的经济增长期，收入将会大幅度提高。特别是当时中国普遍实行低房租和公费医疗制度，人们的后顾之忧少，解决温饱后，消费必然集中在大件耐用消费品上。

基于以上分析，日本企业将中国看作是大有潜力的市场，大举进入，占领了中国市场。在相当长的一段时间内，国内彩色电视机市场被日本企业牢牢占据，日本企业获得了大量利润。

思考：日本企业是如何对中国市场环境中的政治、经济、文化等要素做出正确理解和判断，抓住机会，适时打开中国市场的？欧洲企业为什么错过了时机？

2．2004年的印度洋海啸造成至少16万人丧生外，还给受到海啸袭击的国家造成巨大经济损失。据全球最大的再保险商慕尼黑再保险公司估计，印度洋海啸损失额将达140亿美元，斯里兰卡和马尔代夫受到的经济冲击最为严重。斯里兰卡全国3万艘渔船中的75%被海啸摧毁，14个渔港中的12个被毁。按照最保守的估计，那些在灾害中幸存下来的渔民即使能够得到渔船损失补偿，至少也需要3～6个月才能恢复生产。海啸损坏了斯里兰卡印度洋沿岸的48家酒店。海滨旅游曾经是斯里兰卡吸引国际游客的主要卖点，但现在只有原来收入的40%左右。

马尔代夫作为此次海啸中唯一一个全国范围皆受到冲击的国家，经济损失更严重，海啸使全国的农业、渔业受到严重破坏，大量通讯、电力基础设施被摧毁，全国70%的经济活动均受到影响。并且许多地方被海水淹没，淡水资源已被严重破坏，有些岛屿被海水浸泡，盐碱化严重，原来的大片农田在今后几年内都无法继续种植，对当地的农业生产和生态环境将造成严重影响。马尔代夫需要2.5亿美元用于紧急救灾，另外还需要13亿美元用于今后3～5年的重建工作。相比之下，马尔代夫全年的国内生产总值仅有6.6亿美元。因此，要想完全消除海啸带来的影响，恐怕还需要相当长的一段时间。可见，自然环境对人类社会经济的影响不可低估。

思考：印度洋海啸会对哪些市场产生影响？有哪些环境机会和威胁？

3．携程公司是一家以高科技为手段的旅游服务公司，1999年初成立，在北京、上海、广州、香港等地设有分公司。携程主要通过“800”电话呼叫中心和互联网为客户提供快捷、优惠的订房、订票等旅行综合服务。该项服务自1999年10月开通以来，以其独到的经营模式迅速在旅游业占据领先地位，预定业务中酒店订房的业务量已经相当于中国最大的订房中心，2001年以来，每月交易额已逾2000万元。

携程的呼叫中心有一个渐进的发展过程。刚开始主要是通过互联网为客户提供服务，后来根据客户要求开通了“800”国内免费热线电话，通过板卡式的语音处理设备和几名服务人员为客户提供各种服务。由于电话具有普及、方便等特点，非常适合各阶层的客户使用，“800”电话的呼叫中心一经推出就很快得到社会的普遍认可。2000年5月1日，通过“800”电话接入的预订房和预订票的信息出现了高峰，使板卡式的设备成为瓶颈。随着业务的突飞猛进，呼叫中心不仅无法适应客户规模的要求，而且在性能方面也制约了业务的拓展。

经过充分的市场调查后，携程公司于2000年11月对原有的呼叫中心进行了升级。用交换机代替板卡式设备，公司选择了朗讯 G3SI 交换机，由它提供呼叫中心服务，软件部分进行定制化开发。现有的系统增加了许多客户关系管理功能。互联网与呼叫中心有机地接合在一起，通过互联网、传真、“800”电话接入的信息都进入一个数据库，实现了数据的统一化。现在的呼叫中心是 50 多个服务人员，她们每天三班工作制，为客户提供 365 天全天24小时的服务。为了提高工作效率，订房服务与订票服务通过不同的服务人员完成。服务人员也借助系统实现交叉销售，大约15%的客户有这样的需求。新技术的采用，为旅游服务业的发展带来蓬勃的生机。

思考：科技对旅游市场营销产生了什么影响？

4．世界最大的家居用品企业宜家公司在对中国市场进行调研时发现，中国老百姓除了搬新家外，一般很少购买新的家居用品来改变和布置现有的居住环境。针对这种现象，宜家颇具匠心地推出了“改变很简单”的口号，旨在帮助和鼓励普通老百姓通过改变一成不变的生活习惯和惰性，创造美好和舒适的生活空间。它告诉消费者，改变不是很麻烦，一点小小的变化可能会起到画龙点睛的作用。于是，宜家公司配套推出了一些不太贵的新品，比如家庭的封闭阳台，如果一向堆着杂物、落满灰尘，可以花半小时擦拭一遍，空出一块地方，买个新式摇椅。傍晚打开阳台玻璃窗，坐在摇椅上慢慢摇晃着享受夕阳。又例如，有些人将喜欢的 CD、影碟塞得到处都是，找时很麻烦，可以买套 CD 架钉在墙上，不仅能整齐地放下所有碟片，还显得很有个性。采用这种化整为零的策略之后，配合诱惑人心的广告语——“改变很简单”，宜家公司吸引了众多消费者，自然也有效击败了很多同行。

思考：宜家公司对中国市场进行的调研得出了什么结论？

5．爱国华侨陈嘉庚年轻时在南洋经营橡胶种植园和橡胶制品厂，由于当时这个行业利润非常可观，企业家纷纷投资经营，导致橡胶行业产品供过于求，价格直线下降。此时人们又开始抛售种植园和橡胶制品厂，准备将资金投入到其他赢利的行业。陈嘉庚也面临着是持续经营还是放弃的选择。他没有盲目决定，而是作了充分的市场调查。他发现，南洋地区是英国的殖民地，英国财政收入的很大一部分是来源于对南洋地区橡胶种植园和橡胶制品厂的税收，因此断定，英国政府决不会坐视橡胶行业的衰落，必然要采取措施加以保护。因此，在别人低价抛售时，陈嘉庚大胆买进种植园和工厂。果然，不久后，英国政府为了维护自身利益，实行橡胶制品的最低保护价制度，并采取补贴措施保护该行业的发展。陈嘉庚低价买进的橡胶种植园和制品厂终于为他赚取了大笔利润。

思考：你从中得到了什么启示？

6. 20 世纪 60 年代，我国发现了储量丰富的油田，终于摘掉了贫油的帽子，国际社会为之震惊。出于各种原因，油田的具体位置还是保密的，外国人无法探知。但是日本人从媒体公开刊出的一张照片及报道中寻找蛛丝马迹，推断出油田的准确位置及大致储油量和产量，提前做好准备，获得了巨额订单。

1964 年，《中国画报》的封面刊出一张大庆“铁人”王进喜的照片，他头戴大狗皮帽，身穿厚棉袄，顶着鹅毛大雪，手握钻机刹把，眺望远方。在背景远处错落地矗立着星星点点的高大井架。几乎同时，《人民中国》杂志撰文报道说：“王进喜走进马家窑，高兴地说……，为了抢时间，争速度，他们硬是用肩膀将几百吨的采油设备扛到工地……”日本三菱重工财团的信息专家根据王进喜的穿着和天上的鹅毛大雪断定，大庆油田一定在东北北部，而通过靠人拉肩扛的方法能将上百吨的设备送到工地，那么可以肯定油田具体位置就在马家窑的附近，由此确定了大庆油田的准确位置。他们还研究了照片中王进喜所站的钻台上手柄的尺度，推算出油井的直径；从背景隐约透露的油井之间的距离和密度，基本可以推算出油田的大致储量和产量；从王进喜出席了人民代表大会的报道中肯定大庆油田出油了。同时他们根据中国当时的技术水平和能力及中国对石油的需求，判断中国必定要引进采油设备。于是，日本三菱重工财团迅速集中有关专家，设计出了适合在中国东北部寒冷地带使用的采油设备，做好充分的夺标准备。不久，中国政府果然向世界市场寻求石油开采设备。三菱重工财团以最快速度和最符合中国需要的设计获得这笔巨额订单，赚取了巨额利润。

思考：三菱重工是如何从一张照片上发现市场机会的？

第3章　市场营销策略

教学目的和要求

✧ 理解市场细分的概念及重要性，了解市场细分化的标准和方法，能区分消费者市场和生产者市场的细分标准。
✧ 了解目标市场的选择模式，熟悉进入目标市场的主要策略。
✧ 了解市场定位的依据和方法。
✧ 掌握企业市场竞争策略。

市场营销学要研究的主要问题是制订企业的营销策略，而目标市场的选择是企业制订市场营销策略的基础。目标市场的选择正确与否，直接关系到企业经营的成败。同时，在现代市场经济中，任何企业都处在一定的竞争环境中，承受着来自多方位竞争的压力。正确的市场竞争战略，是企业成功地实现其营销目标的关键。企业要想在激烈的市场竞争中立于不败之地，就必须树立营销观念，强化服务意识，制定正确的市场竞争战略，努力取得竞争的主动权。

3.1　目标市场策略

3.1.1　市场细分的概念

市场细分就是营销者通过市场调研，依据消费者或用户的需要、欲望、购买行为和购买习惯等方面的明显的差异性，把某一产品的市场整体划分为若干个买主群的过程。每一个买主群就是一个细分市场，每一个细分市场都是由具有类似需求倾向的买主构成的群体。因此，分属不同细分市场的买主对同一产品的需要与欲望存在着明显差别，而属于同一细分市场的买主的需要与欲望则极为相似。

市场细分的客观基础是同一产品的消费需求的多样性。从需求角度来看各种产品的市场可以分为同质市场和异质市场两类。凡消费者或用户对某一产品的需要、欲望、购买行为以及对企业营销策略的反应等方面具有基本相似性，这种产品的市场就是同质市场。只有极少一部分产品（主要是初级产品）的市场属于同质市场，同质市场无须细分。但是，绝大多数产品的市场都是异质市场，消费者或用户对这种市场中的产品的质料、特性、规格、档次、花色、款式、质量、价格、包装等方面的需要与欲望是不相同的，或者在购买行为、购买习惯以及对企业营销策略的反应等方面存在着差异性。正是这些差异，使市场细分成为可能。

3.1.2　如何细分市场

根据前面的分析，我们已经知道，市场细分实际上就是对某种商品的购买者，按照某种标准加以分类，使之划分为具有不同需求特点的一系列群体的过程。市场细分的基础是购买者需求的差异性，因此细分市场的首要问题是分析考察影响市场细分的因素，这些因素正是引起需求差异的原因。

1. 消费者市场细分标准

影响消费者市场细分的因素主要有四个：地理因素、人口因素、心理因素、行为因素。消费者市场细分标准如表 3-1 所示。

表 3-1　消费者市场细分标准

细 分 因 素	举　例
1. 地理细分	
气候区别	温带、热带、亚热带、寒带
国家区别	发展中国家、发达国家
地形区别	山区、半山区、平原、丘陵
城乡状况区别	农村、乡镇、中小城市、大城市
2. 人口细分	
年龄	婴幼儿、儿童、少年、青年、中年、老年
性别	男、女
职业	工人、农民、医生、教师、解放军
收入	高收入、中等收入、低收入
教育程度	大学以上、大专、中专、高中、初中、小学
家庭人数	5 人以上、4 人、3 人、2 人、1 人
家庭生命周期	单身、成家、满巢、空巢
民族	汉族、少数民族
宗教信仰	佛教、伊斯兰教、基督教
3. 心理细分	
性格	外向型、内向型、理智型、冲动型
生活方式	节俭、奢侈、实用
购买动机	求实、求新、求美、从众
4. 行为细分	
购买理由	日常购买、应急购买、冲动购买、慎重购买
追求利益	主要利益、次要利益
使用程度	大量使用、中量使用、少量使用
使用者情况	未使用者、曾使用者、以后可能使用者、初次使用者、经常使用者

（1）地理细分。它是指企业按照因消费者所在的地理位置不同而形成的不同的国别、城乡等地理和区域因素来细分市场。地域之所以用做细分变量，是因为不同地域的消费者对产品的需求或对营销组合的反映存在很大的差别。康师傅方便面最初以北方消费者作为目标市场也主要是因为北方人习惯吃面食，更容易激发出对其营销组合的反应。地域差异不仅表现在饮食、衣着上，还表现在文化、价值观和购买行为上。

一般来说，地理细分要和其他细分变量联合使用。例如，可以把人口因素和地理因素（也称地理人口统计）结合起来，将气候干燥地区的女性作为细分市场，营销保护皮肤水分的护肤品。再如，把地理、人口统计（年龄、性别）和消费心理（生活方式）结合起来，以东部沿海地区,年龄在15～18周岁男性青少年崇拜世界体育明星的群体为营销耐克鞋的目标市场。

阅读资料 3.1　性别细分

妇女社会地位的提高，使各行各业越来越关注妇女在商品选购决策中所起的巨大作用。以汽车行业为例，未来十年，预计约6%的新车由妇女购买。如何面对汽车市场的这一变化呢？汽车厂商的营销人员分析指出：“卖给女人跟卖给男人的汽车本质上应没有什么区别，只是一些男女间的微妙差别导致了不同。与男人相比，女人更关心安全。”根据这些，汽车制造商设计出了更适于妇女驾驶的车型，具体表现在：行李箱更易开启，座位更易调整，安全带更舒适。同时，他们还加强了汽车的安全设施，如气袋和遥控门锁等。

（2）人口细分。它是指按人口的一系列性质因素所造成的需求上的差异来细分市场，反映人口性质因素包括年龄、性别、职业、收入、教育程度、家庭人数、家庭生命周期、民族、宗教信仰等。许多企业都是按两个或两个以上人口性质因素来进行多因素细分，如对服装要按年龄、性别、收入水平、执业类别、穿着场合等进行细分。

（3）心理细分。它是按照消费者的性格、生活方式以及购买动机等因素来细分市场。

性格是指消费者的个性人格。20世纪50年代后期，美国的福特和通用两家汽车公司就以不同的“个性”进行促销宣传。福特的购买者被认为是“独立的、易冲动的、孩子气的、机灵善变和自信的消费者”；而通用公司的雪佛莱车的拥有者被认为是“保守的、节俭的、计较信誉的、较少男子气概和避免狂热的消费者”。

生活方式是指一个人或群体对消费、工作和娱乐的特定习惯和倾向性方式。例如，节俭朴素、崇尚时髦、爱阔气讲排场等，都是对不同生活方式的描述。生活方式影响了他们对产品的兴趣。企业就要根据生活方式的差别来取代和生产产品。例如，妇女服装企业为“朴素型妇女”、“时髦型妇女”和“男人化妇女”分别设计生产不同款式和颜色的服装。

（4）行为细分。它是指根据购买者对商品的知识态度，适用与反应等行为进行的市场细分。

① 购买理由。消费者可以按照引起其购买产品的理由而被区分为不同的群体。例如，飞机乘客包括因商务、旅游、探亲等原因而外出的人，航空公司可以不同的理由提供不同的服务项目。

② 追求利益。它是根据购买产品所追求的不同利益而形成的一种细分方式。例如，同样是购买牙膏，有的人注重保护牙齿，防止龋齿；有的人追求保护牙齿洁白光泽；有的人追求味道。生产牙膏的企业假如以追求利益来细分就必须使自己的牙膏突出某种特性，并确定自己的品牌。

③ 使用程度。它是按消费者对产品的使用频率进行细分，可以分为：大量使用、中量使用、少量使用。大量使用者通常占市场总人数的比重不大，但其消费量占消费总量的比重却很大。以美国啤酒为例，美国16%的啤酒饮用者消费了88%的啤酒，显然公司对吸引消费大户将更感兴趣。通过进一步研究还发现，这些啤酒饮用大户都是工人，年龄约在25～50岁之间，他们每天收看电视3.5小时以上，而且对电视体育节目有偏好，企业掌握了这些信息就有助于合理定价，撰写广告词和选择广告媒体。

④ 使用者情况。许多市场都可以按使用者的情况细分为某一产品的未使用者、曾使用者、以后可能使用者、初次使用者和经常使用者等类型。市场占有率高的大企业，一般都更注重以后可能使用者，以扩大市场占有率，而小企业则更注意经常使用者采用其品牌。

2. 生产者市场细分标准

生产者市场细分的对象是企业，它有不同于消费者市场的特点。生产者市场细分的主要标准有产品的最终用途、购买者的地理位置、购买组织的特点以及购买利益等。生产者市场细分的一般标准如表3-2所示。

表3-2 生产者市场细分的一般标准

细分标准	细分具体标志
产品最终用途	军用、商用、民用
地理位置	地区、交通、气候、同类企业集中程度
购买者组织特点	企业规模、资金力量、采购能力
购买利益	质量、价格、服务

阅读资料3.2 水泥市场的细分

通过对水泥生产企业的客户调查，研究表明，国内水泥市场存在三大细分市场。

（1）程序性购买者。这部分购买者通常是政府部门、国有企业，他们购买行为多是例行公事，通常会支付全价，并接受低于平均水平的服务。这一市场对水泥生产企业无疑是利润很高的细分市场。

（2）关系性购买者。这部分购买者通常是企业的长期关系户，有长期的业务往来，只要求提供小额回扣和一般性服务，这是企业的第二大利润细分市场。

（3）交易性购买者。这部分购买者通常是企业制度健全的国有或私营建筑企业。他们认为水泥的质量很重要，但他们对价格和服务更敏感，一般要求约 10%的折扣和高于平均水平的服务。他们对不同水泥生产企业的价格、服务很了解，随时都会转移购买。尽管这一细分市场利润不高，但有利于扩大企业的销售额。

3. 市场细分的程序——七步法

第一步：选择与确定营销目标，即确定企业从事何种产品的生产营销，或从事何种劳务，这是细分的基础。

第二步：列举潜在顾客的不同需求。从影响市场细分的多种因素出发，尽可能详细地列出各种需求。

第三步：分析潜在顾客的不同需求。找出各类消费者的类型，分析他们需求的具体内容，然后按一定的标准进行细分。

第四步：筛选。将企业的实际条件同几个细分市场的特征进行比较，剔除企业没有条件拓展的市场，选取最能发挥企业优势的细分市场。

第五步：初步为细分市场定名，尽量用形象化的方法来表示。如老年市场、青年市场、新婚市场、工作者市场等。

第六步：进一步认识各细分市场的特点，以便进一步确定各细分市场有无必要再做细分，或重新合并。

第七步：测量各细分市场的大小，相应选定目标市场。

以上七步在具体运用时，根据情况也可以简化、合并。

4. 有效市场细分的标准

细分市场有许多种方法，然而并不是每一种细分市场都是有效的，如果购买者对某种产品的需求基本上是相同或相似的，并不存在差异，则就没有细分的必要。一般判断细分市场是否有效，有以下标准：

（1）可衡量性。用来细分消费者市场的特征或变量必须是可以测定的，有关数据必须能够获取，并且与年龄、性别、收入、生活方式、产品使用习惯等变量相关。这样就可以通过营销调研来获取有关信息，通过衡量细分市场的范围、购买力、潜量等，能为选定目标市场提供决策依据。有些细分市场很难测量，例如躲着父母抽烟的青少年的规模就不易测量。

（2）可盈利性。细分出来的市场必须大到足以使企业实现他的利润目标。在进行市场细分时，企业必须考虑细分市场上顾客的数量，他们的购买能力和产品的使用频率。有营利性的细分市场，应是那些拥有足够的潜在购买者的市场，并且他们有充足的货币支付能力，使企业能够补偿生产与营销成本，并获得利润的市场。例如，汽车制造商将不会掏钱制造一种专门适用于侏儒使用的汽车。

（3）可行性。营销者能够用一种合理的、可赢利的营销组合对细分市场中的消费者需求做出反应。企业有足够能力进入选定的细分市场，并占据一定的市场份额。细分出来的市场应是企业能够对顾客发生影响、产品能够展现在顾客面前的市场。对于不能进入或难以进入的市场进行细分是没有意义的。例如，我国的电视传媒业私人资本是不可进入的。有时细分市场的进入成本太高，即使进入，风险也很大。

（4）反映差异性。细分出来的各个子市场，对企业营销组合中任何要素的变动都能做出差异性反应。如果几个子市场对于一种营销组合的变化按相似的方式做出反应，就不需要为每一个子市场制定一个单独的营销组合。

阅读资料3.3　企业在细分市场时必须注意的几个问题

市场调查是市场细分的基础。在市场细分之前，必须经过市场调查，掌握客户需求和欲望、市场需求量等有关信息，营销人员才能据此正确选择市场细分标准，进行市场细分，并具体确定企业为之服务的经营对象。制定有效的市场营销组合策略。

市场是动态的、经常变化的，细分标准不能一成不变，应经常根据市场的变化，研究、分析与调整。

顾客的需求、爱好和购买行为都是有很多因素决定的。市场营销人员可以运用多种标准来细分市场。但是选用标准不能过多，要适可而止，确定少数主要标准和若干次要标准，否则既不实用，也不经济。

预期市场细分所带来的收益将大于因细分市场而增加的生产成本和销售费用，可进行市场细分；否则，不可进行市场细分。

3.1.3　市场细分的意义

对于企业而言，市场细分的意义表现在它能帮助企业发现市场机会，集中经营优势，创造特色产品，调整市场经营策略等方面。

（1）有利于企业发现有利的市场机会，制定最佳的市场经营战略。

企业运用市场细分化的原理，可以分析市场需求的满足程度，识别那些需求尚未得到满足或满足不够的消费者，往往会发现极好的市场机会。

案例3.1　日本手表打进美国市场

20世纪60年代日本手表打进美国市场就是一个典型的例子。从表面上看，当时美国手表市场已经饱和了，其实不然，根据市场细分化的调查，美国市场对手表的需求有三类不同的消费者群。

美国手表市场只有 31%的名贵、高档手表的细分市场是饱和的，因为美国的一些享有盛名的钟表厂商和瑞士手表企业精心经营这个市场，着重生产名牌、优质手表；而 23%的低档手表市场和 46%的中档手表市场的需求并没有得到满足。日本的钟表公司发现了这个市场机会，利用有效的市场营销策略，迅速打开了美国的手表市场，并在中、低档手表市场上取得了较高的市场占有率。

（2）有利于中小型企业发挥集中经营优势，开发市场。

中小型企业一般资源条件有限，技术水平相对较低，如果平均使用企业资源，在整体市场或较大的细分市场上，竞争能力不强。但是小型企业如果善于运用市场细分化方法，识别一部分特定消费者的特定需求，推出适当的产品，往往会取得很大的经济效益。

案例 3.2 油漆厂的市场细分

英国一家小型油漆厂，在经营决策之前对室内装饰市场用的油漆市场进行了调查研究。工厂销售经理访问了许多潜在的消费者，调查他们对产品的不同需求，然后对市场进行了细分。

在油漆市场中，60%是一个大的普及市场，即这个市场的消费者对各种油漆产品都有潜在需求，另外还有 4 个各占份额 10%的细分市场。小油漆厂经过调查分析，认为 60%的普及市场竞争激烈，本厂资源不足，无力参与竞争；而老油漆技工市场、油漆工助手市场和无劳动力家庭妇女市场都对油漆质量或者工艺要求较高，本厂也难以在这些市场致胜。公寓青年夫妇市场消费者群的特点是收入较低，租赁公寓（单元房）居住，按照英国习惯，租赁公寓的住户在一定时间内必须粉刷住房，以保护房屋。因此，公寓青年夫妇购买油漆不求质量好，但对价格十分敏感。他们希望购买配制好的普通油漆，只要比白粉刷浆稍好一点就行，不过价格一定要便宜。小油漆厂根据自己的人力、物力资源条件，决定以公寓青年夫妇这个小的细分市场作为自己的目标市场，并制定了一套经营策略。由于细分市场选择适当，市场经营策略切实可行，尽管出售的是低档产品，这家企业还是大获成功，取得可观的经营利益。

（3）有利于企业根据细分市场的特点，集中使用人力、物力等资源，创造特色产品，占领市场。

小企业通过市场细分，可以在市场中谋得一席之地。同样，大型企业运用市场细分策略则更有利于发挥企业的资源优势，保持稳定的市场份额，甚至可以抢占竞争对手的市场空间。

（4）有利于企业调整市场经营策略。

一个善于利用市场细分化的企业，凭借市场反馈信息，往往能够比较灵活地适应市场的变化，及时调整自己的经营策略，使企业或产品转危为安。

如我国某市一家照相器材商店，手控照相机出现积压，他们要推销这种相机，就是利用市场细分原理，发现照相机市场有一个特定的细分市场，希望表现特殊摄影技巧的消费者群是不会购买“傻瓜”相机的。于是他们针对这个细分市场，调整了广告宣传策略，结果手控相机销量成倍增长。

3.1.4 市场定位

1. 市场定位的含义

市场定位这一概念是由美国的两位广告经理艾・里斯（Ai・Ries）和杰・特劳（Jack・Trout）于 1972 年提出的，近年来得到了广泛的重视和发展。市场定位是指明确或显化企业、品牌形象及产品价值，以帮助目标顾客正确认识并理解企业区别于竞争对手的形象的行为过程。

市场定位最初是指产品定位，即决定企业的产品在目标市场上各处于何种位置。随着现代经济和科学技术的不断进步，人们越来越发现，局限于产品定位和产品差异化的市场定位理论已难以解释和解决现实经济中的许多问题。于是市场定位理论随着时间的发展，不断向广度和深度发展。从深度上说，作为定位基面的差异化有了更全面和详尽的发展，人们已不再单纯地局限于产品上，而且在服务、形象等方面都有了较大的发展。从广度上，在现代市场营销学中，市场定位不仅是要确定产品在消费者心目中的地位，同时也要确定企业在消费者心目中的地位。也就是说，市场定位应定义为：树立企业及其产品在消费者心目中，在特定的目标市场中的特定形象和地位。

市场定位的关键是企业要塑造自己的产品比竞争者更具有竞争优势的特性。竞争优势一般有两种基本类型：一是价格竞争优势，即在同等质量的条件下比竞争品价格更低，这就必须力求降低成本；二是偏好竞争优势，即能提供确定的特色来满足客户的特定偏好，抵消高价格的不利影响。

2. 市场定位的依据

在营销实践中，企业可以根据产品的属性、利益、质量、价格、用途、使用者、产品档次、竞争局势等多种因素或其组合进行市场定位。具体来讲，市场定位的主要依据包括以下几点。

（1）产品特色定位。它是突出具体产品的特色。企业为了使自己生产和销售的产品获得稳定的销路，要从各方面为产品培养一定的特色，树立一定的市场形象，以求在消费者心目中形成一种特殊的偏爱。比如，来自地球之巅的高山农作物，不含铅的某种汽油等。

（2）顾客利益定位。它是突出产品能给予顾客某一方面更多的利益。如德国奔驰汽车公司强调其产品“高贵”，瑞典的沃尔沃汽车突出其“耐用”的特点，而日本的丰田轿车曾以其小型、解忧的特色，与在美国市场上美国传统的大型豪华耗油大的汽车相抗衡，取得很大成功。

（3）使用者定位。它是把产品引导给某一特定顾客群。如劳力士手表定位于事业有成就的高层人士。

（4）使用场合或特殊功能定位。它通常是强调产品在使用场合和用途方面的新发展。如美国的绿箭口香糖告诉人们在需要口气清新时使用它，昂立一号口服液大力宣传清除体内垃圾的功效。

（5）竞争定位。它是突出本企业产品与竞争者同档产品的不同特点，通过评估选择，确定对本企业最有力的竞争优势加以开发。

3. 市场定位的方法

企业开展市场定位的主要思维方式和常用方法有以下几种。

（1）初次定位。它是指新企业初入市场，企业新产品投入市场，或产品进入新市场时，企业必须从零开始，运用所有的营销组合，使产品特色确实符合所选择的目标市场。但是，企业在进入目标市场时，往往是竞争者的产品已经上市或已经形成了一定的市场格局。这时，企业应认真研究同一产品竞争对手在目标市场上的位置，从而确定本企业产品的有利位置。

（2）重新定位。它是指企业变更产品特色，改变目标顾客对其原有的印象，使目标顾客对其产品形象有一个重新认识的过程。市场重新定位对于企业适应市场环境、调整营销战略是必不可少的。

案例 3.3 万宝路香烟的重新定位

万宝路香烟最初上市时是带粉红过滤嘴的女士香烟，但销售一直平淡无奇，归根结底是因为女士只是香烟的轻度使用者，市场容量太小。后来，被定位于香烟的重度使用者——男士，并且创造了万宝路牛仔的形象，获得辉煌的成功。

（3）对抗定位。它是指处于挑战者地位的企业采取的策略。它是与在市场上居于支配地位的，即最强的竞争对手对着干的定位方式。对抗定位有时会是一种危险的战术，但不少企业认为这是一种更能激励自己奋发上进的可行的定位尝试，一旦成功就会取得巨大的市场优势。在发达国家，这类事例屡见不鲜，如百事可乐与可口可乐之间持续不断的争斗，“汉堡包王”与麦当劳的对着干等。实行对抗定位，必须知己知彼，清醒估价自己的实力和对方的实力。

（4）避强定位。它是指企业避开目标市场上强有力的竞争对手，将其位置确定于市场

“空白点”，开发并销售目标市场上还没有的某种特色产品，开拓新的市场领域。

案例3.4 七喜的定位

美国可乐饮料市场上，可口可乐公司占据着几乎难以动摇的垄断地位。如果将七喜“柠檬汽水”定位在清凉饮料的商品分类中，那就根本无法和几个强势品牌可乐相抗衡。于是，七喜决定定位于“非可乐”。七喜“非可乐”的定位，使其成为非可乐的领导产品，成为能和可乐相抗衡的强势品牌。

4. 四种常见的定位误区

（1）定位过低。它并不是指将产品定位于较低的层次，而是市场定位不到位，购买者对企业或产品只有一个模糊的概念，或者说，他们根本不知道企业或产品的特殊之处。

（2）定位过高。这是相对于第一种错误而言的，是指企业传递给购买者的定位概念过于狭窄。对于同一目标市场，过高定位使购买者对企业或产品的认识较为局限。如海尔原先的定位很难让人想到该企业还涉足生物制药、化工材料、网络工程等行业。

（3）定位混乱。定位混乱即企业向市场传递的定位信息混乱，没有统一性，购买者对企业或产品缺乏一致的认识。这种错误主要是源于企业对自身的相对竞争优势缺乏全面了解，总在不断地试探市场对企业不同定位的反应。

（4）定位怀疑。顾客可能发现很难相信该品牌在产品特色、价格或制造商方面的一些有关宣传。

3.1.5 选择目标市场模式

所谓目标市场，就是企业决定要进入的那个市场部分。选择目标市场主要考虑两个方面的问题：一是要考虑要进入的业务领域；二是选择要进入的地理区域。这里有五种目标市场的选择模式（如图3-1所示）可供考虑。

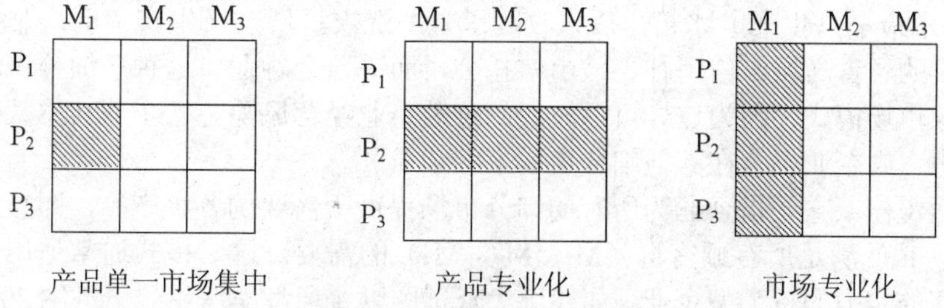

图3-1 五种目标市场模式

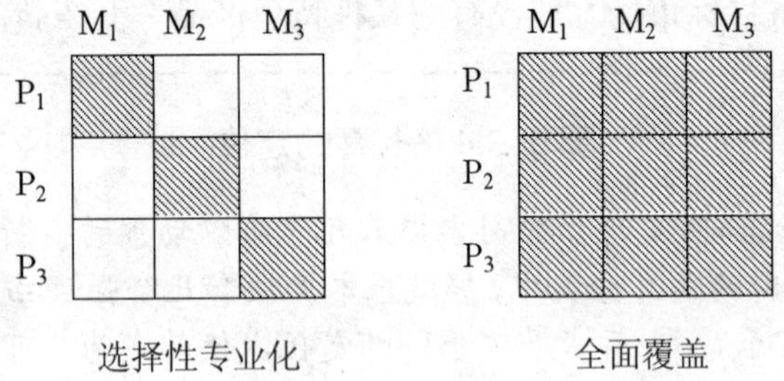

图 3-1 五种目标市场模式（续）

（1）产品单一市场集中化。它是指企业仅生产一种产品，为一个市场服务，即只生产一种产品（P_2）供给一个顾客群（M_1）。如顶益最初集中于北方市场营销康师傅红烧牛肉碗面。这种模式适合于中小型企业或企业的发展初期。集中营销有利于企业了解细分市场的需求，树立良好的美誉度，易于被市场接受，较快地在市场上站住脚。但是，集中营销容易受到个别细分市场不景气的影响，风险一般比较大。

（2）产品专业化。它是指企业为多个细分市场提供同一种产品，即企业集中生产一种产品（P_2），提供给各类顾客（M_1，M_2，M_3）。如格力电器专业化生产空调，同时向家庭、公司、政府机关、餐馆等顾客群销售。这种模式可以分散市场风险，有利于企业发挥生产、技术潜能。但是，如果该行业出现新的替代品或趋于饱和，企业经营绩效就有可能出现滑坡的危险。

（3）市场专业化。它是指企业为某一细分市场同时提供多种性能不同的产品，以满足该市场顾客的不同需求。即企业专门为满足某个顾客群（M_1）的各种需要而提供多种产品（P_1，P_2，P_3）。这样，企业能在潜心研究顾客需求的基础上分散风险，树立企业良好声誉。如许多家电生产商为居民家庭提供的产品有冰箱、彩电、电熨斗、电源插座、电风扇、空调等，应有尽有。

（4）选择性专业化。它是指企业同时进入几个经过选择的相互无关的细分市场，为其提供所需要的不同产品，即企业选择几个相互无关的细分市场作为目标市场（P_1M_1，P_2M_2，P_3M_3）。如海尔最早只生产电冰箱，后来收购了青岛洗衣机厂，又生产空调，兼并了黄山电视机厂，收购了青岛城市信用社、鞍山信托公司而进入金融业。这种多细分市场模式通常优于单细分市场模式，因为这样可以较好的分散企业经营风险。若企业其中某一细分市场失去吸引力，则企业仍可在其他细分市场上继续盈利。

（5）全面覆盖。它是指企业为所有的细分市场提供所需要的各种产品，即企业提供产品（P_1， P_2，P_3）满足所有顾客群（M_1，M_2，M_3）的需要。这一模式通常适用于有较大的规模和足够的实力的特大型企业。如德国大众试图以普通型桑塔纳、桑塔纳 2000、奥迪来满足中国市场上各级政府用车、公司商务用车、家庭用车的需要。

3.1.6　目标市场策略

企业面临着三种目标市场营销策略（如图 3-2 所示），即无差异性营销策略、差异性营销策略、集中性营销策略。

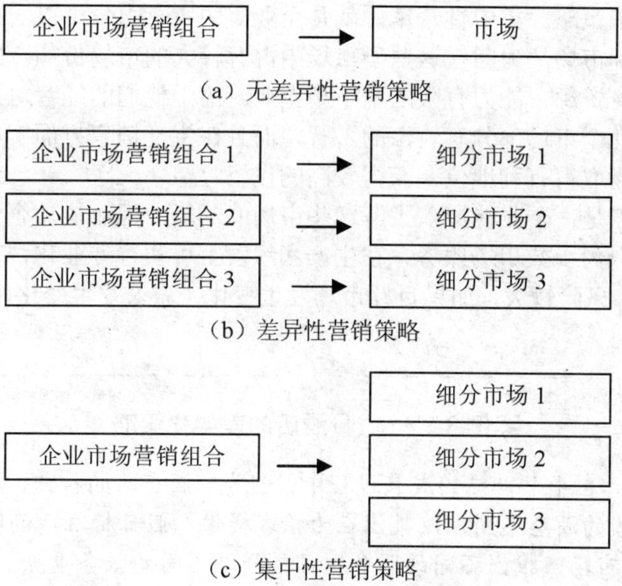

图 3-2　三种目标市场营销策略

（1）无差异性营销策略。无差异性营销就是把整体市场作为目标市场。这种策略着眼点在顾客的共同需要，而不考虑需求的差异，并以单一的营销组合手段，推出一种或几种产品去试图吸引所有的顾客。

如美国可口可乐公司就是一个典型案例。可口可乐由于拥有世界性专利，在相当长的时间内只生产一种口味和瓶装的产品，曾经一度统治世界饮料市场。这种策略对于消费者需求无差异的产品，是比较适用的，但对大多数产品是不适用的。

无差异性营销的特点是：由于生产品种少，数量大，生产成本低，经营费用少，可提高利润率。它的缺点是：在无差异性市场上往往竞争者多，竞争激烈，反而影响获利。而在较小的子市场需求又得不到满足。

（2）差异性营销策略。差异性营销是企业决定同时为好几个市场部分或子市场服务，并且按照各个子市场的不同需求，分别设计不同的产品和采用不同的市场营销组合。

如美国通用汽车公司生产“卡迪莱克”、“别克”、“雪佛兰”等牌号汽车，用以满足高、中、低收入者对汽车的特定要求，企业采取差异性营销进行小批量、多品种生产，显然有很大的优越性。一方面，它能够满足不同消费者的需求，有力扩大企业的销售额；另一方面，一个企业如果同时在几个细分市场都占有优势，就会大大提高消费者对企业的信任感。

这种策略的优点是：企业可以更好地满足各种不同消费者的需要，因而可以扩大销售额；缺点是：因为差异性营销要分别根据各个市场部分的需要而设计营销组合，势必使营销成本提高。

（3）集中性营销策略。集中性营销，就是企业集中所有力量，以一个或少数几个市场部分或子市场为目标市场，力图在这些子市场中占有较大的市场份额。采取集中经营策略的企业，一般是本身资源、能力有限的中小型企业。由于他们的经营对象比较集中，对这一特定细分市场或几个市场部分有较深的了解，而且在生产销售方面实行专业化。因此，比较容易在特定市场取得有利地位，获得较高的投资收益率。

这种策略的优点是：企业能深入了解这些市场的需要，因而能使企业在这些市场中占据有利地位；企业只为少数市场服务，在生产和经营上可实行专业化，节省营销费用，增加盈利。其缺点是：风险较大，如果目标市场发生变化（需求发生变化，有力竞争者加入）有可能导致经营困难。

案例 3.5　假日酒店的差异化策略

假日酒店集团，在半个世纪的成长过程中，创造了酒店业的神话，成就了世界上第一家达 10 亿美元规模的酒店集团。该集团在为旅客提供“假日标准”的服务和设施的基础上，针对不同目标市场，推出不同的服务项目或强调不同的服务重点。

（1）“皇冠度假酒店”位于世界各大主要城市，为旅客提供更为舒适的服务和设施；

（2）“假日快捷酒店”不设餐厅、酒吧和大型会议设施，但提供“假日标准”的舒适和价值；

（3）“庭院假日酒店”在提供“假日标准”的同时，更体现酒店所在地的特色和风情；

（4）“阳光度假村”为旅行者提供较多的休闲、娱乐设施，强调舒适的享受和全面的酒店服务；

（5）“假日精选酒店”专为喜爱传统人文环境的商务客人而设计，以提供全面、快速的商务服务为特点。

3.1.7　影响目标市场策略的因素

一个企业，不是随心所欲选择目标市场策略的，要考虑多方面的因素。影响选择目标市场策略的主要因素有以下几点。

（1）企业资源条件。如企业资源丰富，供应能力强，经济实力雄厚，可采用无差异性营销策略；如资源有限，经济实力薄弱，宜采用集中性营销策略。

（2）产品特点。在选择目标市场策略时，首先要看企业生产经营的是同质产品还是异质产品。对某些产品，所有的消费者具有大体相同的需求特征，即同质或基本同质的产品，如一些初级产品，可实行无差异性营销策略。这些产品尽管有质量上的差别，但消费者并不过分挑选，竞争焦点一般集中在价格上，对这种产品适合采取无差异性营销策略。而对服装、化妆品、家电等消费者需求差异性较大的产品，则适合采取差异性营销策略或集中性营销策略。

（3）产品生命周期。如果企业是向市场投入新产品，在刚上市时，竞争者稀少，宜采用无差别性营销策略，以便探测市场需求和潜在顾客；当产品进入成熟阶段以后，就应改为差别性营销策略，以开拓新的市场，或者实行集中性营销策略，设法保持原有市场，延长产品生命周期。

（4）市场特点。如果消费者需求、爱好比较接近，对经营方式的要求也没有多大差别，可采用无差异性营销策略；相反，可采用差异性营销策略和集中性营销策略。

（5）竞争对手的策略。如果竞争对手用无差异性营销策略，而且比较强大，企业宜采用差异性营销策略与之相抗衡。如果竞争对手已经采取差异性营销策略，企业就应当用更为有效的市场细分，采取差异性营销策略或集中性营销策略，去占领市场与之竞争。当然，竞争对手较弱时，也可以实行无差异性营销策略。

总之，分析这几方面的因素，选择恰当的目标市场策略对企业经营成败有重要影响。

3.2　市场竞争战略

根据企业在市场上的竞争地位，现代市场营销理论把企业分为四种类型，即市场领导者、市场挑战者、市场追随者、市场补缺者。

3.2.1　市场领导者战略

市场领导者，是指在相关产品的市场上占有率最高的企业。一般来说，大多数行业都有一家企业被认为是市场领先者，它在价格变动、新产品开发、分销渠道的宽度和促销力量等方面处于主宰地位，为同业者所公认。例如：美国汽车行业中的通用汽车公司，软饮料行业的可口可乐公司等。这种领导地位是在竞争中自然形成的，且非固定不变的。

市场领导者如果没有获得法定的垄断地位，必然会面临竞争者的无情挑战。因此，必须保持高度的警惕并采取适当的战略，否则，就很可能丧失领先地位而降到第二或第三位。通常它为了维护自己的优势，保住自己的领先地位，可采取三种战略：扩大市场需求总量；保护市场占有率；提高市场占有率。

（1）扩大市场需求总量。当行业总的市场规模扩大时，占据最大份额的市场领导者往往受益最大。通常企业可以通过寻找新用户、开辟新用途和增加使用量来达到目的。

① 寻找新用户。每一种产品都有吸引购买者的潜力，许多潜在购买者之所以没有去购买该产品，可能是由于不知道该产品或不了解其特性，或没意识到自己对该产品的需要。作为市场领导者的企业，应责无旁贷地担负起宣传该类产品功用、刺激消费者购买欲的重任。

② 开辟新用途。为产品开辟新的用途，可扩大需求量并使产品销路久畅不衰，许多事例表明，产品新用途的发现往往归功于顾客。

③ 增加使用量。说服消费者在更多使用场合更多地使用该产品，从而在顾客规模不变的条件下增加产品销量。

案例 3.6 柯达与富士

柯达与富士早在 100 多年前，伊斯曼·柯达以其容易使用的照相机、高质量胶卷和巨大的利润而闻名。但在过去的 10 年中，柯达的销售平平并且利润下降。柯达遭到更有领先精神的竞争者的攻击，其中许多是日本公司，它们导入和改进了 35 毫米的照相机、摄像机和只用一小时就可完成的快速冲洗胶卷工作室。然而，当富士向柯达的主要产品彩色胶卷进攻时，柯达认真地应战了。

当富士进入美国胶卷市场时，它以比柯达低 10%的价格供应高质量的彩色胶卷，同时还打击柯达的高速胶卷市场。富士的销售额每年的增加率为 20%。柯达激烈地反击以保护其在美国的胶卷市场份额。它针对富士的低价，进行一系列的产品改进。柯达广告和促销费用大大超过富士，比例为 20∶1。柯达成功地捍卫了它在美国的地位。在 20 世纪 90 年代早期，柯达在美国的市场份额稳定在极高的 80%。

然而，柯达进一步采取行动：它建立了独立的分公司（柯达日本公司），其日本职员增加了 3 倍；它买下了日本分销商并组成它自己的日本营销和销售队伍；它投资一个新技术中心和日本的研究设施；最后，柯达大量增加在日本的促销活动。柯达日本公司现在主办各种活动，从日本电视谈话节目到相扑表演。

柯达在直接向日本市场进攻中也获得了好处。首先，日本市场提供了巨大的销售与利润机会，它的胶卷与照相纸市场仅次于美国；其次，今天新照相技术的原产地在日本，日本帮助柯达获得了最新的发展；再次，在日本的独资与合资企业帮助柯达了解了日本的制造工艺，间接为它在美国和世界其他市场获得了产品。柯达进攻日本市场收获的一个更重要的好处是：富士必须在日本国内投入巨大的资源以防御柯达的进攻，它在美国向柯达进攻的资源减少了。

（2）保护市场占有率。市场领导者同时也是市场上受攻击的中心。因此，它在努力扩张总市场的同时，还必须时刻防备竞争者的挑战，保卫自己的市场阵地。总之，市场领先者任何时候也不能满足于现状，必须在产品的创新、服务水平的提高、分销渠道的畅通和降低成本等方面，真正处于该行业的领先地位。

① 阵地防御。阵地防御就是在现有阵地周围建立防线。这是一种静态的防御，是防御的基本形式，因而，不能作为唯一的形式。如果将所有力量都投入这种防御，最后可能导致失败。对企业来说，单纯采用消极的静态防御，只保卫自己目前的市场和产品，是一种“市场营销近视症”。

② 侧翼防御。侧翼防御，是指市场领先者除保卫自己的阵地外，还应建立某些辅助的基地作为防御阵地，或必要时作为反攻基地。特别是注意保卫自己较弱的侧翼，防止对手乘虚而入。

案例 3.7　星巴克咖啡公司

正是星巴克咖啡公司使得美国这个国家的人们贪图咖啡吧的享受，花费2美元购买一杯咖啡。但是，它同时也培养了它的竞争者，并且现在它的销售额的增长速度似乎正在渐渐变慢。为了在诸多竞争者前保持领先地位，从唐金·杜纳兹到更小的连锁店，如西雅图的图利咖啡吧和在纽约城市里的咖啡车站，星巴克正在使用一系列的防卫方式。其中之一是它正在不断地试着推出新产品，即其他与咖啡无关的产品，如茶和果汁的混合物——Tiazzi。并且，它正在小心翼翼地在超级市场出售豆类产品及进入餐饮行业。

③ 以攻为守。这是一种“先发制人”式的防御，即在竞争者尚未进攻之前，先主动攻击它。这种战略主张预防胜于治疗。具体做法是，当竞争者的市场占有率达到某一危险的高度时，就对它发动攻击；或者是对市场上的所有竞争者全面攻击，使人人自危。有时这种方法是利用心理攻势来阻止竞争者的进攻，而不发动实际攻击。不过，这种虚张声势的做法只能偶尔为之。

④ 反击防御。当市场领先者遭到对手发动降价或促销攻势，或改进产品、占领市场阵地等进攻时，不能只是被动应战，应主动反攻入侵者的主要市场阵地，以切断进攻者的后路。当市场领导者在它的本土上遭到攻击时，一种很有效的方法是进攻攻击者的主要领地，以迫使其撤回部分力量守卫其本土，这叫做“围魏救赵”。

⑤ 运动防御。这种战略不仅是要防御目前的阵地，而且还要扩展到新的市场阵地，作为未来防御和进攻的中心。

⑥ 收缩防御。在所有市场阵地上全面防御有时会得不偿失，在这种情况下，最好是实行战略收缩——收缩防御，即放弃某些疲软的市场阵地，把力量集中用到主要的市场阵地上。20世纪80年代起，因经济增长缓慢，很多企业开始采用这种策略。

（3）提高市场占有率

即使在市场规模不变的情况下，领导者企业可以尝试通过其市场占有率的再度扩张而成长。但需注意的是，市场占有率达到一定水平（如60%左右）后，其增长会与获利率成反比关系。因为，这时再要扩大市场份额，成本会迅速上升。原因是，当领先企业的市场份额扩张到一定程度后，坚持不买的顾客可能是不喜欢本企业，或忠于其他竞争者，或有某种特殊偏好，这些倾向往往是难于改变的。另外，竞争者也可能为保卫仅有的市场份额做出各种努力，这样，企业若顽固坚持继续扩张市场份额，必须要花费更高昂的公关、广告等促销成本。另外，许多国家有反垄断法，当企业的市场占有率超过一定限度时，就有可能受到指责和制裁。所以，企业家应善于把握火候，适可而止，及时转移战略重点。

总之，市场领先者必须善于扩大市场需求总量，保卫自己的市场阵地，防御挑战者的进攻，并在保证收益增加的前提下，提高市场占有率。这样，才能持久的占据市场领先地位。

3.2.2 市场挑战者战略

市场挑战者，是指市场占有率仅次于领导者，并有实力向领导者全面攻击的企业，如美国汽车行业的福特公司，软饮料行业的百事可乐公司等。市场挑战者必须确定自己的战略目标，然后再选择适当的进攻战略。

在确定了战略目标和进攻对象之后，挑战者还需要考虑采取何种进攻战略。这里，有五种战略可供选择。

（1）正面进攻。正面进攻，就是集中全力向对手的主要市场阵地进攻，即进攻对手的强项而不是弱项。在这种情况下，进攻者必须在产品、广告、价格等主要方面大大超过对手，才有可能成功；否则，不能采取这种进攻战略。正面进攻的胜负取决于双方力量的对比。正面进攻的另一种措施是投入大量研究与开发经费，使产品成本降低，从而以降低价格的手段向对手发动进攻，这是持续开展正面进攻战略的基础之一。

（2）侧翼进攻。侧翼进攻，就是集中优势力量攻击对手的弱点，有时可采取“声东击西”的战略，佯攻正面，实际攻击侧面或背面。侧翼进攻可分为两种情况：一种是地理性的侧翼进攻，即在全国或全世界寻找对手力量薄弱地区，在这些地区发动进攻。另一种是细分性侧翼进攻，即寻找领先企业尚未为之服务的细分市场，在这些小市场上迅速填空补缺。侧翼进攻符合现代市场营销观念——发现需要并设法去满足它。侧翼进攻也是一种最有效和最经济的战略方式，比正面进攻有更多的成功机会。

（3）包围进攻。包围进攻是一个全方位、大规模的进攻战略，挑战者拥有优于对手的资源，并确信包围计划的完成足以打垮对手时，可采用这种战略。例如：美国丹迪公司在攻击微处理机市场时，就是采用了产品包围策略。它们推出的第一种产品是对电脑加以改良，先占领小型企业市场；推出的第二种产品是拥有记忆器、打字键盘和显像器的手提式电脑，去占领专业人士市场；第三种产品是占领家庭及学校的市场，并通过电脑零售店分销产品，使丹迪公司的市场占有率大增。

（4）迂回进攻。迂回进攻是一种最间接的进攻战略，完全避开对手的现有阵地而迂回进攻。具体办法有三种：一是发展无关的产品，实行产品多元化；二是以现有产品进入新地区的市场，实行市场多元化；三是发展新技术、新产品，取代现有产品。

案例 3.8　百事可乐公司的迂回进攻

1998 年夏天，百事可乐公司以 33 亿美元巨额收购了果汁生产商特罗比加纳公司。果汁是一种受多种市场因素影响的商品，气候不好及收成不好都是影响因素，并且转运这种容易变质的产品也非常不易。不过在世界最大的果汁公司，特罗比加纳在 30 亿美元的橙汁市场占有 42%的份额。因此它成为百事可乐进攻可口可乐的一个重要棋子。可口可乐旗下的“小妇人”橙汁仅占据 24%的市场份额。

（5）游击进攻。游击进攻是适用于规模较小，力量较弱的企业的一种战略。游击进攻的目的在于以小型的、间断性的进攻干扰对手的士气，以占据长久性的立足点。但是，也不能认为游击战只适合于财力不足的小企业，持续不断的游击进攻，也是需要大量投资的。还应指出，如果要想打倒对手，光靠游击战是不可能达到目的，还需要更强大的攻势。

3.2.3　市场追随者战略

扮演市场追随者与挑战者角色的企业实力往往难分伯仲，他的主要区别在于对待市场领导者的态度不同，挑战者采取积极进攻的姿态，而追随者则默认领导者地位，只求维持自己现有市场份额。

但是，这不等于说市场追随者就无所谓战略。每个市场追随者必须懂得如何保持现有顾客，并争取一定数量的新顾客；必须设法给予自己的目标市场带来某些特有的利益，如地点、服务、融资等；还必须尽力降低成本并保持较高的产品质量和服务质量。

市场追随者也不是被动地单纯追随领导者，它必须找到一条不会引起竞争性报复的发展道路。

（1）紧密跟随。它是指追随者尽可能地在各细分市场及营销组合方面模仿领导者。这类追随者往往几乎以一个市场挑战者的面貌出现，但只要不过激地妨碍领导者，直接冲突就不会发生。这样的追随者也被描绘成寄生虫。

（2）有距离跟随。有距离跟随，是指追随者与领导者保持一定差异，而在主要市场的产品创新、价格、销售道路上追随领导者，因为这样做对领导企业的市场计划挂靠无妨，所以受领导者的欢迎。

（3）选择跟随。这种跟随者在某些方面紧跟领导者，而在另一些方面又自行其是，也就是说，它不是盲目跟随，而是在择优跟随的同时还要发挥自己的独创性，但不进行直接的竞争。在这类跟随者中，有些可能发展成为挑战者。

3.2.4 市场补缺者战略

市场补缺者，是指除上述三类企业以外的规模较小，实力较差，且市场占有率较低的企业，它们专心关注市场上被大企业忽略的某些细小部分，在这些小市场上通过专业化经营来获取最大限度的收益，也就是在大企业的夹缝中求得生存和发展。这种市场补缺不仅对于小企业有意义，而且对某些大企业中的较小部门也有意义，它们也常设法寻找一个或几个这种既安全又有利的补缺基点。

案例 3.9 泰克纳医疗产品公司

由于集中经营医院面罩生产线有两个对手：强生和 3M 公司。所以泰克纳医疗产品公司由生产普通的面罩生产线改为生产为护理人员防传染的特种面罩，从而成为赚钱的产品线。现在，原先无人知晓的泰克纳使强生和 3M 感到吃惊，因为它已成为美国医院的头号面罩供应商。

培育一个补缺市场仅仅是这些公司成功的一个方面。例如，泰克纳在市场补缺中最终能成功还应归功于它能谨慎作战（外科用的面罩对强生和 3M 只是一个小市场，在开发和生产室内产品时保持低成本，不断创新，每年的新产品有 12 种以上，捕获小竞争者以扩展和延伸它的产品提供物）。

3.3 市场营销组合策略

3.3.1 市场营销组合的概念

市场营销组合是现代市场学中的一个十分重要的概念。它是由美国哈佛大学教授尼尔·鲍敦（Nell·Boleden）于 1964 年提出来的。这一概念的提出与应用，是以消费者需求为中心的市场营销观念为基础的。所谓市场营销组合就是指企业为了进入某一特定的目标市场，在全面考虑其任务、目标、资源及外部环境的基础上，对企业可以控制的各种营销手段进行选择、搭配、优化组合、综合运用，以满足目标市场的需要，获取最佳经济效益的一种经营理念。

市场营销组合策略就是把多种营销手段有主有次、合理搭配、综合应用的实施过程。由于构成市场营销组合的各因素在不断变化的市场环境中是相互作用和相互影响的。所以，市场营销组合真正重要的含义就在于是它们的“合理组合”，即把企业那些可以控制的营销手段与因素组合成一整套具体的可操作方案。因此，市场营销组合的设计和决定是一项复杂而细致的工作，必须与外部环境相适应，并考虑各因素之间的协调。

市场营销组合是企业实现其经营战略的基础，是现代企业竞争的有力手段，是协调企业内部各部门工作的纽带，是企业合理分配营销费用预算的依据。总之，市场营销组合是企业实现目标市场营销的保证，也是企业实施整个市场营销策略的核心。

3.3.2　市场营销组合的特点

一般而言，市场营销组合是指：产品（Products）、价格（Price）、渠道（Place）、促销（Promotion），简称 4P 理论。市场营销组合具有以下特点。

（1）市场营销组合因素是可以控制的。一个企业生产和销售产品，除了消费者的需求外，要受到各种因素的影响，其中产品、定价、销售渠道和促销是企业本身可以控制的因素。另外还有企业不可控制的因素，如社会人口、经济、政治、法律、文化和科学技术发展等。市场营销组合因素如图 3-3 所示。所以，企业在综合运用市场营销组合时，既要善于有效地利用各种控制的因素，又要善于灵活地适应外部不可控制因素的变化，才能在市场上争取主动。

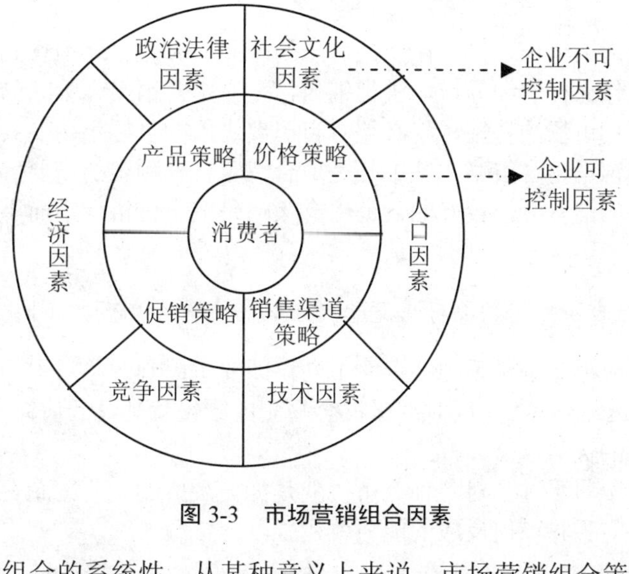

图 3-3　市场营销组合因素

（2）市场营销组合的系统性。从某种意义上来说，市场营销组合策略是系统工程管理理论在企业市场营销活动中的具体运用。如果我们把产品、定价、销售渠道、促销方式、营销人员、营销过程等因素的组合视作一个大系统，那么每一因素的内部构成本身又是这个大系统的各个子系统。这些子系统的各组成要素间的协同与运作就形成了每个既定要素的特征，而每个既定要素的综合有序地结合也就构成了各种不同的具体策略。

（3）市场营销组合是动态的组合。企业市场营销组合不是固定不变的静态组合，而是经常变化的动态组合。企业应善于动态地利用可以控制的市场营销因素，制定市场营销组合策略，以适应外部不可控的环境因素的变化，在市场上取得主动，提高市场竞争能力，使自身得以更好地生存和发展。

3.3.3 市场营销组合策略运用的原则

1. 企业必须整体地制定市场营销组合策略

市场营销组合各策略必须同时制定，不应各自分别制定，以便同时考虑相互有内在影响的各种因素，使其有机地联系起来，同步配套，实现企业资源的最优化使用。企业的市场营销组合策略不仅要考虑本企业的发展状况，还要考虑同行业竞争者的营销策略。例如，对高价优质商品的销售，必须选择那些不会损害商品形象的流通渠道和促销方式。对那些食品和日用品之类商品的销售，因其定价低、购买频率高，市场营销组合策略的重点应放在容易进入市场这样的渠道策略上和能够促进重复购买的促销方式策略上。

2. 市场营销组合策略必须适合企业的目标市场

企业进行市场营销组合，目的在于把自己的产品及时有效地销售到目标市场。企业销售何种产品及选择什么样的细分市场进行销售，是制定营销组合策略的基础。企业要使营销组合策略适应目标市场的特性，就必须对自己要进入的目标市场及其结构有一个充分的了解。一个有效的营销组合策略，其中心是适合特定目标顾客的需要。例如，对于价格敏感但对品牌不敏感的消费者，较好的营销组合策略是突出价格促销而不是价格昂贵的广告或包装。

3. 市场营销组合策略必须要考虑竞争对手的特点并与之有所不同

营销组合方案应视竞争对手的特点而不同，即要考虑到竞争对手的优势、劣势及可能的应对策略。企业最需要避免，同时却又最容易犯的错误就是过低估计了竞争对手的能力，而过高估计了自己的优势。

企业应注意竞争对手过去对各种竞争挑战是如何反应的。一家企业对竞争对手了解得越多，它预测竞争对手将如何反应的能力就越强。

4. 市场营销组合策略要适合本企业自身的特点

企业的组织、人、文化、财力和生产能力等要相匹配，换言之，企业的营销组合方案要与其“核心竞争能力”相匹配，因为该方案最终要由企业的组织及人来执行。

复习思考题

一、关键词汇

市场细分（Segmenting）　　目标市场（Targeting）
市场定位（Positioning）　　营销组合（Marketing Mix）

二、简答

1．什么是目标市场？
2．目标市场的选择应考虑哪些因素？
3．论述三种目标市场策略的优缺点。
4．市场竞争策略有哪几种？
5．作为市场主导者应该通过哪些途径来扩大市场需求总量？

三、案例思考

1．有人对我国护肤品市场进行了细分（见下表）：

	低档 30 元以下	中低档 30～50 元	中档 30～80 元	中高档 80～150 元	高档 150 元以上
大众护肤品牌	凤凰 大宝 美加净 东洋之花	小护士 夏士莲 雅倩佳雪	玉兰油 旁氏 歌婷		
形象专柜品牌	丽花丝宝		高丝 欧莱雅 露华浓	羽西 郑明明 欧伯莱	资生堂 SK-II 兰蔻 倩碧 雅诗兰黛

思考：你同意上面的细分方式吗？如果让你进行细分，你还有其他方法吗？

2．玉兰油进入中国十多年，迅速打开了中国市场，市场份额稳居化妆品市场前列。玉兰油无论在国际还是国内，都是以消费者为导向的成功品牌，玉兰油规范持久的管理之道，是值得研究和借鉴的。

重视市场调查，特别是消费者研究，是玉兰油品牌决胜之本。

玉兰油通过不断接触消费者，根据市场趋势调整核心消费群，了解消费者对护肤品的各种心理需求，探索有效的诉求方式与消费者沟通。

最新的定位（见下表）：我们能证明，你看起来更年轻。这是抓住了目标消费者的心理：希望能保持青春。同时，以玉兰油新的定位和系列广告，反映出玉兰油了解到它的目标消费者购买护肤品是一种以理性为主，感性为辅的行为，所以玉兰油的广告更倾向于理性产品的功效诉求。

虽然年轻女性比较追求时尚，有护肤意识，但中年人不是太注重护肤，不愿投资，所以多年来玉兰油的目标对象都是18～25岁青春女性，电视广告往往出现新婚镜头。随着经济的持续增长，当玉兰油的忠实顾客转入生命的成熟期，中青年女性的消费能力更强，中青年女性的护肤市场潜力巨大，因此玉兰油不失时机的调整目标对象定位，目标对象倾向于28～40岁，品牌个性随之改变。

97年以前玉兰油定位： 青春美的奥秘	97年底以后玉兰油的定位： 我们能证明，你看起来更年轻
玉兰油意味着： P&G的产品 焕发青春美 国际一流品质	玉兰油意味着： 抗肌肤衰老 呵护肌肤 皮肤看起来更年轻
玉兰油是： 值得信赖的 清纯浪漫的 高品味的	玉兰油是： 见识广的 青春常在的 优雅的

在广告中坚持用规范化而有冲击力的创意策略强化新的品牌形象。在品牌定位做出调整时，及时推出新的品牌广告。1997年底推出玉兰油新的形象广告《证明篇》，1998年推出企业形象篇《中国宝洁10周年》。在所有的电视广告中会出现企业P&G的标志和玉兰油品牌的标志，即不断阐明玉兰油对消费者的核心承诺，也同时用P&G的实力来加强承诺的力量，而且也是同时在强化P&G企业形象。

思考：玉兰油是如何进行市场定位的？

3．瑞士手表行业曾一度占领了世界上大部分手表市场，但在竞争者的连续进攻下，被迫从低价表市场上撤退。

首先，美国的TIMEX成功地推出了简单、可靠、低成本的手表。

其次，日本志在千里，推出了高度精确的电子表。

再次，在中国香港和台湾地区出现了日本和瑞士表的廉价仿制品。

结果，瑞士表只能占领高价手表市场，如 ROLEX、LONGINES。

1981 年，瑞士最大的手表公司的子公司 ETA 开始了一项新计划，推出了斯沃琪手表。

斯沃琪手表重量轻，能防水防震，属电子模拟手表。其表带是多种颜色的塑料带，它有许多不同颜色的表壳和表带，颜色鲜艳，时尚感强，很适合运动。价格从 10 美元到 100 美元不等。它的产品定位是时装表，吸引活跃的、追求潮流的年轻人。

斯沃琪营销策略：产品在瑞士一家艺术品工厂经过简单的全自动化装配线生产而成，只有 51 个零件，所以手表很薄，成本很低，且生产成本逐年稳步下降，目前一只手表成本只有 5 美元。

斯沃琪市场：斯沃琪手表在 30 多个国家销售，1994 年售出 5 亿只，净利润 3.23 亿美元，欧洲是最大的市场，尤其以意大利为最。但现在东亚正在取代欧洲的地位，特别是 1993 年进入的中国市场。

斯沃琪每年不断推出新的设计，以至于人们总是期待新产品的出现。所有的斯沃琪手表在推出 5 个月后即停止生产，因此，即使是最便宜的手表也具有收藏价值。

CHRISTIES 拍卖行对以前的斯沃琪手表举行定期拍卖，有一位收藏家为一只为数不多的手表花了 6 万美元。虽然斯沃琪手表只有 10 多年历史，但已取得了“现代古董”的地位。

许多公司与斯沃琪协商，要求在斯沃琪手表上印上其品牌的标志。但斯沃琪只答应了可口可乐，其他均拒绝。

思考：斯沃琪在市场细分与市场定位方面有何过人之处？

4．2003 年 11 月，高露洁-棕榄公司看中了中国扬州三笑集团在牙刷制造领域的多年经验和其在中低端牙膏市场的知名度，正式收购了三笑的全部股份，独资后的高露洁三笑公司成为高露洁公司的亚洲生产基地。而宝洁公司的“佳洁士”比高露洁晚三年进入中国市场，仅一步之差，使得佳洁士的市场份额只有高露洁的一半左右。

高露洁在中国市场的成功，很大程度上要得益于十年如一日的广告攻势。高露洁在进入中国市场之前，曾经花费了约 3 年时间做市场调查。调查发现，国产牙膏虽然都很重视做广告，但是，同质化现象非常严重，诉求对象几乎都是成年消费者，广告无非都是美女、微笑等内容。

根据美国营销学者拉塞尔·哈雷（Rusell·Haley）对牙膏研究的市场细分方法，中国的牙膏市场基本可以分为五种类型：经济型、防蛀型、牙周病和牙齿过敏型、美白牙齿型、味觉和包装偏好型。高露洁公司在研究后认为，防蛀型市场是当时中国市场最具潜力，同时也是公司颇为擅长的市场。

牙膏产品与人们的生活关联很大，而广告的诉求内容——防治蛀牙，又比较理性。因此权威人士或专家就是品牌最好的代言人。因此，在广告片中，高露洁请来面目和蔼的“白大夫”，向孩子们讲述高露洁牙膏是如何以双层氟化物保护牙齿的。

高露洁广告成功的另一个秘诀时，进行传播知识的教育营销。高露洁在全世界倡导口腔健康教育已经100多年了，大大提高了全球牙齿护理类产品的消费量。“我们的目标——没有蛀牙”这句简单的广告语深入人心。为推广其理念，高露洁每年在全球的广告投入为1.8亿美元，在中国的广告费约为1亿元人民币。

高露洁公司在促销和公关上也一直在配合品牌的“口腔护理专家”的形象。从进入中国市场的第一天起，高露洁就十分注重与口腔专业人士的良好合作。与中华预防医学会、中华口腔医学会和全国牙防组等专业团体合作，双方共同开展了针对儿童的“甜美的微笑，光明的未来”口腔健康教育活动，在未来潜在消费者和影响购买决策者——儿童中建立了良好的品牌口碑。

这种名利双收的成功，使一向以出色的营销手段而闻名的宝洁公司也不得不效仿高露洁。比较高露洁和佳洁士近年来在中国的宣传手段，不难发现佳洁士身上浓重的高露洁痕迹。1995年入驻广州后，嫁接式的定位一直紧跟着高露洁——通过公关活动及广告，对消费者进行爱牙教育，树立佳洁士更加权威的护理专家形象。

此外，凭借建立丰富的产品线，高露洁更加强化了自己“口腔护理专家”的形象，在中国市场上，它成功推出了最高价位的“全效”牙膏和高露洁洁齿美白液等口腔护理相关产品，共有从中档到高档的9类产品。

在中国市场上，高露洁的战略就是集中全力经营口腔护理业务。高露洁公司中国区总裁方宝惠说：“我们有很多很好的产品都在办公室里放着，开拓中国市场并不难，但是选择不做更需要有成熟理智的心态。经过我们的分析，很多领域的竞争已经很激烈，我们这时进入并不一定能获得高额的回报，树立专业的品牌形象，我们的目标是做最佳，在代表性的竞争领域做到最好。”

思考：

（1）高露洁公司在市场上所处的地位如何？在保护已有市场地位方面，高露洁采取了哪些措施？

（2）高露洁公司为开拓中国市场所采取的主要战略有哪些？

（3）企业应如何看待自己的竞争者？

5. 美国吉列公司一直以生产和经销安全剃须刀而闻名于世。它的创业和发展史充满着传奇色彩。

吉列公司的创立仁吉列先生原先是一名普普通通的推销员。有一次，他偶尔听到别人议论“用过就扔”的商品的好处，大觉新奇，于是突发奇想，决定研制一种锋利、安全、一次性使用的剃须刀。经过反复试制，他终于如愿以偿。这种安全剃须刀一投入市场就收到了消费者的欢迎。到1920年，世界上已有约2000万人使用吉列刀片。

然而，吉列公司从不满足于现状，常常“异想天开”，不时有惊人之举。当剃须刀还在畅销时，吉列公司做出了一个在常人看来十分荒唐的举动——推出了专门面向女性的“雏菊”牌刮毛刀。这使同行们大吃一惊，大家都认为吉列准是疯了，这一举措纯粹是白赔钱。

谁知吉列公司一炮打响，“雏菊”牌刮毛刀畅销美国，为销售额已达 20 亿美元的吉列公司又开辟了一大财源。

其实，吉列公司决定生产女性刮毛刀，是基于周密的市场调查而做出的决策。产品的式样、促销、广告宣传的重心也同样是源自实际调查。因此吉列公司的成功不是碰运气，而是切实把握了女性消费者的特殊需求倾向，而这恰恰是被其他同行忽略了。

有关吉列的这一案例曾引起众多营销专家的关注，人们一致认为吉列成功的关键在于找到并且抓住了一个“空档市场”。确实，空档市场是客观存在的。问题是吉列公司是怎样发现这一空档市场的呢？案例说是调查，吉列公司通过调查发现了不少美国妇女有使用剃须刀美容的需要。但重要的是吉列公司怎么会想到要去调查妇女使用剃须刀的情况？这恐怕要归功于现代营销的市场细分方法的采用。

思考：你从中有何启示？

6．宝洁公司在洗衣粉市场上，通过市场细分，划分出 11 个不同的细分市场，运用自身的技术优势，研制出若干种适应不同细分市场的产品配方，形成了对洗衣粉市场的全面控制，市场份额一度达到 50%以上，各品牌针对的不同细分市场如下：

（1）“汰渍”是针对洗衣格外费力的使用环境，是一种强效、能洗净纤维内层的全能家用洗衣粉；

（2）“快乐”适用于热水、温水和冷水，并不含刺激性香味；

（3）“博得”是带有织物柔顺剂的洗衣粉，是衣服清洁、柔顺且没有静电；

（4）“索罗”是带有织物柔顺剂的液态洗衣剂；

（5）“埃拉”是“天生的去污能手”，能洗净各种污渍；

（6）“德洗”可洗去各种污渍且价格低廉；

（7）“奥克雪”含有漂白剂，使衬衫更加亮白；

（8）“醉肤特”含有天然的清洁剂，适用于西堤内以及婴儿衣物；

（9）“象牙雪”是高纯度的中性肥皂，洗衣后不会留下任何不良的化学成分；

（10）“碧浪”是针对西班牙语系消费者的高效清洁剂；

（11）“甘原”是含酶洗衣粉，洗后衣物不但干净，还有怡人的清香。

思考：你从中有何启示？

7. 旁氏一向注重研究中国消费者的消费需求和购买习惯及生活形态，因此，旁氏能很好的与中国消费者，建立持久受欢迎的品牌。1997 年全面推广基础润肤系列，专门针对一部分已婚中低层妇女消费习惯和生活形态，一推出便以物美价廉畅销市场。

旁氏的核心目标消费群是 28～50 岁女性，这一群中国女性的护肤意识和消费能力不断增强，使旁氏在与玉兰油对抗中，市场份额越来越高。

旁氏的核心价值是首创的：旁氏专业护肤中心。因此其品牌口号是：呵护肌肤，旁氏巧心思。

（1）旁氏意味着旁氏专业护肤中心，旁氏是专业的；

（2）旁氏意味着国际著名品牌，旁氏是值得信赖的；

（3）旁氏意味着国际一流品质，旁氏是高品味的。

旁氏在所有影视广告中加入研究所 ICON 镜头，在 1998 年下半年还开始加入联合利华企业品牌英文名和 LOGO。在影视广告中，研究所专业人员的形象都是时尚、成熟、稳重、有知识、有品味的女性。所有影视广告模特都具有时尚、略带洋味的气质。

旁氏不同产品的影视广告色调会有所不同，但广告画面总体感觉是色调淡雅、洁净、明快，而且广告结构几乎统一是片头提出问题，推出研究所后，提出产品解决问题，旁氏影视广告总是自成风格。

旁氏在所有平面广告中，品牌英文名、LOGO 和研究所 ICON 都是固定而重要的传播要素；在宣传单张封面，大部分都是品牌英文名和 LOGO 放在左上角，研究所 ICON 放左下角。

玉兰油近几年以新广告推旧产品，维持市场份额。而旁氏是不断集中财力，以新广告推新产品，推成熟一个产品，就转向新的市场，不断研制开发，推广新产品，充分发挥研究所的品牌价值。

思考：旁氏在市场细分与市场定位方面有何可取之处？

第4章　产品策略

4.1　产品组合策略

教学目的和要求

✧ 了解整体产品概念。
✧ 了解产品组合的概念及策略。
✧ 掌握产品的生命周期原理及各阶段营销策略。
✧ 了解品牌的内涵和特点，掌握品牌决策以及包装策略。
✧ 了解新产品的含义以及新产品开发程序。

产品是进行市场交换的基础，离开了产品去谈商品交换和市场需求没有任何实际意义。因此产品是市场营销组合中的关键部分，产品策略也是市场营销学研究的核心内容之一。

4.1.1　整体产品的概念

从生产者角度讲，产品是人们生产出来的一切非自然物品。从市场营销的角度讲，产品是提供给市场供人们使用和消费，并能够满足人们某种欲望和需要的任何东西，我们通常所说的产品就是从这个角度来看的。例如海尔冰箱、联想计算机、旅游度假、心理咨询、美容美发等这些都是产品。它既包括有形产品，也包括无形的服务产品，同时也包括产品出售时的附加服务。对消费者来说产品是一种满足他们需要的复杂利益的结合。

因此，现代营销学上的产品，不单是指某种具体的、有形的东西，而是内涵和外延统一的整体，是一个包含多层次内容的整体概念。整体产品由三个层次组成。

1. 产品的实质层

产品的实质层，也被称为核心产品，是指产品所具有的功能和效用（即使用价值），是消费者购买产品的目的所在和实质性内容，是整体产品的最基本层次。如人们购买数码照相机目的不是为了获得一个精美的机械匣子，而是为了满足其留念、回忆以及报导等方面的需要；购买服装不是为了要买到用布匹制成的各种造型，而是为了遮体、保暖、美化外表以及体现地位和身份的需要。

2. 产品的实体层

产品的实体层，也被称为有形产品，也叫形式产品，是核心产品借以实现的形式，是产品的基础。具体包括产品的品质、特征、形态、品牌和包装等。产品的使用价值必须通过某种形式来实现，因此市场营销人员应该在从满足顾客实际利益的角度，去寻求实际利益得以实现的形式，进行产品设计。

3. 产品的延伸层

产品的延伸层，被称为附加产品或外延产品，是指购买者在购买产品时所获得的全部附加服务和利益。它包括提供贷款、免费送货、维修、保证、安装、技术指导、售后服务等。附加产品的概念来源于顾客对消费需要的深入认识，也使得产品与市场上的同类竞争产品区别开来。如优质的售后服务是海尔成功塑造中国家电第一品牌的重要因素；美国IBM公司在竞争中能树立起市场领先者地位，主要是由于公司能够提供消费者需要的附加服务和利益。

阅读资料 4.1　整体产品的五个层次

正如传统产品观念向现代产品观念发展一样，关于产品层次说的演变也由传统的三个层次演变为五个层次。第一层次是核心产品，位于整体产品的中心；第二层次是形式产品，也就是如何将核心利益转变为基本产品；第三层次是期望产品，它是指购买者在购买产品时通常期望或默认的一系列属性和条件，如希望食品安全卫生，抗生素的高效、无副作用，凉茶的速效、纯正等；第四层次为附加产品，是产品提供者提供产品时增加的附加服务和利益；第五层次是潜在产品，是指现有产品的所有延伸和演进部分，如彩色电视机可发展为录放机和电脑终端机等。

当前的产品竞争主要集中在产品附加层次，竞争的焦点由传统的产品本身转向了产品提供者超越厂房而延伸出去的一系列附加利益和服务。由于提供附加利益会增加产品成本，从而有可能降低企业的产品价格优势，因此进行市场细分时一定要调查清楚消费者的需求层次到底达到了产品的哪个层次，是否愿意接受由于提升服务水平所产生的额外费用。

在经营实践中，每一种产品都有由弱到强、由盛到衰的周期过程，以新代旧是必然的。因为消费者的需求总是不断发展的，当消费者有了新的需求时，就必须有新的产品来满足。必须用现代的产品观念来设计企业的产品策略。产品的概念应不断的延伸，现代社会消费者对产品的实体层和附加层要求越来越高，已不再是单纯地追求产品的功能和效用。因此，企业必须不断的更新产品理念，将整体产品的概念深入到管理意识中，不断的改进和革新产品，使产品具有适合消费者需求，体现出较强的先进性、实用性和特色性。

案例 4.1　摩托罗拉在中国

摩托罗拉作为手机市场的三巨头之一，是最早进入中国市场的国际大公司。1987 年中国移动通信在广东开通，当时引进的设备都是摩托罗拉公司生产的，摩托罗拉公司在模拟网时代可谓是“一枝独秀”，基本上垄断了中国手机市场。但是，到了1996 年，由于 GSM 数字网的开通，“爱立信”、“诺基亚”等品牌抓住机会进入中国市场，市场份额上升很快，摩托罗拉独占市场的日子一去不复返，手机市场形成了“摩托罗拉”、“爱立信”和“诺基亚”三足鼎立的局面。随着手机品牌的不断涌现，尤其是国产手机的全面出击，手机市场的竞争已经达到了白热化程度。

摩托罗拉曾经以绝对的优势占据了中国手机市场的最大份额，但在 1997 年底却被拉下了市场霸主的宝座。在模拟手机时代，摩托罗拉的 8900、9900 手机被称为“大哥大”，基本上是清一色的黑色。这一品牌给消费者的印象一直是一个传统的、重技术突破的“工程主导型”的品牌形象，使用摩托罗拉手机的人都是事业型、工作型的消费者。虽然在 1998 年，摩托罗拉及时调整了战略，推出了一系列 GSM 手机，无奈失去了先手，受制于人。消费者已隐隐约约感觉摩托罗拉开始老了。

中国手机市场品牌林立，竞争异常激烈，以差异化的产品满足消费者的不同需要，将市场进一步细分成为必然。为了适应通讯市场的变化，摩托罗拉公司将品牌进行细分，赋予了品牌全新的营销观念，推出了 4 个新品牌，即天拓（ACCOMPLI）、时梭（TIMEPORT）、“V”（VOT）和心语（TALKABOUT），分别对应科技追求型、时间管理型、形象追求型和个人交往型等不同的目标市场。

4.1.2　产品组合策略

1. 产品组合的概念

产品组合，也称产品搭配，是指一个企业提供给市场的全部产品线和产品项目的组合或搭配，即经营范围和结构。

产品线是指一组密切相关的产品项目，即我国通常所谓的产品大类。产品线的划分依据有：产品功能的相似性、消费上的连带性、顾客群供给的相同性、分销渠道的相同性、价格范围的同一性等。如海尔有彩电、冰箱、洗衣机等许多产品线。

产品项目是指产品线（大类）中各种不同品种、档次、质量和价格的特定产品。例如，一个大型服装工业公司生产各种服装，男装、女装和儿童服装，这三种服装就是构成该企业产品组合的三条产品线，而女装中的西装、大衣和连衣裙等就是产品项目。

2. 产品组合决策的内容

产品组合决策就是企业根据市场需求、竞争形势和企业自身能力对产品组合的宽度、长度、深度和相关性等方面做出的决定。

产品组合的宽度是指一个企业生产经营的产品大类的多少，即拥有产品线的多少，多则宽，少则窄。

产品组合的长度是指产品组合中所有产品项目的总和。用这个总和除以产品线的数目，就得到该组合的平均长度。

产品组合的深度是指产品线中每种产品的种类数目，如花色、口味、规格的多少。

产品组合的相关性，指各个产品线在最终使用、生产条件、分销渠道或其他方面的关联程度。相关性的高低同观察的角度不同有关，有时在生产上相关性很高，但从消费上来看则相关性低。

案例 4.2　海尔集团部分产品组合

电冰箱	洗衣机	空调器	彩电
冰王子	神童五	小元帅	探路者
大王子	小丽人	金元帅	
双王子	小神童	小超人	
率王子	小神泡	小公主	
	小神功	小状元	
	丽　达		

上表中，海尔有四条产品线，即海尔产品组合的宽度为 4；海尔产品组合的长度为 16，每条生产线的平均长度为 16/4=4；电冰箱的产品组合深度为 4，洗衣机的产品组合深度为 6，空调器的产品组合深度为 5，彩电的产品组合深度为 1；海尔产品都是家用电器，因此关联程度较高。

根据产品组合的四种组合，企业可以采取四种组合方法制定企业的产品战略。

（1）增加产品组合宽度，扩大经营范围，实行多样化经营，这样可以充分发挥企业各项资源潜力、提高效益，并在一定程度上分散企业的经营风险。

（2）增加产品组合的长度，即进行产品线的扩展，通过增加产品项目可以增加企业的利润。

（3）增加产品组合的深度，可适应不同顾客的需要，占领同类产品的更多细分市场，扩大销售总量。

（4）增强产品组合的相关性，可以增强企业在特定产品领域内竞争地位和声誉。

阅读资料4.2　产品线的扩展

许多企业最初定位于较高端，随后将其产品线向下扩展。向下扩展的原因是企业发现市场低端的增长率较快。它可以通过增加低端的产品来堵住市场的漏洞以防止其他新的竞争者进入，或者用来抵挡对手在较高端的进攻。施乐向小型复印机市场扩展的原因就是如此。尽管施乐到80年代末为止一直占领着中型和大型的复印机市场，但是小型复印机的增长率极快。佳能、夏普和其他的日本同行纷纷进军复印机末端市场，并很快占据了统治地位。而且，这些企业凭借他们的末端市场的成功，与施乐在中型复印机市场展开竞争。因此，为了适应市场需求的变化和挫败竞争者的进攻，施乐推出了小型复印机生产线。

有些在市场较低端的企业或许想向上扩展产品线。他们通常是被较高端的增长率和高利润所吸引，有时是因为他们想成为拥有完整产品线的全线制造商。有时，则是为了增加他们现有产品的信誉。

处于市场中区的企业可能会决定将他们的产品线向两个方面同时扩展。日本丰田公司的汽车产品线就是应用了这种方法。它一方面推出凌志品牌进入高端市场，另一方面则在中国推出威驰满足较低端市场。

3．产品组合的策略类型

（1）全线全面型。全线全面型是指向市场提供顾客需要的各种产品。根据产品相关性的大小可分为广义的全线全面型和狭义的全线全面型。广义的全线全面型就是尽可能增加产品的宽度和深度，不受相关性的影响，即宽度和深度都大，但相关性小的产品组合。如一家饮料企业，它生产饮料、服装、油漆、铅笔和汽车配件等互相毫无关联性的产品。狭义的全线全面型是指提供一个行业所需的全部产品，即产品线宽度、深度和相关性都大的产品组合。如海尔系列产品，产品线较多，但都与家电有关。

（2）市场专业型。这是企业以某一类顾客群为出发点，着重考虑拓展产品组合的宽度，即依据同类顾客需求设置产品线。一般产品的相关性较小。如旅游公司要考虑旅游在住宿、餐饮、交通、照相器材、娱乐服务以及纪念品等产品方面的需要。这种产品组合往往考虑各产品线的相关性较小。

（3）一条产品线专业型。这一类型指企业只拥有一条产品线，根据市场需求增加这一产品线的宽度和深度。如有的汽车厂家只生产重型汽车，不生产小轿车、大客车和其他用途的汽车。

（4）几条产品线专业型。这是指企业专注于某个领域产品的生产，一般产品的宽度和深度较小，但相关性较大的产品组合。如某汽车制造厂只生产汽车，但根据市场需要，设置了小轿车、运货卡车和大客车三条产品线来分别满足家庭用户、工业用户和团体用户的需要。

（5）特殊产品专业型。这是指企业凭借自身的专长和特色以及特殊的生产条件来满足顾客特殊需求的产品组合策略。这种产品策略具有排他性，竞争者不会轻易进入。比如，某公司只生产左撇子产品，某公司只生产民族特色小工艺品。

4.2 产品生命周期策略

企业产品在市场上的销售情况及获利能力是随着时间推移而发生变化的。这种变化的规律就像人和其他生物的生命一样，产品在市场上也经历了从诞生、成长到成熟，最终走向衰亡的过程。在产品市场生命的每一个阶段，有它不同的特点。因此，企业要根据产品生命的不同阶段制定相应的营销策略。

4.2.1 产品生命周期的概述

1. 产品生命周期的概念

产品生命周期包括产品的市场生命周期和自然生命周期。

所谓产品市场生命周期是指产品从投入市场开始，到被淘汰退出市场为止的全部运动，它是产品更新换代的一种经济现象。产品退出市场，并非是其本身质量或其他方面的原因，而是由于市场上出现了同种类型、同种用途的新产品，使老产品逐渐失去魅力，最终被市场淘汰。产品的市场生命是指该产品上市到退出市场的时间间隔。

所谓产品的自然生命即产品的使用寿命，是一种产品从投入使用到其报废所经历的全部过程。产品自然生命的长短，取决于消费方式（如使用频率、使用强度、维修保养状况等）、时间和自然属性等因素。

产品的市场生命与自然生命之间没有必然的、直接的联系。有的产品自然生命很短，但市场生命却很长；有的产品自然生命很长，但市场生命却很短。从总的趋势看，随着科学技术的加快发展，产品生命周期日益缩短。

本文提到的产品生命周期就是指产品的市场生命周期。

2. 产品生命周期的阶段划分

我们可以把一种新产品经历的产生、发展和衰落的全过程分为四个阶段，即投入期、成长期、成熟期和衰退期。这一过程能够用产品生命周期曲线图来表示：以时间为横坐标，以销售为纵坐标，把产品生命周期的变化过程绘制成一条曲线，并将其划分为投入期、成长期、成熟期、衰退期四个阶段。

对于产品生命周期的划分一般可以采用销售增长率和产品普及率两个指标来分析。

（1）销售增长率分析法。销售增长率的计算公式为：

$$销售增长率=\frac{本年度的销售量-上年度的销售量}{上年度的销售量}\times100\%$$

分析标准为：小于 10%且不稳定，为投入期；大于 10%，为成长期；小于 10%，为成熟期；小于 0，为衰退期。

例如：某企业 A 产品四年来的销售量如下：1993 年 1 000 件，1994 年 1100 件，1995 年 1 240 件，1996 年 1400 件。试确定该产品 1993—1996 年处于生命周期的哪个阶段？

$$1994年销售增长率=\frac{1100-1000}{1000}\times100\%=10\%$$

$$1995年销售增长率=\frac{1240-1100}{1100}\times100\%=13\%$$

$$1996年销售增长率=\frac{1400-1240}{1240}\times100\%=13\%$$

该产品在 1993—1996 年的年销售增长率在 10%以上，由此可断定该产品处于市场生命周期的成长期。

（2）产品普及率分析法。对不同的产品可采用以下两种方法来计算普及率：

$$按人口平均普及率=\frac{某种产品社会拥有量}{人口总数}\times100\%$$

$$按家庭平均普及率=\frac{某种产品社会拥有量}{家庭户数}\times100\%$$

当普及率为 0%～5%时，为投入期；5%～50%时，为成长前期；50%～80%时，为成长后期；80%～90%时，为成熟期；大于 90%时，为衰退期。

阅读资料 4.3　影响产品生命周期的因素

不同产品的生命周期是各不相同的，所经历的各个阶段时间也存在着差异。这是因为产品生命周期受多种因素的影响，主要体现在以下几个方面。

（1）科学技术的进步。科技进步快，生命周期短；科技进步慢，生命周期长。随着科学技术的不断发展，产品更新换代的速度会越来越快，产品的生命周期将越来越短。

（2）产品的性能和用途。就产品的性质而言，一般基本生活资料的生命周期较长，非基本生活资料的生命周期较短。就产品的用途而言，实用性大，能够满足人民生活某种长期需要的产品，其生命周期较长，实用性小；只能满足人民生活暂时需要的产品，其生命周期较短。

（3）产品供求关系的变化。第一，从产品供求关系来看，当产品供不应求时，消费者的急切需求会刺激生产部门扩大再生产，产品多处于成长期；产品供求基本平衡时，多处于成熟期；供过于求时，多处于衰退期。第二，从市场需求量的变化来看，需求量变化快的产品，生命周期短；需求量变化慢的产品，其生命周期较长。第三，从市场竞争来看，竞争激烈的产品，其产品生命周期较短，竞争不激烈的产品，生命周期较长。

（4）产品的价格和质量。一般来说，物美价廉的产品和优质名牌产品，其生命周期较长；价高质次的产品，其生命周期较短。

4.2.2 产品生命周期各阶段的营销策略

企业要了解产品生命周期不同阶段的市场特征，从而采取相应的营销策略，这样有利于企业适应市场的变化，扩大和巩固市场。

1. 投入期

（1）投入期的市场特征

投入期是指新产品试制成功后，首次在市场上普遍销售之时。在进入这一阶段前，新产品要经历开发、研制和试销等过程。这一阶段其主要特征有以下几点：

① 同类产品生产者少，市场上竞争者不激烈；

② 消费者对新产品尚未接受，销售量小且增长缓慢；

③ 需做大量广告宣传，营销费用大；

④ 企业生产批量小，产品单位成本高；

⑤ 产品获利较少或无利可图，甚至出现亏损；

⑥ 企业承担风险大。

根据上述特征，企业营销策略的重点，主要突出一个“快”字，应使产品尽快地为消费所接受，缩短产品的市场投放时间，扩大产品销售，迅速占领市场，促使其向成长期过渡。

（2）投入期的营销策略

这阶段广告和促销的重点应放在以下方面。

① 使消费者熟悉和了解新产品，扩大宣传，建立产品信誉。

② 用名牌产品提携新产品。如荣事达公司利用荣事达洗衣机已形成的品牌效应推出荣事达冰箱。

③ 采取试用的方法，如试用、试听、试穿、试尝，有些设备可先试用，再结算，不满意可以退货。

④ 鼓励中间商经营新产品，可通过加大佣金和折扣的方法吸引中间商。

仅用价格和促销两种主要营销手段来分析投入期的产品组合策略，大致概括为以下四种。

① 快速掠取策略。快速掠取策略也称为高价高促销策略，指企业以高价格配合大规模的促销活动将新产品投放市场，目的是迅速打开销路，取得较高的市场占有率。这种策略适用的市场环境是：产品品质优势明显，性能功效特殊，具有较大的潜在需求量；大多数

潜在消费者不了解新产品，一旦了解后愿意出高价购买；市场上很少有其他替代产品；企业面临着潜在竞争者的威胁，应该尽快在消费者中提高产品的知名度，进而形成消费偏好。

② 缓慢掠取策略。缓慢掠取策略也称为高价低促销策略，指企业以高价格推出新产品，但为了降低销售成本，只进行适度的促销活动。这种配合能够给企业带来更多的利润。这种策略适用的市场环境是：产品的规模相对狭小，市场容量有限；大多数潜在消费者已对该产品有所了解，对价格的反应不太敏感，适当高价可以接受；产品工艺和技术复杂或有特色；潜在竞争者少，竞争者威胁不大。

③ 快速渗透策略。快速渗透策略也称为低价高促销策略，指企业以低价格推出新产品同时，并配合以大规模的促销活动。它的目的是以最快的速度打入市场，为企业带来最高的市场占有率，快速地进行市场渗透，获得最高的市场份额。这是新产品进入市场最快、最容易被消费者接受的一种策略。该策略适用的市场环境是：产品市场容量大；大批量生产和销售可以降低单位产品成本，实现规模效益；消费者对该产品不了解，但对价格反应十分敏感；潜在竞争者多，竞争激烈。

④ 缓慢渗透策略。缓慢渗透策略也称为低价低促销策略，指企业以低价格和有限的促销活动方式推出新产品。低价是为了促使消费者迅速地接受该产品，低促销则可以节省费用，弥补低价格造成的低利润或亏损。这种策略适用的市场环境是：产品市场容量大；消费者易于了解或已经了解该产品，对其价格十分敏感；潜在竞争者较多。

表 4-1　产品生命周期的特征及其营销策略

		投入期	增长期	成熟期	衰退期
特征	销售	销售量低	销售量增长	销售总量大	销售量逐渐降低
	成本	单位产品成本高	单位产品成本一般	成本低	成本低
	利润	较少或亏本	利润增长	利润高	利润下降
	顾客	创新采用者	早期采用者	早期大众	落后采用者
	竞争	很少	增多	数量稳定，开始下降	数量下降
	营销目标	试用和塑造产品知名度	市场占有率达到最高	保持市场占有率的同时争取最大利润	减少开支，挤出品牌剩余价值
产品组合策略	产品	提供基本产品	向附加产品扩展	品牌和型号的多元化	逐渐减少衰退产品
	价格	用成本加成法	制定能渗透市场的价格	定价与竞争者抗衡或战胜他们	降价
	销售渠道	选择性销售	密集性销售	更密集性销售	有选择的减少无利润销售点
	广告诉求	在早期采用者和中间商中建立产品的知名度	在大量市场提高产品知名度和激发兴趣	强调品牌差异和利益	维持住绝对支持者
	促销	推广试用，加强促销	利用重度消费者的需要，减少促销	为鼓励转化品牌，加强促销	降低到最低水平

2. 成长期

（1）成长期的市场特征

成长期是指产品经过投入期后，消费者对该产品已经熟悉，销售量迅速增长的阶段。这一阶段的特征有以下几点：

① 消费者对产品已经熟悉并接受，销售量迅速上升，一般来说，销售增长率超过 10%；

② 产品已基本定型，技术工艺比较成熟；

③ 企业生产规模扩大，单位产品成本下降，企业利润不断增加；

④ 竞争者纷纷进入，竞争趋向激烈；

⑤ 促销总费用保持不变或趋于增加，但占销售额的比率下降；

⑥ 产品市场进一步细分，销售渠道增加。

（2）成长期的营销策略

针对成长期的市场特征，企业营销策略要突出一个“好”字，要在产品的品牌培育和提高消费者偏好上下工夫，进而强化该产品的市场地位，提高销售增长率和扩大市场占有率，具体可采取以下营销策略。

① 改善产品品质。品质是影响产品生命周期长短的关键所在，在成长期中，企业应把保持和改善产品品质放在首要位置。企业应根据顾客需求和其他市场信息，增加花色品种、发展新款式、新型号和增添产品的新用途。

② 采用降价策略。选择适当时机降低产品价格，既能吸引更多的消费者购买，又可防止大批竞争者进入。在这一阶段，会产生“高市场占有率”和“高利润率”的矛盾，因为提高市场占有率要通过降低价格或增加促销费用，这都要影响到企业的利润，但从长远的角度，企业应该把提高产品的市场地位放在第一位，这有利于企业的长远发展。

③ 加强分销渠道建设。在巩固原有分销渠道的基础上，根据市场扩展需要，进一步细分市场，增加新的分销渠道，扩大产品销售网络，做到保证供应，方便购买。

④ 改变产品宣传重点。广告宣传的重点应从对产品的知晓度宣传改为对产品的知名度、美誉度的宣传。它的主要目标是树立企业和产品的良好形象，争取创立名牌，培养消费者对产品的信任感和偏爱性。

3. 成熟期

（1）成熟期的市场特征

成熟期是指产品经过成长期，销售量增长速度逐渐减缓，到达峰点后转入缓慢下降的阶段。这一阶段的主要特征有以下几点：

① 产品的工艺、性能较为完善，质量相对稳定，产品被大多数消费者所接受；

② 市场需求趋于饱和，销售量增幅缓慢，或转为下降趋势，一般来说，销售增长率在 1%～10%；

③ 企业利润达到最高点，随着销售量的下降，利润也开始逐渐减少；

④ 市场竞争加剧，各种品牌、款式和型号的同类产品纷纷涌入。

（2）成熟期的营销策略

在产品成熟期，企业营销策略的重点，主要突出一个“改”字，要千方百计延长产品的成熟期，具体可采取以下营销策略。

① 产品改良。企业应立足于整体产品概念的理解，对产品层次中的任何一项内容进行改进都可视为对产品的改良。如提高产品的性能、品质和可靠性；增加款式、花色和造型；提高产品使用的安全性和方便性；增加产品服务。

② 市场改良。企业要为老产品积极寻找尚未满足的需求，开发国内外新的目标市场或对市场进行重新定位。针对新的目标市场，转移产品未来发展方向，增加产品新的用途，创造产品新的消费方式，从而延长产品的成熟期。

③ 营销组合改良。它是指企业通过改善产品质量、调整价格、增加销售渠道和加强促销活动，来刺激消费者购买，延长产品的成熟期。如企业通过改变产品性能和增加品种等提高产品质量的同时，采用特价、补贴运费、返券活动、加大折扣、延期付款等方式来降低价格，并广泛设置销售网点、强化媒体组合、变换广告时间和频率、强化公共关系、增加人员推销等措施，多管齐下，最大限度地争取顾客购买。

阅读资料 4.4　产品成熟期的三个阶段

菲利普·科特勒把产品成熟期按销售变化情况分为三个阶段：（1）成长成熟期，销售渠道已达到饱和状态，销售增长率缓慢上升，还有少数竞争者进入市场；（2）稳定成熟期，市场已经饱和，消费平稳，大多数消费者已经试用过该种产品，未来购买者依赖于消费者的重复购买和人口的增加；（3）衰退成熟期，销售水平显著下降，原有顾客的兴趣转向其他产品或替代品，全行业出现产品过剩，竞争加剧，一些缺乏竞争能力的企业将逐渐被淘汰，新的竞争者很少进入，竞争者之间各有自己特定的目标顾客，市场份额变动不大。

4. 衰退期

（1）衰退期的市场特征

衰退期是指产品经过成熟期，逐渐被同类新产品所替代，销售量急剧下降、利润水平很低的阶段。这一阶段的主要特征是有以下几点：

① 产品销售量由缓慢下降变为迅速下降，销售增长率出现了负增长；

② 消费者对该产品的兴趣已完全转移；

③ 产品价格已降到最低水平；

④ 多数企业无利可图，竞争者纷纷退出市场；

⑤ 多数企业减少服务和促销费用，维持最低水平经营。

(2) 衰退期的营销策略

产品一旦进入衰退期，从战略上看已经没有留恋的余地。营销策略的重点，主要突出一个“转”字，应积极开发新产品取代老产品。同时，还要根据市场的需求情况，保持适当的生产量以维持一部分市场占有率，并作好撤退的准备，具体可采取以下策略。

① 维持策略。它是指企业继续沿用过去的营销策略，仍在原有的市场经营，使用相同的分销渠道、定价及促销方式，将销售量维持在一定水平上，等到时机合适，再退出市场。这种策略适用于市场上比较同类产品还有一定需求量，生产成本较低和竞争力较强的企业。

② 收缩策略。它是指企业大幅度缩减促销费用，把企业产品销售集中在最有利的细分市场和最易销售的品种和款式上，以求获取尽可能的利润。这种策略的使用主要针对该产品最忠实的顾客。

③ 放弃策略。对于大多数企业来说，当产品进入快速衰退时，应果断地停止生产，致力于新产品的开发。可以采取立即放弃的方式，把产品完全转移出去或立即停止生产；也可以采用逐步放弃的方式，将其现有资源逐渐转移到其他产品的生产上。不管采用哪种方式，都应该慎重抉择，妥善处理，力争将企业损失减小到最低限度。

案例 4.3 微软产品在中国

成立于 1975 年的微软公司经过二十多年的发展，在全球 50 多个国家和地区设有分公司，共有员工 44 000 多人，市值已超过美国三大汽车公司的总和，其董事长兼首席软件设计师比尔·盖茨已连续 4 年荣登世界首富的宝座，并造就了 3000 多个百万富翁。微软的成功，在很大程度上取决于其产品策略，通过微软在中国市场上的产品策略可见一斑。

产品生产周期包括产品从完成试制、投放市场开始，直到最后被淘汰退出市场为止的全部过程经历的时间。典型的产品生命周期分四个阶段：投入期、成长期、成熟期、衰退期。软件产品属于一种高科技产品，与传统产品不同的是，软件产品的生命周期符合摩尔定律，也就是说在技术进步的进程中，技术进步和产品更新换代的速度也在逐渐加快，从技术研制到产品出台再到产品上市之间的时滞不断地缩短。同时，由于现代社会的信息传播手段多样化，加快了这一趋势。作为高技术产品，软件的生命周期中，投入期、成长期较长，需要投入较大的人力资源和财力资源，而其产品成熟期较短，新产品上市不久就面临更新产品上市的挑战，产品一旦步入衰退期，一方面是现有用户群的不断减少和转移，另一方面是层出不穷的新产品的巨大冲击，现有产品在极短时间内就会被市场淘汰出局。

面对激烈的竞争市场，微软应用了快速的产品更新策略，每年投入约 50 亿美元用于基础研究和产品开发，平均 2～3 年就推出新的产品。微软的操作系统软件的生命周期也符合摩尔定律。从 Windows 3.2 到 Windows 95 花了五年的时间，从 Windows 95 到 Windows 98 花了不到 3 年的时间，从 Windows 98 到 Windows 2000 花了 2 年的时间，而从 Windows 2000 到 Windows XP 花了一年的时间。新的产品弥补旧的产品的不足，并满足用户新的要求，新旧产品的衔接牢牢抓住了老的用户，同时又吸引了新的用户。

4.3 品牌与包装策略

4.3.1 品牌策略

1. 品牌的概念

所谓品牌，就是产品的牌子，是销售者给自己的产品规定的商业名称，通常是由文字、标记、符号、图案和颜色等要素或这些要素的组合构成，用来识别产品的经营者，以便于同竞争者的同类产品相区别。品牌是一个集合概念，它包含品牌名称、品牌标志、商标等概念在内。

（1）品牌名称是指品牌中可用口语表达的部分。例如，电视机有康佳、创维等名称；饮料有可口可乐、百事可乐、健力宝等名称；国内外高等院校有哈佛大学、剑桥大学、清华大学、复旦大学等。

（2）品牌标志是指品牌中可被识别而不能用口语表达的部分，包括专门设计的符号、图案、图像、色彩和文字等。例如，可口可乐英文几个字的专门设计；“海尔”品牌中那两个相互拥抱的儿童形象；金利来的特定图案等。

（3）商标是指经政府有关部门依法注册并取得专用权的整个品牌或品牌中的一部分，是一个专门的法律术语，是一项重要的知识产权。在我国，国务院工商行政管理部门商标局主管全国商标注册与管理工作，根据商标注册与否，习惯上有“注册商标”和“非注册商标”的划分，只有注册后的商标才能享有商标的专用权，受到法律的保护。

品牌和商标都是商品的标记，是企业重要的无形资产。两者的区别在于，商标是一个法律术语，具有专有性和排他性等特点，商标一经注册，其他任何个人和企业都不能随意仿效和使用。品牌是一个商业名词，代表着一定的文化和价值，比商标更具内涵，但品牌只有根据商标法登记后才能变成商标，受到法律的保护。所以，所有的商标都是品牌，但品牌不一定就是商标。

另一个与品牌相关的重要概念就是名牌，目前对名牌尚无统一概念，但可以理解成名牌是指具有一定知名度、信誉度和美誉度的品牌。名牌产品是同类产品中具有优良品质的产品，但不一定代表着高价位。如“茅台”是优质高价，“美加净”是优质中价，“格兰仕”是优质低价。

2. 品牌的作用

（1）品牌是强有力的竞争武器。美国品牌价值协会主席拉里·莱特说：“拥有市场比拥有工厂重要，而拥有市场的唯一途径就是拥有占统治地位的品牌。”品牌已经成为市场竞争的核心内容。如其所说，“摩托罗拉”、“三星”、“松下”、“宝洁”、“麦当劳”、“三菱”等国际知名品牌就是凭借品牌效应席卷中国市场的。在国际竞争中，品牌更是进入国际市场的

“门票”，除了少数产品、部分矿产品、部分食品外，没有商标的产品被认为是劣质产品，很难达到出口创汇的目的。

（2）品牌是质量和信誉的重要保证。品牌具有深刻的内涵，它是企业产品质量、性能、个性、服务和价格的综合反映，同时也体现了企业的管理理念、管理水平和科技实力，是企业形象和信誉的表现形式。一般企业都很重视对品牌的维护。例如，法国皮里耶集团公司生产的“皮里耶”矿泉水，被美国人发现有13瓶含苯超量，该公司立即将销往全世界的1.6亿瓶矿泉水就地销毁，造成两亿多法郎的经济损失，被新闻界称为“疯狂的决定”，但它维护了自身的品牌信誉。

阅读资料4.5 品牌设计应坚持的原则

品牌设计充满了艺术性和创造性，它不仅需要非常熟悉产品的特性，并且要有较高的文字和艺术修养，有丰富的人文社会生活知识。在品牌设计过程中，一般应坚持以下几个基本原则。

（1）简洁醒目，易读易记。便于识别商品是品牌的重要作用之一，要想乍一见就给人们留下深刻的印象，起到广告宣传的作用，就必须简洁明了，一目了然。因此，在设计时应采用流行的色彩、明快的线条、精彩的文字、抽象的图案，要避免过于写实，画面要色彩匀称、图案清晰、线条流畅，使品牌的整体结构形象化、艺术化、通俗化。在语言上，文字要精练，要易于拼读、辨认、记忆，并且琅琅上口、悦耳动听。

（2）构思巧妙，特色鲜明。在构思上要匠心独具，勇于创新，体现品牌的独特个性。平庸无奇的品牌不但无法吸引消费者，还会给消费者留下产品一般化的感觉。只有独特别致、新颖美观、充满感召力的品牌，才能给消费者以美的享受，并使消费者更快的记住这个品牌。

（3）富蕴内涵，饱含感情。在我国很多品牌设计取决于已有的人名、山川河流、风景名胜、植物花卉、符号图形和神化典故，此时品牌大多有其独特的含义或解释，具有丰富的个性的文化内涵，这样的品牌通常能唤起消费者的美好联想，并能在其购买或消费时产生一种文化认同和价值选择。

（4）品牌设计要与目标市场的文化背景相适应。由于世界各国的历史文化传统、语言文字、风俗习惯、价值观念和审美情趣不同，对于一个品牌的认知、联想必然会有很大的差异，因此品牌设计尤其是出口商品的品牌设计特别要注意避免使用当地忌讳的图案、色彩，以及令顾客产生歧义的文字内容。我国企业在语言方面不光要注意翻译成外文时是否产生了歧义，还要注意会不会因汉语拼音与英文混淆而产生歧义。

（3）品牌便于识别产品的出处。区分性是品牌的最基本的功能，被称为产品的“脸谱”，品牌的起源就表明了这一点。在古希腊和罗马时期，地址、吆喝声、姓名、简单的图画等都能用来作为货物的标志。品牌的最基本作用就在于体现其是由谁来生产和销售的，消费者可以凭着对品牌的印象决定其是否购买。

（4）品牌能起到促进销售的功能。广告宣传是推销产品最常用的一种方式。品牌作为整体产品的重要组成部分，经常被生产者和经营者作为广告宣传的重要媒介，起着“无声推销员”的作用。

（5）品牌是企业重要的无形资产。品牌所代表的意义、品质和特征可以产生品牌价值。品牌能提供给顾客比一般产品更多的价值或利益（功能性的与心理性的）。品牌与消费者之间稳固而特殊的关系，会使得品牌形成除产品功能价值以外的其他无形价值（消费者愿意为购买一个品牌而支付更多的货币），这种价值功能对恶劣的市场环境能够产生抵抗力，形成竞争优势，在分销渠道中获得杠杆力。如1989年美国最大的烟草商菲利普·莫里根公司收购克拉夫特食品公司，为其商标出价129亿美元，4倍于该公司的有形资产。1996年首届中国最有价值品牌评比中，中国彩电大王长虹的品牌价值达87.61亿元。

3. 品牌策略

企业可依据产品以及内部、外部的影响因素，决定适当的品牌策略。通常使用的品牌策略有以下几种。

（1）品牌使用策略。这是确定是否使用品牌的问题，即实施品牌化策略和无品牌策略。在现代市场经济条件下，一般产品都使用品牌，以利于增强产品的竞争力，培育消费者对品牌的忠诚度和树立企业形象，包括传统上不用品牌的商品也出现了品牌化的倾向。当然，为节省成本，有些商品也可以不使用品牌，无品牌策略主要适用于以下几种情况：一是产品为匀质产品，如原油、钢材和棉花等产品并不因为经营者不同会导致产品品质和特性有太大差异；二是生产工艺简单、消费者习惯不认牌子选购的产品，如超级市场出现的一些像纸巾、通心粉等生活用品无品牌的“回潮”现象，这主要是为了降低价格、扩大销量；三是应出口市场的需要，如某些出口产品采用无牌中性包装形式，其主要目的是为了适应外国市场的特殊情况，为转口销售、避免某些外国政府的歧视和限制等；四是企业临时或不打算长期经营的产品。

（2）品牌归属策略。商品品牌的归属主要有以下几种选择。

① 生产者品牌策略。生产者品牌策略即品牌的使用权归属制造商，这是一种普遍使用的策略。产品的性能和质量由生产者决定，随着广告费用的投入和消费者认可度的增加，会不断的增加市场份额，中间商参与的积极性也会大大提高，所有有能力的生产者应尽可能地使用自己的品牌。

② 销售者品牌策略。生产者把商品卖给中间商，中间商使用自己的品牌把产品转售出去的品牌策略。近20年来，某些西方国家出现了销售者品牌迅速发展的趋势。

采用这种策略对于生产者来说，可以克服资金少，营销经验不足的劣势，也可作为权宜之计借助中间商的品牌声誉为产品打开销路，进入新的市场。对于中间商来说，可以进一步培育消费者的品牌偏好，提高声誉和提高市场占有率；可以控制供应商产品的质量和价格，取得价格竞争的主动权。当然采用这种品牌策略中间商也要承担一定的费用和风险，因此销售者品牌策略只适用于那些实力雄厚、控制能力强的大批发商和零售商。

案例 4.4　西尔斯公司的品牌

美国零售巨子西尔斯公司于 1979 年开发了第一个自己的品牌——“西尔斯”轮胎，接着在电池、家电、服装等产品上也使用自己的品牌。西尔斯的成功使许多百货店、服装店和杂货店纷纷效仿，推动了销售者品牌的发展。

③ 混合品牌策略。混合品牌策略是指产品同时使用生产者品牌和销售者品牌，也被称为双重品牌策略。这种策略比较灵活，可以适应不同的营销条件，也可作为过渡性策略使用。

（3）品牌统分策略。品牌统分策略主要体现为以下三种。

① 统一品牌策略。所谓统一品牌策略是指企业将自己生产的全部产品或同一产品线的产品，都选用同一个品牌，也被称为家族品牌策略。如金利来公司的品牌涵盖该公司所有产品；健力宝公司的饮料类产品都用“健力宝”品牌；可口可乐公司新开发的减肥饮料用“清爽可口可乐”的品牌。

采用统一品牌策略具有以下优势。

- 有利于显示企业的实力，树立企业形象。
- 可带动新产品顺利上市。
- 可节省广告费用，起到较好的宣传效果。但统一品牌不宜用于原有声誉、形象一般或较差的企业，它一般只适用于价格、品质和目标市场大致相似的产品。

② 个别品牌策略。所谓个别品牌策略是指一个品牌只用于一种产品的策略。如宝洁公司在中国生产的洗发水分别使用“飘柔”、“海飞丝”、“潘婷”、“沙萱”等品牌，洗衣粉使用“汰渍”、“碧浪”等。

个别品牌策略有利于用品牌把不同产品的特征、档次和目标顾客的差异区分开来，同时可使一种产品的失败不会影响到企业全部的产品和声誉。不断开发的新产品采用新品牌，可给人以蒸蒸日上、发展势头良好的印象。但个别品牌策略的成本高，企业广告费用投入大，力量分散，不利于创建名牌。

③ 统一品牌加个别品牌策略。这是指对不同产品使用不同品牌的同时，在每个品牌冠以统一的品牌或企业名称的策略。如美国通用公司生产的“凯迪拉克”、“别克”、“雪佛莱”等汽车都加上“GM”字样的总牌子；我国春兰集团生产的“春兰虎”、“春兰豹”、“春兰小松鼠”等也属这种策略。

采用这种策略既可区分不同特色的产品，又可分享和扩大企业的声誉。

阅读资料 4.6　产品品牌策划的主要内容

产品品牌策划模式的做法是赋予某一产品一个独有的名字，并给予它们各自的定位，占据特定的细分市场。产品品牌策划是企业营销策划的重要组成部分，它主要包括以下内容。

（1）产品的背景介绍。首先要说明本次品牌策划的对象是哪个企业。介绍企业背景，如企业经营规模、条件，尤其是营销方面的优劣势状况，在企业调查的基础上，对这些调查资料整理后进行分析。最后，说明为哪个产品做品牌策划，为什么要进行产品品牌策划，品牌策划的目标是什么，这些都要做出介绍说明。

（2）策划调研分析。分析的内容主要针对三个方面：消费者需求分析、竞争状况分析和企业自身的优劣势分析。根据分析得出品牌策划的必然性结论。这部分写作应注意：材料分析要全面、客观；内容表述归纳性要强。

（3）确定品牌策划的指导思想。品牌策划的指导思想要求：方案设计要有鲜明个性；要具有活力、感染力和亲和力；品牌策划要考虑全面性、系统性和可操作性。

（4）产品品牌设计与创意。品牌策划成功与否主要看品牌方案是否有新意、是否有较强个性、是否生动活泼。主要包括以下六个方面：①品牌的（重新）命名；②品牌的形象设计；③品牌的营销组合方案设计；④品牌的形象建立；⑤品牌的目标市场定位；⑥品牌宣传方案与促销方案的设计。

（4）品牌防御策略

品牌防御策略是指防止他人的侵权行为以及由此造成的企业声誉和利润等方面蒙受损失，具体可采用以下对策。

① 及时注册商标。品牌标记一经注册便受到法律的保护，能够有效地防止竞争者抢注、仿制、使用和销售本企业的商标。出口企业应在目标国家及时注册商标。注册商标在有效期满后应及时申请续展注册。

② 在非同类商品中注册同一商标。例如，电风扇的“钻石牌”商标已注册，该企业在未生产的门锁、轴承等商品上也注册与电风扇一样的商标，以免遭受可能的损失。

③ 在同一商品中注册多个商标。如“两面针”牙膏同时注册“两面针”、“针两面”和“两针面”等多个商标，从而堵住可能被仿冒的漏洞。

④ 品牌共存。我国企业和外国企业合资生产时，可采用品牌共存的方法防止我国品牌被洋品牌淹没的危险。具体可以在不同的产品上分别使用我国与国外的品牌，或在同一产品上同时使用我国与国外的品牌。

4.3.2　包装策略

1. 包装的概念

包装是整体产品概念的重要组成部分，通常是指产品的容器或包扎物。产品只有经过包装才能进入流通领域进行交易。

包装主要分为两大类：内包装和外包装。

（1）内包装，也被称为销售包装，是直接与产品接触的容器或包装物，如饮料瓶子、香烟纸盒等。销售包装主要是为便于陈列、销售、识别、携带和使用。销售包装上一般都附有装潢画面和文字说明，有的还印有条形码的标志。

（2）外包装，也被称为运输包装，是加在内包装外面的箱、桶、筐、袋等包装。运输包装主要是为了保护商品、易于辨认和方便储存及运输。一些远程运输和国际运输往往都要按合同规定在商品的外包装上刷上一定的标志，统称为包装标志。包装标志分为运输标志、警告性标志和指示性标志。

2. 包装设计的原则

包装是产品生产的延伸，是产品的“外衣”，具有宣传和美化商品、促进产品销售的功能。包装设计是实施包装策略的具体手段。不同的产品有不同的设计方法，但都必须遵守以下原则。

（1）要执行有关法规。我国政府制定的《消费者使用说明总则》、《工业制成品质量条例》和《产品质量法》等法规，对商品包装设计都提出了各种明确的要求。如禁止使用聚氯乙烯等原料做食品包装；药品和营养品应注明每次服用的精确分量、成分及其含量、用量和禁忌与注意事项等；食品应注明生产日期和有效期；避免包装的雷同；包装上必须注明生产厂家或经销企业的名称等。

（2）要坚持经济实用。包装设计应该根据消费者的实际需要和目标顾客的承受能力，尽量节约包装材料和包装费用。

包装具体要注意以下几点。

① 要避免过分包装。比如对一些农药，生产者和经营者要把重心放在提高质量上，切不可等同于食品来包装，这样既浪费了包装物又增加了农民的负担。

② 设计多用途和多次使用的包装。

③ 要合理使用包装空间，避免小商品大包装现象的一再发生。

（3）要体现出产品的特色和风格。销售包装具有无声售货员的功能。顾客首先接触到的是产品的包装，包装图案、形状和色彩综合，设计所体现出的产品特点和特色如果能够一下子抓住顾客的心理，就能激起他们的购买欲望。

贵重商品和艺术品的包装会烘托出其高贵典雅的特性；一般的低价产品经过精心设计，巧妙装饰，会使人感觉其物美价廉、别具风格；儿童用品的包装要尽量五彩缤纷、活泼美丽；化妆品的包装要色彩艳丽、造型优美、装潢别致。

（4）要与产品的实际价值相对应。“一流产品二流包装”的做法固不可取，但不考虑产品的实际价值、最终用途和目标顾客，单纯地追求包装的华美，最终会使消费者产生厌恶的感觉，结果适得其反。

（5）要考虑销售地的风俗习惯。不同国家和地区长期以来形成的文化习惯、宗教信仰和风俗习惯在产品的包装上形成了诸多禁忌，这必须给予重视。否则，不仅会引起贸易纠纷，伤害民族感情，也会影响未来的贸易发展。

阅读资料4.7　部分国家的包装禁忌

英国：出口到英国的产品包装上忌用白象、山羊和孔雀。在英国，孔雀是祸鸟，孔雀开屏被认为是自我炫耀的不良习性；山羊的英文“goat”在英国有“不正经男子”、“坏人”之意；而白象则意味着大而无用，好吃懒做。

法国：出口到法国的产品包装上忌用墨绿色。因为在二战期间，希特勒率领的法西斯部队就是身着墨绿色军装，这种颜色会勾起法国人痛苦的回忆，所以他们对其异常反感。

日本：荷花是日本人禁忌的图案，因为荷花在日本意味着祭奠，是极乐世界的象征。日本人对饰有獾和狐狸的图案特别反感，因为这两种动物在日本人眼里是贪婪和狡猾的象征。

阿拉伯：在输往阿拉伯的产品包装上不仅禁忌用猪形，而且也不宜用美女照片和男人像做装饰图案，因为当地妇女佩带面纱，不能见陌生男人。

3. 包装策略

好的包装不仅要有新颖独特的包装设计，还要使用行之有效的包装策略，才能起到促进产品销售的作用。常用的包装策略有以下几种。

（1）类似包装策略。类似包装策略也称为统一包装策略，即一个企业生产的全部产品都采用相同的图案、色彩、标志以及其他共有的特征。这种包装便于消费者识别，一看就知道是哪家企业的产品，可以壮大企业的声势，提高信誉。但适用于具有同质性的产品，如果产品的质量差别较大，会影响优质产品的形象。

（2）分类包装策略。分类包装策略是指企业依据产品的不同档次、用途和目标顾客等采用不同的包装。对高档优质产品采用优质包装，一般产品采用普通包装；儿童包装使用动物和卡通人物形象，老人的包装则以实用为主。

（3）组合包装策略。组合包装策略也称为配套包装策略，是指按照人们的消费习惯和特别需要将多种有相关性的产品放在同一包装物中。组合包装具有节省包装费用、带动新产品上市、扩大销售。例如，把乒乓球、球拍、球网组合包装；把护肤霜、花露水、发油、唇膏等化妆品组合包装；把茶壶、茶杯、茶盘和茶碟等茶具组合包装。

（4）双重用途包装策略。双重用途包装策略也称为再使用包装策略，是指商品包装在使用完后还可以移做其他用途。包装物不仅可以诱发消费者的购买动机，也起到了广告宣传的作用。例如，把高档酒瓶设计成精致的花瓶或仿制古董样式，酒饮完后瓶子可作为家庭装饰品。

（5）附赠品包装策略。附赠品包装策略是指在包装物内附小赠品或给顾客以各种形式的奖励，目的是吸引顾客购买和重复购买。随附的赠品也是介绍新产品进入市场的一种手段。例如在包装物内附奖券、车票和实物赠品等，在小食品包装内附有连环画、小塑料动物和其他小日用品，这样可以吸引广大中等收入以下水平的妇女和儿童消费者。

（6）改变包装策略。改变包装策略是指企业改变和放弃原有的产品包装，改用新的包装。改变包装一方面表明企业包装材料和包装技术的进步，另一方面也体现了消费新潮流，给人以等同于产品创新的新感受。

4.4 新产品开发策略

随着科学技术和社会经济的迅速发展，产品更新换代越来越快，产品生命周期越来越短，市场竞争也越来越激烈。这种现实迫使企业不断开发新产品，以创新求发展。从短期看，新产品的开发和研制是一项耗资巨大且风险极大的活动。但从长远看，新产品的推出能使企业开拓新的市场、扩大产品销量、带来丰厚利润和增强市场竞争力。因此，有远见的企业经营者把新产品开发看作企业营销的一项具有战略性的重要策略。

4.4.1 新产品的概念及其分类

市场营销学中的新产品含义与科技开发中的新产品含义并不完全相同，其内容要广泛得多。市场营销理论是从“产品整体概念”角度出发，强调消费者的观点，对新产品的定义是：凡是消费者认为是新的，能从中获得新的满足、可以接受的产品都属于新产品。根据这一理解，新产品可以分为以下几种。

1. 全新产品

全新产品即科技型新发明的产品，是指采用新原理、新技术及新材料研制成功的前所未有的产品。这种产品往往代表了科学技术发展史上的一个新突破，甚至会改变人们的生活方式和企业的生产方式。例如，打字机、电话、汽车、飞机、尼龙、电视机、复印机、电子计算机等，就是19世纪60年代到20世纪60年代之间世界公认的最重要的新产品。每个新产品的诞生，都是科学技术的一项重大发明创造，需投入大量的人力、物力和财力，且往往需要经历相当长的开发周期，一般企业是很难办到的。因此，在所谓的“新产品”中，一般只有10%真正属于新发明的产品。

2. 换代新产品

换代新产品即在原有产品的基础上，利用现代科学与技术制成的具有新的性能的产品。如黑白电视机革新为彩色电视机；电子计算机从最初的电子管，经历了晶体管、集成电路、大规模集成电路几个阶段，又发展到现在的人工智能电脑。开发换代新产品较开发全新产品技术难度低，风险小。

3. 改进新产品

改进新产品即对原有产品在品质、材料、性能、结构、工艺、造型和包装等方面做出改进，适应新用途、满足新需求的产品。这种新产品与原有产品差别不大，往往是在原有产品的基础上派生出来的变型产品。如牙膏由普通的变成药物的，普通卷烟改为过滤嘴卷烟。这是企业较容易开发的新产品，发挥余地大，竞争也相对激烈。大多数公司实际上都着力于改进现有产品，而不是创新一种产品。日本的索尼公司，80%的产品构思都是通过改进和修正现有的产品得来的。

4. 仿制新产品

仿制新产品即对市场上已有产品进行模仿或稍作改变，而使用一种新牌号的产品。仿制是开发新产品最便捷的途径，能够缩短开发时间，节省科研费用，风险也较小。日本汽车享誉世界，它的第一步就是从仿制开始的；我国从国外引进设备生产的产品，就属于仿制新产品。但仿制新产品必须对原有产品进行适应性的修正，不能违反《专利法》等法规。

4.4.2　新产品开发的意义

新产品开发是企业总体经营战略和市场营销决策的重要组成部分，是企业生存和发展的重要支柱，对企业的经营状况和前景有重大影响。新产品开发的意义有以下几点。

（1）从社会与技术进步方面来看，新产品开发是社会发展和技术进步的必然结果，新产品作为新的生产力要素又为科学技术的发展奠定了有力的基础。

（2）从满足消费者需求角度看，新产品开发是企业不断满足消费者需求的根本途径。随着社会经济的发展和消费者购买力的提高，消费需求也日益多元化，从对产品的功能性消费转向了更高层次的精神需求，个性和时尚成为需求的重要特征。企业要不断开发新产品满足消费者新生活方式的需要。

（3）从企业发展角度来看，开发新产品是企业谋求生存和发展的必然选择。企业生存和发展有两条途径，即扩大原有产品产量和开发新产品。前者在短期里是奏效的，但长期来看，产量越大风险也越大。特别是当产品进入成熟后期和衰退期，增加产量就会造成产品积压，企业也随之走向衰落。如果企业不断开发新产品，就可以使企业当第一代产品进入了衰退期，而第二代产品可能进入了成长期，第三代产品则进入了投入期，而第四、五代产品又在构思酝酿之中……此起彼伏，生生不息，始终保持稳定向上的势头。

（4）从市场竞争角度来看，开发新产品是决定企业竞争力的关键因素。在现代营销中，企业产品的竞争能力在很大程度上取决于企业能否及时向市场提供适销对路的新产品。产品的更新换代往往是企业竞争的需要，更是应对竞争、减少风险的有力武器。要使企业在激烈的市场竞争中立于不败之地，就必须把新产品开发作为最基本、最重要的竞争策略。

如海尔从 1997 年以来的几年里，平均 1.5 天便研制出一个新产品，平均 1 天就有 1.8 个专利产生，从而使海尔的科技创新进入了世界最先进家电企业的行列，使海尔在国内冰箱市场严重供过于求的情况下销售也异常火爆。

案例 4.5 “柯达”的新产品开发战略

从 19 世纪 80 年代到 20 世纪 80 年代，柯达以“创新技术、突破生活”为座右铭雄居世界照相机的霸主地位一直没有动摇。创始人乔治·伊士蔓 1881 年 1 月在罗契斯特创立了照相干板制造公司，即柯达公司的前身。经过 7 年的苦苦钻研，终于制造成了一种小型口袋式照相机，命名为“柯达一号”，随后又连续推出的“袖珍型全自动照相机”和“立即显像照相机”，堪称世界照相机史上的两次突破。顾及到业余爱好者的习惯，柯达公司不断推陈出新，1969 年，著名的“拍立得”公司已研制出“立即显像摄影机”，并进行改良。柯达在挑战面前，采取稳中求胜的战略，把新产品应具备的特点定位在廉价、容易操作和保证质量上。要达到上述标准必须研制出比当前软片快 4 倍的高速乳剂胶卷。为此，1971 年柯达公司制定出了研发方案，1973 年派 1000 多位研究人员，遍及美国与欧洲从事胶卷研发，1 个月后找出了生产方法，最后经过在柯达总部罗契斯特实验室的精练，后由获得法国控制乳剂专家的协助始臻完美。柯达公司不断发明照相机的同时，也直接扩大了它的软片市场。开发新照相机的同时，也几次改进了古老的软片。

不断地推出适应市场需要的新产品，是一个公司赢得市场、获得消费者青睐、击败竞争对手的法宝之一。柯达在 100 多年的经营历程中能够遥遥领先，在市场上占据主动地位，主要原因在于它那稳健的、持续的新产品开发与创新。

4.4.3 新产品开发的程序

新产品开发是一项具有很大风险性的工作，它不仅需要投入大量的资金，而且其最终是否能被消费者所接受，存在很大的不确定性。为了把风险降到最低程度，达到预期的目的，新产品开发必须遵守一定的科学程序。一般需要经过以下几个阶段。

1. 新产品构思

新产品构思，即创意，是指为满足一种新需求而提出的设想。构思的多寡会影响到新产品的成功率，因此要广泛收集，不拘一格。新产品构思的来源有：消费者和用户、科研机构、竞争对手、商业部门、企业职工和管理人员、大专院校、营销咨询公司、工业顾问、专利机构、国内外情报资料等。其中，调查和收集消费者和用户对新产品的要求，是新产品构思的主要来源。实践证明，在此基础上发展起来的新产品，成功率最高。据有关调查显示，除军用品外，美国成功的技术革新和新产品有 60～80%来自用户的建议，或用户在使用中提出的改进意见。

阅读资料 4.8　筛选应遵循的标准

筛选应遵循的标准有以下几点。

(1) 市场成功的条件。它包括产品潜在的市场成功率、竞争程度、前景以及企业能否获得较高的收益。

(2) 企业内部条件。主要是衡量企业的人、财、物等资源，企业的技术条件及管理水平是否适合生产该种产品。

(3) 销售条件。它是指企业现有的销售结构是否适合销售该种产品。

(4) 利润收益条件。它是指产品是否符合企业的营销目标，新产品是否对企业原有产品销售的影响。

2. 新产品构思方案筛选

新产品构思方案筛选是指对所有新产品的设想，按照一系列的评价标准进行比较、判断、选出最佳构思方案的过程。

企业收集的新产品构思不可能全部付诸实施，因而需通过筛选，淘汰那些不可行的构思，使企业把有限的力量集中于少数几个成功机会较大的新产品开发上。

筛选过程中要尽量避免两种失误：“误舍”和“误用”。

“误舍”即将有希望的新产品构思放弃，当一个公司对某一有缺点但能修正的构思草率下马，就会导致“误舍”的错误。

“误用”即将一个没有希望的构思付诸实施，结果招致惨败。当一个公司把一个错误的构思投入开发，进入商业化阶段，就会导致“误用”的错误，产生低报酬率甚全连公司固定成本、变动成本都不能收回的严重后果。

案例 4.6　新产品构思方案筛选

表 4-2 是一份比较典型的新产品构思加权评分表。

表中第一栏是某种新产品成功的条件；第二栏是按照这些条件在进入市场时的重要程度给予不同的权重；第三栏是对某种新产品成功打入市场的能力给予不同的评分；最后汇总，即 A × B，得数相加，表示这个产品投放市场是否符合本企业的目标和战略的综合评分。分等标准为:0.00～0.40 为“劣”；0.41～0.75 为“中”；0.76～1.00 为“良”；最低接受标准为 0.70。

表 4-2　新产品构思加权评分表

产品成功的必要条件	相对权重（A）	企业能力水平											得分数（A×B）
		0.0	0.1	0.2	0.3	0.4	0.5	0.6	0.7	0.8	0.9	1.0	
企业声誉	0.20							√					0.120
营销能力	0.20										√		0.180
研发能力	0.20								√				0.140
人力资源	0.15							√					0.090
财务能力	0.10										√		0.090
生产能力	0.05									√			0.040
销售地点	0.05				√								0.015
采购与供应	0.05										√		0.045
总　　计	1.00												0.720

3. 新产品概念的形成

经过甄别后保留下来的产品构思还要进一步发展为新产品概念。所谓新产品概念是指企业从消费者的角度对这种创意所做的详尽描述。企业必须根据消费者的要求把产品构思发展成为产品概念。确定最佳产品概念，进行产品和品牌的市场定位后，就应对产品概念进行试验。所谓产品试验，就是以文字、图案或模型描述或者用实物将产品概念置于消费者面前，观察他们的反映。这些试验已成为企业将概念产品转为实际新产品之前的例行公事，可以测验参加者购买新产品的兴趣，以及对新的不同产品构思的认识。

4. 拟定新产品营销规划

拟定新产品营销规划是指企业在选定新产品开发方案后，拟定将新产品投放市场的初步营销计划书。它一般包括三部分内容：

（1）确定将来新产品目标市场的规模、特点、消费者购买行为、新产品的市场定位、可能的销售量、市场占有率和利润目标等；

（2）确定新产品的市场价格、分销战略和营销预算；

（3）新产品中长期的销售额和目标利润，以及产品不同生命周期的市场营销组合策略。

5. 商业分析

商业分析是指对新产品进行经济效益分析，即根据企业的利润目标，对新产品进行财务上的评价。

6. 新产品设计开发

新产品设计开发是指把选定的产品构思付诸实施，使之转变为物质性产品的过程。经过筛选和可行性分析，具有开发价值的新产品构思方案则进入产品形体的设计试制阶段，包括产品设计、样品试制、产品鉴定等步骤。如果说上一阶段是“纸上谈兵”，那么这一阶段就是“真刀实枪”了。在从产品的功能、特色、包装和造型方面进行产品设计，试制出样品，然后进行消费试验。消费试验主要有以下三种方式：实验室试验——鉴定新产品在技术上的可靠性、安全性等；样品征询试验——从潜在顾客的评价中测定需求偏好；消费者试验——通过试用鉴定产品的优劣。消费者试验要反复进行，对反馈信息不断修正和综合分析，避免失误。

7. 新产品试销

新产品试销是指新产品基本定型后，小批量投放到经过挑选的有代表性的市场范围内进行销售试验。在这一阶段，新产品和市场营销方案将接受真实市场环境的检验。根据新产品试销的不同结果，企业可以做出不同的决策。试销结果良好，可全面上市；若试销结果不够理想，应做具体分析再重新进行试销，或重新试制和试销。

案例 4.7　以顾客需求为导向开发新产品

20 世纪 90 年代，世界著名的箱包公司萨姆斯耐特开发的便携式 Piggyback 旅行包风靡全球。这一成绩是通过市场细分调研、创意调研和产品调研来倾听顾客的要求，然后采取行动开发新产品满足这些要求而取得的。(1) 焦点小组座谈。该旅行箱开发实施中，公司组织了 11 个焦点小组座谈。通过调查问卷测试进行分组，每组代表一种特定生活的人群，小组讨论内容从对旅行包有关的一般问题过渡到更加具体的问题。(2) 创意测试。这个过程访问了事先选定好的 400 名调查对象，偏重于女性。所有访问都是一对一进行的。被访问者审查了一系列概括出 Piggyback 特征和用途的草图，然后按四级购买兴趣量表对产品加以评价。在看完创意后，大约有 60%的被访者喜欢“既可肩背又可用带捆扎的行李箱”。(3)“停车场”测试。萨姆斯耐特公司那些经常旅行的从经理到普通员工，在户外路障上、山沟里、在碎石上拉动该产品，由此得到了公司自己的消费者报告测试的版本。在一次行李包展销会上同样使用了路障的方法推出 Piggyback 产品，得到了人们的交口称赞。(4) 消费者调研，从消费者使用中遇到的难题和与竞争者便携式行李箱的差异点入手进行调研。因为调查反应比较积极，公司作了一些改进后马上投入生产，正式推向市场，取得了巨大成功。

不同的企业在开发新产品时有很多创新，但最关键的是始终要意识到在产品的开发和设计过程中，时刻关注和掌握客户的需求信息，并将其适当融入新产品中，不能想当然或闭门造车。

当然，并非所有的新产品都要经过试销，成功把握较大的新产品就不必试销，以免失去市场机会。还有价格昂贵的特殊品、高档消费品和少量销售的工业品，通常也不经过试销而直接推向市场。但是，当推出一种新产品需要很大投资时，或者当管理部门对产品和营销方案不能确信时，企业可以进行大量的试销。

8. 新产品正式上市

新产品正式上市是指经过试销获得成功的新产品，进行大批量生产和销售。这是新产品开发的最后一个程序。至此，新产品正式进入了商业化阶段。为了使新产品顺利上市，企业应对其推出时间、推出地点、推出对象和推出方法进行慎重选择。

（1）推出时间。如果新产品是替代本企业老产品的，应在原有产品库存较少时上市，以避免对原有产品销路产生影响；如果新产品的需求具有较强的季节性，应在需求旺季上市，以争取最大销量；如果新产品需要改进，则应等到其进一步完善后再上市，切忌仓促上市。

阅读资料 4.9　消费者接受新产品的五种类型

新产品上市能否被消费者接受主要看其对新产品的心理过程。美国学者罗杰斯按消费者接受新产品的先后过程将其分为五类：（1）创新采用者，即具有冒险精神，勇于接受新生事物，率先使用新产品的人，也称消费先驱，占全部潜在消费者的 2.5%；（2）早期采用者，谨慎型但较早接受新生事物的人，他们通常在一定的范围内具有较强的威望和影响力，对新产品的推广具有举足轻重的作用，占全部潜在消费者的 13.5%；（3）早期大众，这类消费者很少起带头作用，但采用新产品仍早于一般消费者，他们的行动一般要经过深思熟虑，具有相当大的数量，约占全部潜在消费者的 34%；（4）晚期大众，这些人购买产品顾虑较多，一般要等到大多数人试用并获得满足后才会决定购买，约占全部潜在消费者的 34%；（5）落后采用者，这类消费者受传统观念束缚很重，行为保守，只有当新生事物本身变成传统时才会决定使用，占全部潜在采用者的 16%。

（2）推出地点。规模较小的企业可以选择在某一个或几个地区进行集中促销和推广，取得消费者的信任后再向更广阔的市场扩展；实力雄厚并拥有庞大销售网络的大企业，可将新产品直接推向国内外市场。

（3）推出对象。在市场扩展中，企业应该把与他们接触成本不太高的新产品的早期采用者、大用户、意见领袖作为最理想的购买群体，促销目标对准他们，通过其带动一般消费者对产品的需求，以最快的速度和最低的成本扩大市场的占有率。

（4）推出方法。企业在推出产品时要拟订一个可行的营销计划，在进行预算的基础上，制定各项活动的先后顺序，有计划地进行营销管理。

新产品的开发过程对不同的企业和不同的开发方式而言是不完全相同的，作为企业的高层管理人员，在每个阶段都应该对以下两个关键问题进行决断：是否有必要进入下一阶段，是否应该放弃。

复习思考题

一、关键词汇

产品（Product）
整体产品概念（Total Product Concept）
产品生命周期（The Life Cycle of Product）
品牌（Brand）
包装（Packing）
新产品开发（New Product Development）

二、简答

1．什么是整体产品概念？
2．产品生命周期有几个阶段？各阶段可以采取哪些营销策略？
3．品牌策略有哪些？
4．什么是新产品？如何开发新产品？
5．如何进行新产品策划？（具体可分六部分来写，①品牌定位；②形象代言人；③产品规划；④电视广告创意；⑤媒体投放策略；⑥整合营销。）

三、案例思考

1．20 世纪 50 年代是流行旅游鞋的年代。然而，60 年代的美国却是“无声小狗” 猪皮便鞋风行一时的世界。回顾“无声小狗”便鞋从投入到衰退的整个产品生命周期和各阶段所采用的促销策略，会给我们带来很多启发。

“无声小狗”从 1957 年到 1967 年间，经历了导入期（1957—1958 年）、成长期（1959—1962 年）、成熟期（1963—1965）和衰退期（1966—1967 年）。

（1）“无声小狗”的诞生

美国澳尔·费林环球股份有限公司（以下简称费林公司），1903 年前是一个皮革供应商，1903 年后开始从事皮革和皮鞋的生产。1957 年，公司生产出 11 种颜色的男式便鞋向农村和小镇试销，非常成功。1958 年起名为“无声小狗”，以一个长着忧郁的眼睛，耷拉着脑袋的矮脚猎狗作为广告标志，意指穿上此鞋特别轻便。

（2）导入期的促销策略

1958 年公司进入了成长期，这个时期最大的难题就是产品的知名度不高，市场占有率和销售增长率都很低。除此之外，“无声小狗”还面临着转变目标市场和销售渠道的困难。原来的马皮鞋因为结实、抗酸，主要卖给农民，而“无声小狗”则强调舒适，消费对象主要是城市和郊区农民。

针对以上两大难题，公司首先加强了广告宣传，广告主要刊登在35个城市的《本周》杂志上。并通知销售经理，6周内在35个城市建立600个新零售点，公司拿出销售额的17%作为广告预算。其次，加大人员推销的力度，所有推销员忘我的工作，销路终于打开了。

（3）成长期的促销策略

1959年，该公司进一步扩大了广告宣传，利用《旅行》和《家庭周刊》杂志做广告，继续增加广告投入，广告预算占销售额的7%，是过去制鞋业的4倍。与此同时，不断开发新款式男便鞋，1961年，“无声小狗”在美国成为名牌。由于这时产品供不应求，费林公司将价格由原来的7.95美元调整到9.95美元，同时确定了重点经销商，并继续发展新款式，到1962年，品种已发展到满足女性和5岁以上的儿童需要的各式便鞋。销售量猛增，产品仍然供不应求。

（4）成熟期的促销策略

1963年，销售额增长率趋缓，产品开始进入成熟期。公司和广告商开始详细调查消费者购买“无声小狗”的资料。调查发现，61%的成年人知晓该产品，但只有10%的成年人购买过一双，买主平均收入和文化水平都较高。于是，公司采取了以下策略：首先，继续扩大广告范围。从1964年起采用电视做广告，选择“今日”和“今夜”两个黄金时间，还增加了13种杂志广告。其次，加强“无声小狗”特点的宣传，1965年打出了“穿上“无声小狗”便鞋，使人行道变得更柔软”的口号。再次，继续拓展销售渠道，发展新的零售点，主要是鞋店和百货公司，一些竞争对手也成为费林的最大买主，“无声小狗”通过他们的零售店出售产品。

这一时期，由于成本提高，价格也增加到了11.95美元，但由于鞋子质量好，相对对手成本低，总销售量仍然上升，利润在1965年达到了最高峰。

（5）销售量剧减时期的促销策略

从1966年开始，“无声小狗”便鞋的总销量出现了急剧下降的势头，1966年比1965年下降了12个百分点，利润率也下降了21%，到了1968年，形势更加严峻。除了竞争更加激烈、原料成本上涨的因素外，更主要的是消费者很少重复购买，原因是穿过一段时间后的顾客不像刚买鞋的新顾客那样喜欢穿，同时，鞋子质量好，不易穿坏，也影响再购买。公司对男鞋做的调查表明，购买“无声小狗”的60%的人认为舒服，47%的不购买者认为款式不够好。随后对女鞋的调查也是如此。

该公司的经理们伤透了脑筋，他们仍认为“无声小狗”的特点应该是舒适，从以前的促销经验中，他们对是否有能力重新唤起人们的购买热潮仍有信心，但采用什么样的广告形式还得考虑，有一点是肯定的，那就是产品的款式一定要更新了。

产品都有自己的生命周期，企业要针对产品生命周期各阶段的特点进行营销活动。主要把握以下几点：一是要缩短产品的导入期，促使消费者尽快接受自己的产品；二是要尽可能地保持和延长产品的增长阶段；三是要努力延缓产品的衰退阶段。

思考：

（1）“无声小狗”是如何划分其生命周期的各个阶段的？

（2）你认为“无声小狗”对生命周期各个阶段所采取的促销策略有什么可取之处？

（3）你认为应该采取什么样的营销组合策略延缓“无声小狗”便鞋的衰退期？“无声小狗”能焕发往日的生机吗？

（4）你能举出一种具有完整生命周期阶段的中国产品吗，并将其作对比分析。

2．上海冠生园的前身是上海一家著名的糖果厂——ABC 糖果厂，新中国成立前深谙经营之道的老板冯伯镛引用风靡上海滩的“米老鼠”卡通片给其奶糖命名为“ABC 米老鼠”，一时间“ABC 米老鼠”成为国内最畅销的奶糖。而此时“ABC 米老鼠”的“亲生之父”沃特·迪斯尼还未开始利用他所创造的这一卡通形象做生意。

新中国成立，“ABC 糖果厂”进行了公司合营与改造，更名为“爱民糖果厂”，之后又并入了上海冠生园，其主要产品还是“米老鼠奶糖”。在 20 世纪 50 年代国内进行“除四害”运动时，冠生园担心“米老鼠”的形象会招致非议，请上海美术设计公司设计了另一种卡通形象——大白兔。1959 年开始出口，深得国内外的好评，1992 年被评为中国 14 大驰名商标之一，是其中唯一的食品类品牌。国内外不少厂家假冒“大白兔”和“米老鼠”，没有引起冠生园的足够重视。1985 年当公司准备注册商标时，才得知“米老鼠奶糖”商标已被自己的徒弟——广州一家只会生产硬糖的曾经在 1983 年向自己取经的糖果厂抢注，同年这个商标又被沃特·迪斯尼以 4 万美元购买。幸好国家工商行政管理部门给获得国家优质产品奖的“大白兔”保留了商标注册权，冠生园才不至于倾家荡产。而此时国内有 17 个省市在假冒生产，泰国和菲律宾出现了跨国假冒。

针对以上情况，冠生园开始苦苦钻研商标技术，把大白兔商标建成了一个“家族商标群”，围绕主商标的近似商标有，大灰兔、大黑兔、大花兔、小白兔、金兔和银兔等，同时把“大白兔奶糖”的整个包装分为 8 种商标注册，使一张糖纸和包装袋的任何部位都具有法律保护。从长远利益出发，冠生园将“大白兔”商标在与企业发展有关的所有领域进行超前注册，现在，不仅在食品、服装、家具、自行车等行业，就连餐饮、通信、银行和保险等服务性行业，“大白兔”商标都拥有了一席之地。今天，冠生园已在工业知识产权“马德里协定”的 20 多个成员国和另外 70 多个国家和地区拿到了“大白兔”的注册证。

“大白兔”在其 40 多年的发展过程中，培养了一大批忠诚的消费者，这是十分珍贵的品牌资产，但这部分忠诚者主要集中在 30 岁以上的成年人，他们对糖果的消费随着年龄的增长越来越少了，取而代之的是新一代青少年。“大白兔”迫切需要在新一代的消费者中培养起忠诚度，又不能忽略老一代消费者的感受，这就要求建立起“大白兔”的品牌文化。“大白兔”就此作了一些努力，如在市场调查的基础上改进配方，奶糖的鲜奶含量增加 10%以上，奶香更浓郁；香精、色素全无；仅有的甜度基本上来源于对人体有益的低聚麦芽糖；

弹性更足，不粘牙；包装上，改为站立式包装，采用不易褶皱的高档材料，突显精品感觉；增加口味，大白兔拥有三个品种：鲜奶牛奶糖、鲜奶太妃糖和鲜奶话梅糖。

思考：

（1）如何理解市场营销中的整体产品概念？

（2）生产企业尤其是名牌产品生产企业应该如何保护自己的品牌？

（3）如果冠生园真的将其业务扩展到注册的众多领域，你认为有何利弊？

（4）如果你是冠生园的决策人，你怎样使“大白兔”这个往日的名牌真正走进青少年朋友的生活，进一步形成“大白兔文化”？

第5章 价格策略

教学目的及要求

- ✧ 了解影响商品价格的主要因素。
- ✧ 掌握企业制定价格的基本方法。
- ✧ 理解并灵活运用企业常用的价格策略。

“定价是极其重要的，整个市场营销的聚焦点就在于定价决策。”学者雷曼德·考利（Raymond·Corey）在20世纪60年代早期，于哈佛商学院写下了这句话。但遗憾的是，当时很少有企业家把他的话放在心上，美国的许多著名大公司在定价上都犯过错误。例如，领导消费电子产品创新潮流的菲利普公司，在信用卡市场上独占鳌头的花旗银行，以及几家统治美国航空业市场的航空公司就是如此。虽然它们为消费者创造了巨大价值，但是却往往不如同行业一些小公司那样具有可观的盈利性。原因就在于它们未能将创造价值的活动与定价决策有机地结合起来。20世纪80年代以后，企业家的观点有了根本的改变，据《商业周刊》调查发现，美国企业高层营销主管普遍认为，定价是他们必须倾注很多精力去解决的关键性问题。90年代，定价已成为企业营销战略中的主要组成部分。

自20世纪90年代开始，我国市场营销经历了最为激烈的市场价格竞争，从彩电、微波炉、电冰箱、空调、汽车等制造业到电信、零售等服务业，价格战的烈火一再燃烧，有的企业因此一跃成为行业领先者，有的企业却破产被收购，正可谓“成也价格，败也价格”，价格之重要，之难以琢磨，之魅力无穷，可见一斑。

在市场营销中，定价是一项科学、技术和艺术相结合的复杂的系统工程，价格既要合理，为消费者所接受，又要能使企业赢利，还要在竞争中占有优势。从企业实践看，对定价方略的巧妙运用，给企业带来的已不仅仅是销售额和利润，而是远远超出了价格本身的含义，成为关系到企业兴衰成败、生死攸关的问题。

在营销组合中，价格是唯一能够为企业创造收益的因素，而其他因素均表现为成本和费用，因此，合理的定价不仅可使企业顺利收回投资，达到盈利目标，而且能为企业的其他活动提供必要的资金支持。同时，价格是重要的竞争手段之一，因为它是营销组合中最活跃的因素，产品的市场价格可以随时变化，而产品特色、企业渠道设计等营销因素则相对稳定。所以，能在适当的时机，以适当的幅度调整价格的企业必然占有竞争优势。研究制定商品价格方法和灵活运用价格策略是营销人员面临的主要问题。

5.1 影响定价的因素

在市场经济条件下，企业作为独立的生产者和经营者，可以自主地制定价格，因此，价格是营销组合的可控变量之一。但是，这种自由定价并不是随心所欲、不受任何限制的。价格的制定要受一系列内部因素和外部因素的影响和制约，其中，内部因素包括企业的定价目标、营销组合、生产成本等，外部因素包括市场特性、需求特点、竞争者特点、消费者心理特点和宏观环境特点等。

5.1.1 企业的定价目标

定价目标是指产品的价格实现后企业应达到的目的。企业的定价目标要符合战略总目标，在企业战略总目标制约下形成，价格策略只是实现企业战略目标的手段之一。如企业的战略目标是“在青年学生市场上取得领导者地位”，为此，规定的具体经营目标是：“未来两年中在该细分市场的占有率达到60%，销售额达一亿元，利润额为3000万元。”则该企业定价目标必然是扩大在学生中的销售额， 企业的策略可能是在学生中实行价格折扣。

任何企业为实现战略目标，都要制定具体的经营目标，如利润额、销售额、市场占有率等，这些都对企业定价具有重要影响，企业每一可能的价格对其利润、收入、市场占有率均有不同含义。

不同企业的定价目标不同，同一企业在不同的营销阶段定价目标也可能不同。常见的定价目标有以下几种。

1. 以获取利润为定价目标

利润是企业生存和发展的保证，是企业从事经营的直接动力和最终目的，许多企业都以获取利润作为定价目标。但是，由于企业的营销战略有差异，在追求利润的具体目标上也存在差异。

（1）以当期利润最大化为定价目标。为实现该目标，企业产品定价相对较高。选择该目标的企业要具备的前提条件是：产品供不应求；生产技术和产品质量在市场上处于领先地位，同行业中竞争对手力量较弱。如果不具备以上两个条件，盲目制定高价，不仅不能获得高利润，反而会影响产品销量，可能得不偿失。

（2）以获得合理投资报酬率为定价目标。合理的投资报酬率建立在社会平均成本和平均利润的基础上。企业产品投产之前就要计算投资报酬率，确定达到某一报酬水平后才能投产。产品的价格就由企业成本加投资报酬率决定，一般价格适中。该目标通常是具有一定优越条件的大型企业追求的定价目标。

2. 以扩大销售量，提高市场占有率为目标

价格往往影响销售量，一般的规律是价格低则销售量高，因此追求扩大销售量，提高市场占有率，应该制定较低价格，通过低价吸引消费者，吓退竞争者。

但是不同商品的价格高低对其销售量的影响力是不同的，有的商品人们对其价格较敏感，价格低，人们将会增加较多的购买，如化妆品、时装、非生活必需品等；另一些商品价格降低，却不会吸引更多的购买者，如大米、食盐、医药等。所以使用低价策略，必须认真研究产品的需求价格弹性和顾客心理。

3. 以竞争为定价目标

竞争是企业营销活动中不可避免的要素，但是不同行业的竞争态势不同，因此，企业定价时面临的竞争问题也不同。

（1）以稳定价格，避免竞争为目标。在某些行业中往往有少数的几家企业垄断市场，为避免竞争，稳固地占领市场，保持长期经营活力，这些大企业常将价格稳定在一定水平上，小企业为维持自身利益，也愿意追随大企业的价格，一般不轻易变动价格，否则，将遭到大企业的打击。

（2）以应对竞争为目的。这是竞争性强的企业采取的目标，在定价前先研究竞争对手的同类产品，比较质量和价格，然后从争取有利的竞争地位出发，制定高于或低于对手的价格。

4. 以维护企业形象为定价目标

每个企业都有自己的形象或定位，可能是物美价廉，或是优质高价，这种形象是企业长期经营积累的结果，是企业的宝贵财富和无形资产，因此定价时必须考虑这种形象和定位，从全局的长远的利益出发，配合营销组合的整体思路，以获取长期的、稳定的利润收入。如劳斯莱斯汽车，名牌中的名牌，许多部件是手工制作，精益求精，价格昂贵，高出其他普通汽车价格几十倍，实行订货制，其售卖权在公司。企业接到订单，首先要对顾客资格审查，然后决定销售三个系列中的哪一款，颜色越深越高级，代表顾客地位越高。其高昂的定价正是为维护产品高贵形象。

5. 以企业生存为定价目标

当企业经营陷入困境，面临大量商品积压，资金周转不灵，为了避免破产，保持正常经营，不得不使用该定价目标，通常价格较低，甚至低于成本。较低的价格可以销售产品，获得资金，为企业争取转机提供保障。但是，这种生存目标只能是过渡性质的，最终会被其他定价目标取代。

5.1.2 产品成本

任何企业都不能随心所欲地制定价格，某种产品的最高价格取决于市场需求，最低价格取决于这种产品的成本费用。成本是企业定价的最低经济界限。从长期看，价格只有高于成本，才能以销售收入抵偿生产成本和经营费用，否则就无法持续经营。因此，成本因素是定价策略中重要的影响因素，许多企业试图创造成本优势，只有具备成本优势，才能具有价格优势，从而在市场上获得较大的销售量和较大的利润额。

生产成本包括固定成本和变动成本，其中固定成本是指，总额不随产量变动而变动的成本。如厂房、机器设备、管理人员的工资等。但是，单位产品的固定成本随产量增加而降低；变动成本是指总额随着产量增加而增加的成本，如直接人工费、直接材料费用等。只要生产技术条件不变，单位产品的变动成本是不变的。由以上分析可见，单位产品的成本是随生产量或销量变化的函数，即在一定范围内，企业产销量增加，单位产品的成本呈下降的趋势。此外，成本还是经验的函数，随着工人生产技术的熟练程度的提高，随着管理人员的管理水平的提高，成本有降低的可能性。

价格、成本和销量三者之间有密切关系，制定价格时应注意研究三者的联动性。企业在定价时还要注意单位商品的变动成本，在任何情况下，价格也不应低于产品的变动成本。

5.1.3 市场需求

市场需求对企业定价有着重要影响，而需求量又受价格变动的影响，一般表现为价格提高，需求量降低，相反价格降低则需求量升高，这是供求规律作用的结果。产品的价格变动对需求量的影响程度称为需求价格弹性，其公式如下：

需求价格弹性系数＝需求量变动的百分比/价格变动的百分比

该公式表示：假如产品价格变动 1%，将会引起该产品需求量变动的百分比。不同产品的需求价格弹性不同，因此，制定价格时要考虑具体产品的需求弹性大小。产品的需求弹性通常用弹性系数表示，常见情况有以下几种。

（1）需求缺乏弹性，即弹性系数＜1（如图 5-1 所示）。它表示当价格有较大变动，需求量变动不大，这样的商品适合制定较高价格。如一些生活必需品制定相对较高价格，而需求量并不下降或下降有限，这样定价对企业有利。

（2）需求富有弹性，即弹性系数＞1（如图 5-2 所示）。它表示价格较小幅度的变化将会引起需求较大幅度的变化，这样的商品适合制定较低价格，通过低价扩大销量，获得利润。如，很多非日常用品，价格下降一些，销量将会极大提高，我国汽车价格降低引发的需求热潮就是最好的例证。

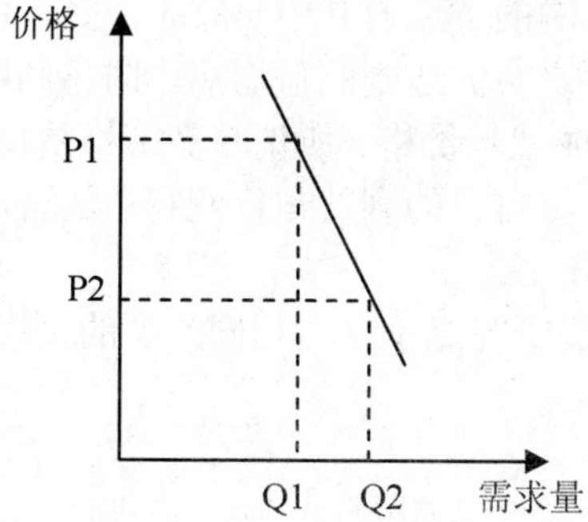

图 5-1 缺乏弹性的需求

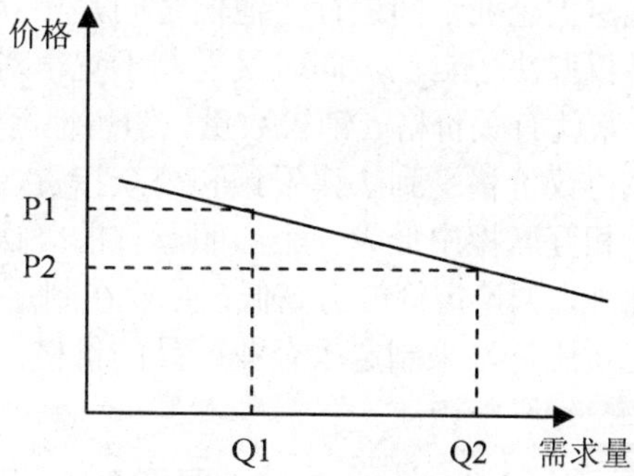

图 5-2 富有弹性的需求

5.1.4 竞争状况

各行业不同的竞争状况影响到企业的定价能力。

（1）在完全竞争状态下，价格由供求关系决定，企业没有定价权，只是价格接受者，必须维持流行水准价格。

（2）完全垄断状态下，一个行业只有一家企业，没有替代品，可以在法律允许的范围内制定一个较高的价格。

（3）在垄断竞争状态下，行业特点是既有垄断又有竞争，因为该行业的产品满足人们同一种需求且产品形式相同，因此彼此竞争，但是产品之间存在差别，各有特色，导致了部分垄断的可能性，企业就可以根据人们对产品差异性的偏好程度制定价格。值得注意的是，所谓的“产品差异”既指实质性的不同，(如美菱冰箱强调保鲜性能，新飞冰箱强调节能方面)，又指顾客心理上感觉之不同，如通过品牌形象、产品定位使顾客产生差异化的感觉，如香烟、啤酒、饮料等。人们对产品之间的差别感受越强烈，则价格的变动对购买者的影响越小，企业控制价格的能力越强，换言之，顾客越偏爱某种产品特色，愿意支付的价格越高。

因此，在这种竞争环境下，企业短期内可以控制价格，定价的高度以顾客愿意为差异化支付的代价为限。但是从长期来看，价格仍然取决于供求关系，因为产品之间有替代关系，而且某种特色很容易模仿，使原有企业失去优势。如在冰箱的保鲜性能上，新飞冰箱近年推出一款“3F”冰箱，分为三个温度区域，特设三个保鲜室：冷藏室、微冻室、冷冻室，分别独立精确控温，“为不同的食物量身定造保鲜温度，让食物找到属于自己的新鲜”。而其竞争者——美菱冰箱，在2005年4月发布新闻称“美菱冰箱以节能技术撬开美国市场大门”。因此，企业为了保持对价格的控制权，必须不断推出有特色的新产品。各国的制造业市场多数属于垄断竞争市场。

（4）在寡头垄断状态下，几家大企业生产和销售了整个行业的大部分产品。由于竞争只在几家大企业之间进行，他们之间是相互依存、相互影响的关系，其中一家企业效益的好坏不仅取决于自己，同时又受制于竞争对手的反应。各寡头为达到利益均沾，防止两败俱伤，常就有关价格、销售数量、销售地区达成默契，形成默契价格。所谓默契价格是指，为避免协议价格受到法律干预和公众指责，每个寡头企业将自己的利益与行业利益结合起来，在相互摩擦中形成一个心照不宣的公认的市场价格。

此外，无论定价能力高低，企业在制定价格时，总是要研究竞争者的相同产品的价格，通过比质比价，来制定本企业产品的价格。

案例 5.1 巴厘克的价格奇遇

巴厘克是印度尼西亚久负盛名的服装，深受印尼及东南亚妇女的喜爱。随着社会的发展，人们对服饰的时代感要求也在增强，一位印尼青年企业家适应了消费者这一要求，将巴厘克的传统图案革新设计成现代图案，使巴厘克集精美、新潮于一身，化娟秀与华丽为一体，备受印度尼西亚和东南亚妇女的青睐。

一位日本人见到更新后的巴厘克赞叹不已，告诉这位年轻的企业家，如此迷人的服装在日本市场上一定有销路，而且必定畅销，建议他到日本去销售这种服装。

年轻的企业家经过精心准备，带着巴厘克及模特来到日本，举办了一场十分壮观的服装展销。许多社会名流和贵妇应邀光临，但遗憾的是，当展销结束时并没有多少人购买巴厘克，这令人大为不解。年轻的企业家请来专家咨询，原来问题出在价格上：定价太低。这种高雅的服装，其消费者皆为社会名流，上层社会的妇女不会购买如此低价的服装，因为买便宜货穿在身上，她们会感到脸上无光，并遭人讥笑。

听罢专家的诊断，年轻的企业家恍然大悟，回国后，再次改进设计，使巴厘克更加光彩照人。次年，当他第二次率领时装模特来到日本举行巴厘克时装展销时，巴厘克的定价比上次高出 3 倍，果然，这一价格使他带去的巴厘克很快被抢购一空。

5.1.5 消费者对产品价格和价值的理解

最终评判产品价格是否合理的是消费者，因此，企业在定价时必须考虑消费者对价格的理解，以及这种理解对购买决策的影响。换言之，定价也需要像其他营销组合决策一样，以消费者为中心。消费者在选购时，总是要将价格同产品价值相比较，因此，了解消费者对产品价值的理解很重要。如果消费者认为产品价格高于其实际价值，就不会购买，企业定价时应当做到“物有所值”。

相反，有些产品标价太低却无法引起人们的购买兴趣，如奢侈品和炫耀性商品，人们借助这些商品表明自己的身份、地位，因此，过低的标价反而阻止了他们的购买。

5.1.6　法律限制

企业制定价格要受到国家有关法律的限制，各个国家都制定了一些有关物价的政策法规，如我国的《价格法》规定，凡属于政府定价的商品都明确规定了具体价格，属于政府指导价的商品，规定了基准价和浮动幅度，属于市场价格范围的商品由企业自行定价。

5.2　企业制定价格的主要方法

定价方法是企业为实现定价目标所采用的具体计算价格的方法。如上所述，企业所定的价格，不能低于成本而没有利润，也不能高于顾客对产品价值的理解而无人问津，在产品成本和顾客对价值的理解之间，企业还要考虑竞争者的价格和其他内外因素，并根据不同情况采取适当的定价方法，选择一个最合适的价格。

鉴于产品价格受成本、市场需求和竞争状况三个因素影响最大，企业选择定价方法时各有侧重，形成了三类定价方法：重点考虑成本的成本导向定价方法、重点考虑需求的需求导向定价方法、重点考虑竞争的竞争导向定价方法。

5.2.1　成本导向定价方法

成本导向定价法，是指企业在制定价格时主要考虑收回投资（成本），并获得一定利润的定价方法。这里介绍两种具体方法。

1. 成本加成定价法

企业用产品平均单位成本加上若干百分比利润率（即成数）制定价格的方法。 其定价公式为：

单位产品销售价格＝单位产品总成本×（1＋成本毛利率）①

＝单位产品总成本／（1－销售毛利率）②

① 称为顺加法，毛利率用进货成本来衡量：成本毛利率＝毛利／进货成本

② 称为倒扣法，毛利率用销售价格来衡量：销售毛利率＝毛利／销售价

例 1：某商店购进某品牌石英表，进价为 120 元／只，该商店按照成本加成率 50%计算销售价格，则每只手表销售价格为 120×（ 1 ＋50%）＝180（元）。

例 2：上述手表，如果商店按照销售毛利率 50%计算销售价格，则每只手表的销售价格为：120÷（1－50%）＝240（元）。

成本加成定价法是商业企业常用作价方法，因为商业企业销售产品种类繁多，进货批次频繁，且同一种商品可能每次的进货价格都不相同，这样确定价格的工作非常繁重，为

提高工作效率，常用确定毛利率的方法来制定价格。在商业企业中，商品的毛利包括：运输费、装卸搬运费、包装费、利息、损耗、管理费、税金、纯利润等，在一定时期内上述各项费用（除运费外）基本不变，因此，企业可以通过定期测算各类商品的费用和预期利润来确定每类商品的毛利率。以后，每批次进货价格加上这个毛利率就能方便的计算出该商品的销售价格。

此外，成本加成定价法之所以颇受企业界欢迎，还有以下原因。

① 成本的不确定性一般比需求小，将价格盯住单位成本，可以大大简化企业定价程序，而不必根据需求情况的瞬息万变做出调整。

② 只要行业中所有企业都采取这种定价方法，则价格在成本与利润率相似的情况下也大致相同，价格竞争会因此减至最低限度。

③ 许多人感到成本加成法对买方和卖方讲都比较公平，当买方需求强烈时，卖方不利用这一有利条件谋取额外利益仍能获得公平的投资报酬。

但是，运用成本加成定价法并非一定能定出最佳价格，因为它忽视了市场需求和竞争，因此可能会丧失市场机会。

决定目标价格的量本利分析如图 5-3 所示。

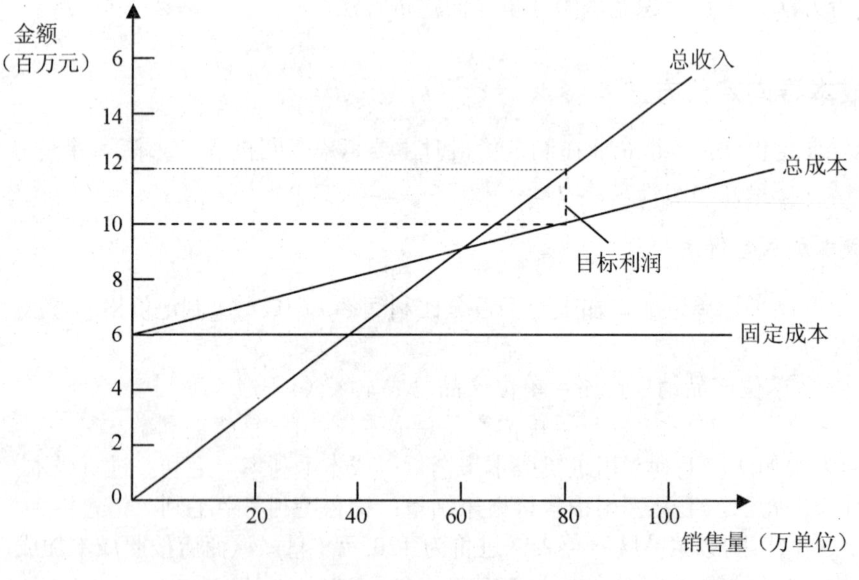

图 5-3　决定目标价格的量本利分析图

2. 目标利润定价法

目标利润定价法是企业根据产品生产总成本和预计的总销售量，加上预期利润计算出销售价格的作价方法。

其公式为：

销售价格＝（总成本＋预期利润）÷产（销）量

＝（固定成本＋预期利润）÷产（销）量＋单位变动成本

例：某企业生产能力为 100 万件，明年预计的销售量是生产能力的 80%，预计总成本为 1000 万元，其中固定成本 600 万元，单位可变成本 5 元，该企业计划明年获得 200 万元的利润，请问明年商品定价是多少才能实现计划利润？

分析：因预计明年的销售量是生产能力的 80%，企业只应生产 100 万件×80%＝80 万件产品，而不应足量开工。

解法 1：销售价格＝（1000 万元＋200 万元）÷80 万件＝15（元）

解法 2：销售价格＝（600 万元＋200 万元）÷80 万件＋5 元＝15（元）

解法 3：利用销售量、成本、利润分析图，总收入线的斜率即为产品价格

目标利润定价法是工业企业常用的作价方法，特别是应用数量、成本、利润分析图，可以清晰看到企业在不同的产量状态下的收益和利润情况。

但是，目标利润法的缺陷是先假设销售量是一定的，然后再考虑价格，没有考虑到价格对销售量的影响，而实际情况往往是价格变化将导致销售量发生变化，这样就可能出现达不到预计销量，实现不了预期目标收益的情况。因此，它只适用于某些受价格影响较小的产业用品价格的计算。

5.2.2　需求导向定价法

企业定价时重点考虑消费者对产品的价值判断，而不是自己的成本费用，因为消费者在购买时，总是在同类商品之间进行比较，选择那些既能满足其需要，又符合其支付标准的商品，他们对企业的成本费用不感兴趣。因此，需求导向定价法更符合客观现实，是从顾客的角度考虑问题的现代营销观念在定价领域中的应用。这一类定价方法主要是认知价值定价法（理解价值定价法）和拍卖定价法。

1. 认知价值定价法

所谓认知价值定价法，是指企业根据购买者对产品价值的认知（“值多少钱”）来制定价格的方法。产品价值是指顾客拥有产品或使用产品所获得的利益。例如，在现代市场上，名牌商品特别是世界知名品牌的商品，与普通大路货的价格相差悬殊，往往高出数倍甚至十余倍，这样大的差价，主要不是来自成本和质量的差别，而是根据消费者所认同的价值来确定的。

认知价值定价有两个关键。

（1）对顾客的认知价值做出正确的估计和判断。企业如果过高地估计认知价值，便会定出偏高的价格，失去顾客；如果过低地估计认知价值，则会定出偏低的价格，损失利润。

为准确把握市场认知价值，必须进行市场营销调研。

（2）由于顾客对产品价值的理解带有一定的主观性，因此企业应采用各种非价格营销手段对顾客的认知价值做出有效引导。如利用产品形象、促销活动和网点选择等，对顾客施加影响，使他们形成对企业有利的“认知价值”。

案例 5.2 美国拖拉机的认知价值定价

美国某企业生产的农用拖拉机比竞争对手同种型号价格要高出 4 000 美元，但仍然很畅销，他们在宣传产品时，直接指出产品的优势：

本企业产品质量与竞争对手相同，因此定价 20 000 美元

本产品耐用性更高	加 2 000 美元
本产品性能更可靠	加 2 000 美元
本产品维修服务措施更周到	加 2 000 美元
本产品长期提供零配件	加 2 000 美元
为消费者提供折扣	减价 4 000 美元
因此该产品价格应为	24 000 美元

如此计算加深消费者对产品性能的理解，使之愿意多付 4 000 元购买。

不同的细分市场的顾客对同一产品价值的认知是有很大差别的。比如，计算器第一次在商业上发展起来就形成了 3 个不同的细分市场：第一个细分市场是工程师和科学家市场，他们在工作中遇到大量复杂的计算，计算器给他们带来极大的方便和很高的准确性，因而他们给予计算器很高评价；第二个细分市场是会计和银行家市场，他们日常工作中经常遇到计算问题，计算器提高了其工作效率，尽管他们对计算器的评价不像工程师和科学家那么高，但对计算器的评价也不错；第三个细分市场是公众市场，这是人数最多的细分市场，但是公众对计算器的评价要低得多。由于不同的顾客群对计算器价值的认知不同，根据认知价值定价理论，企业应该根据对不同的顾客群对计算器价值的评价制定不同的价格。企业如果把目标市场定于工程师和科学家，价格可以定高一些，如果把目标市场定于会计和银行家，价格要定低一些，如果定位于公众，则价格还要低一些。

2. 拍卖定价法

拍卖定价法一般用于文物、古董、旧货等物品，因为这些物品的成本与价值都难以确定。在拍卖时，顾客根据自己对被拍卖物品的价值判断、爱好和需求程度报出自己愿付出的价格，大家相互竞争，价格可能越抬越高，到最后无人愿意再提高价格时，该物品即按已报出的最高价格卖出。

5.2.3 以竞争为依据的定价方法

竞争导向定价法是主要依据竞争者的价格来定价，或与主要竞争者价格相同，或高于、低于竞争者的价格，这要视产品和需求情况而定。这类定价方法主要有以下几种。

1. 随行就市定价法

所谓随行就市定价法，是指企业按照行业的平均现行价格水平来定价，也称为流行水准定价法。在下述情况下往往采取这种定价方法：该行业难以估算成本；企业打算与同行和平共处；如果企业另行定价，很难了解购买者和竞争者对本企业价格的反应。

不论市场结构是完全竞争的市场，还是寡头垄断的市场，随行就市定价都是同质产品市场的惯用定价方法。在完全竞争的市场上，销售同类产品的诸多企业在定价时实际上没有多少选择余地，只能按照行业的现行价格来定价。个别企业如果把价格定得高于时价，产品就卖不出去；反之，如果把价格定得低于时价，也会遭到削价竞销。在寡头垄断市场上，各寡头企业也倾向于执行行业现行价格；在行业中有一个绝对领先者时，其他中小企业往往跟随行业领导者的价格定价。

2. 竞争定价法

所谓竞争定价法，是以市场上主要竞争者的价格为定价的基准，同时考虑企业与竞争者之间的产品特色，制定具有竞争力的产品价格。

在异质产品市场上，企业定价有较大的自由度，因为产品差异化使购买者对价格差异的存在不甚敏感。企业相对于竞争者要确定自己的适当位置，或充当高价企业角色、或充当中价企业角色、或充当低价企业角色。总之，竞争导向下的价格，会随着竞争者的价格变动而不断调整，旨在保持企业的竞争力。竞争定价法并非对企业本身的成本及市场需求量完全不重视，而是在成本与需求量上尽量与价格竞争目标相配合，力求成本能支持价格竞争及销售目标，其产品策略及市场营销方案也尽量与之相适应，以应付竞争者的价格竞争。

3. 密封投标定价法

所谓密封投标定价法，是指买方引导卖方通过竞争确定成交价格的一种方法。买方公开招标，卖方密封投标参与定价。这种价格是供货企业根据对竞争者（其他投标人）报价的估计制定的，而不是按照供货企业自己的成本费用或市场需求来制定的。供货企业的目的在于赢得合同，所以它的报价应低于竞争对手的报价。

在投标定价中，企业面临着矛盾：如果报价定得过低，虽然能够中标，但是将没有利润或利润很低，导致经营状况恶化；如果企业报价远远高出成本，虽然潜在利润增加了，但却减少了取得合同的机会。为了平衡中标可能性与利润之间的矛盾，较好的方法是通过计算期望利润值来决定报价。所谓期望利润，是指企业某一投标价格所能取得的利润与估计中标概率的乘积。期望利润值最大的投标价格即是企业最佳投标价格。 如表 5-1 所示，某企业计算了在三种投标价格下的期望利润值，其中第二种报价的期望利润值为 216，此时的报价 10 000 为最佳报价。

表 5-1　投标报价时的期望利润

企业报价	预计利润	估计中标概率	期望利润
9 500	100	81%	81
10 000	600	36%	216
10 500	1 100	9%	99
11 000	1 600	1%	16

企业在确定最后价格时还须考虑更多的因素。如定价政策、法律、法规；分销商的意见、销售人员的意见；竞争对手可能的反应等。

5.3　企业定价策略

定价策略是企业为实现定价目标，在特定的经营环境下，采取的定价方针和价格竞争方式。在市场竞争中，企业要善于根据市场环境和内部条件，正确选择定价策略，以确定产品的最终价格。本节讨论常见的定价策略。

5.3.1　新产品定价策略

新产品定价难度较大，因为没有可供参考的销售资料，无法确切了解顾客对产品价值的判断，如果定得过高，不被顾客认可，新产品难以推广；如果定得过低，则难以收回前期投资，影响企业收益。常见的新产品定价方法有以下三种。

1. 撇脂定价策略

新产品进入市场时，企业有意将产品价格定得相对较高，以便在最短的时间里攫取最大的利润，尽快收回投资，该做法犹如从鲜奶中撇取奶油，因此，被形象地称为撇脂定价策略。这种定价策略常被很多以利润最大化为定价目标的企业所应用，如杜邦公司就是撇脂定价策略的实践者，对他们发明的新产品：赛璐玢、尼龙等，往往制定一个估计能被市场接受的最高价格；目前手机行业普遍采用撇脂定价策略，以高价格推出每一种新机型，半年后依次降低价格销售。

案例 5.3　宝丽来公司的价格策略

宝丽来公司在推出即刻成像的相机（立拍得）时，如果按照一般原则来定价，其相机的价格应该等于普通相机价格加上冲洗胶卷的费用，这样定价能够占领大部分市场份额。但是，宝丽来公司认识到有一些用户对能够立即看到照片评价极高，他们愿意支付高于普通相机加上冲洗费用一倍以上的价格购买宝丽来的立拍得像机，于是将产品价格定得很高，达89.75美元，这种高价策略在专利技术的保护下，持续了近20年。

除有专利保护的新商品外，其他的保护形式还包括优质名牌商品的声誉、良好的企业形象、稀缺资源的使用权等，这些保护形式使竞争者很难进入市场。

从市场营销实践看，在以下条件下企业可以采取撇脂定价策略：

（1）市场有足够的购买者，他们的需求缺乏弹性，对价格不敏感；

（2）产品新颖有特色，而且顾客特别看重产品的差异；

（3）竞争者在短期内不易打入该产品市场。

撇脂定价策略的优点是：新产品初上市，奇货可居，可抓紧时机迅速收回投资，再用以开发其他新产品；价格开始时定得高一些，有较大回旋余地，可使企业掌握价格上的主动权，根据市场需求随时调价；可以借助价格提高产品身价，树立高档产品形象。其缺点是：过高的定价限制了市场开拓。

阶段性撇脂定价策略是撇脂定价策略的变形，是指从一个较高的价格开始，首先吸引对价格最不敏感的购买者，当这个市场逐渐缩小直至消失，为了维持销量，公司将价格降低到一定水平，向下一个最赚钱的细分市场销售产品。公司将这个过程进行下去，直到试尽了所有撇脂的机会。阶段性撇脂定价策略可使企业在相当长的时间内保持较高利润，适用于耐用品和一次性购买的商品，如照相机、手机、演出票价等。

2. 渗透定价策略

所谓渗透定价法，是指企业为投入市场的新产品制定一个相对较低的价格，吸引大量顾客，迅速打开和扩大市场，提高市场占有率。这种定价策略常被以扩大销量，提高市场占有率为定价目标的企业采用，著名的德州仪器公司就是渗透定价策略的实践者，该公司总是尽可能低地制定其产品的价格，以便赢得市场份额和公众好感。

从市场营销实践看，企业采取渗透定价需具备以下条件：

（1）市场需求对价格较为敏感，因此，低价会刺激市场需求迅速增长；

（2）企业的生产成本和经营费用会随着生产经营规模的增加而下降；

（3）低价不会引起实际的和潜在的竞争。

渗透定价的优点是：可促使新产品迅速成长，并迅速占领市场，扩大销量，提高市场占有率，进而，大幅度地降低成本，获得成本优势，提高长期利润，打击缺乏这种优势的新的竞争者。其缺点是：利润较低，难以在短期内收回投资。

3. 满意定价策略

当顾客对价格十分敏感，不能采用撇脂定价策略；当竞争者对市场份额十分敏感，不能采用渗透定价策略，此时企业应采用满意价格策略，即制定一个不高也不低的适中价格，使企业既能获得一般利润，又能吸引购买，赢得顾客好感，双方满意。从原则上讲，适中价格也可能是市场上的最高或最低价格，因为，适中价格也是参考产品的认知价值决定的，当大多数潜在购买者认为产品的价值与价格相当时，即使价格很高也属于适中价格。

满意定价策略的优点是：价格较稳定，在正常情况下能实现预期目标。其缺点是定价较保守，不适用于需求复杂多变，竞争激烈的环境。

5.3.2 产品组合定价策略

大多数企业往往经营的是一个产品组合，如汽车公司既销售汽车，又销售各种配件，旅店既出租房屋，又提供餐饮和娱乐等方面的服务，超级市场出售各种各样的商品。因此，某产品只是产品组合中的一部分，它的价格和销售必然会影响产品组合中其他产品的销售，这时，企业应对价格进行调整，研究制定出一个系列价格，使整个产品组合的利润实现最大化。

因为各条产品线、各产品项目在成本、需求和竞争等方面都不相同，所以制定价格有时很困难。但总的原则是，借助产品线之间的相关程度，制定相应的价格相互带动销售，增加总利润。产品组合定价策略涉及每个产品项目怎样定价，密切相关的产品线怎样定价的问题。

1. 产品线定价策略

研究怎样为产品线中各产品项目定价，其关键是确定各产品项目之间的价格差额，企业应综合考虑它们的成本差额，需求差别和竞争对手相同的产品项目的价格情况，制定一个适当的价格差额，多数情况下后两个因素起较大作用，因此，价格差额与成本差额不成比例。产品线定价策略可采取的方法有以下几种。

（1）根据顾客对产品项目的需求强度和偏爱程度定价，将顾客较喜爱的产品项目制定一个较高价格，以赚取利润。如有温控显示灯的电熨斗较其他不具备显示功能的电熨斗，在成本上只高不到1元，但销售价格可以高出20元，因为这个产品项目深受欢迎。

（2）分类或分档次定价。企业可将所有产品项目划分为几类或高中低几个档次，每一类（档次）制定一个价格，既方便省力，又便于消费者选择。例如男士服装店将经营的所有服装分为三个档次，制定三种价格的男士服装：300元、600元和1000元。顾客会从三个价格点上联系到高、中、低三种质量水平的服装，并根据自己的定位来购买，即使这三种价格同时提高，他们仍然会按照自己偏爱的价格点来购买服装。

2. 为密切相关的不同产品线定价的策略

（1）为主要产品和任选品定价。任选品是指与主产品关系密切，又可任意选择的产品。如汽车中的装备，机器设备和操作人员的培训等服务，饭店的饭菜与酒水等。

组合定价：主要产品和任选品合二为一定价，如汽车报价中包括车辆本身和车内的特殊装备等。这种方法的特点是：对买卖双方都较方便，还能用主要产品带动任选品的销售。但是报价较高会吓跑顾客。

分别定价：对主要品和任选品分别定价，如机器的价格不包括培训和服务，汽车的价格不包括各种车内的装备等。这种方法的特点是：报价较低，有吸引力，适应顾客不同要求。

（2）为主要品和连带品定价。连带品是指与主产品关系密切，须一同使用的产品。一般主要品为耐用消费品，连带品是消耗品，定价时常用的方法是主要品定低价，连带品定较高价。如胶卷与照相机、计算机软件和硬件等都是不可分开的连带产品。生产主要产品（计算机和照相机）的制造商经常为产品制定较低的价格，同时对连带产品（软件和胶卷）制定较高的价格。例如，柯达照相机的价格很低，原因是它从销售胶卷上盈利。而那些不生产胶卷的照相机生产商为了获取同样的总利润，不得不对照相机制定高价，从而削弱了自己产品的竞争力。

连带品，在营销学意义上的含义较广，如一起消费让人感到更愉快的产品之间，一起购买让人感到更方便的产品之间都可以看成是连带品。

有时连带品的影响不总是同时发生，有的影响要在很久以后才会体现出来。如音乐会与唱片的连带关系，虽然流行歌星的音乐会门票价格即使很高也会座无虚席，但是如果价格低些，更多的人也能买得起票，这些人听了音乐会以后，很可能会购买公司出的唱片。

有时连带品也不一定卖给同一个人，有些酒吧和舞厅对女士减收服务费或干脆不收服务费，这样做不仅使女士更多光顾这里，而且男士也会光顾。

3. 产品束定价

为了促进销售，有时营销者不是销售单一产品，而是将有连带关系的产品组成一个群体，一并销售，也称为“捆绑定价”。例如，通常商店为到本店购物的顾客提供免费的停车场，饭店准备固定的套餐，交响乐团提供预定的套票，假期旅游公司为顾客提供的一系列活动方案等，这些都是捆绑定价的例子。这一组产品的价格低于单独购买其中所有产品的费用总和。因为顾客可能并不打算购买其中所有的产品，所以这一组合的价格必须有较大的降幅，来推动顾客购买。

同时，为避免顾客产生硬性搭配的反感，运用此策略时应该是选择性的捆绑，顾客也可以单独购买其中的某一种，但是，价格较高。如饭店在有固定的套餐的同时，也可以单独点菜。

5.3.3 折扣、折让策略

折扣、折让策略是指企业为了调动各类中间商和其他用户购买产品的积极性，有条件地降低产品价格，争取顾客，扩大销售的方法。其中，直接折扣的形式有现金折扣、数量折扣、功能折扣和季节折扣等，间接折扣有回扣、津贴等。

（1）现金折扣。这是由于顾客提前付清货款而给予的一种减价优惠。企业之间常是一种信用关系，赊销非常常见，为鼓励顾客提前支付货款而采取该措施。例如，顾客在 30 天必须付清货款，如果 10 天内付清货款，则给予 2%的折扣。企业要注意计算折扣的比例，应小于因提前收回货款而节省的利息。

（2）数量折扣。这是由于顾客大量购买或反复购买产品而给予的一种减价优惠，以鼓励顾客购买更多的货物。在我国通常称为“批量差价”。如钢铁厂常常给予汽车厂比别人更优惠的价格，因为汽车制造商的钢铁用量非常巨大，他们也很容易自己办厂生产钢铁。数量折扣有以下两种做法。

① 非累积数量折扣，也叫订单折扣。对一次购买或订货达到一定数量或金额的买主，给予若干折扣。注意折扣的设计，要小于因顾客一次性购买大量商品而使企业节约的管理费和装卸搬运费等成本。

② 累积数量折扣。规定顾客在一定期限内，购买或订货达到一定数量或金额，按总量大小给予不同折扣。这种做法主要是吸引对价格敏感的顾客反复购买本企业的产品，增加销量。

（3）功能折扣。这种价格折扣又叫贸易折扣，是制造商给某些批发商或零售商的一种额外折扣，促使他们执行更多的市场营销职能，包括运输，储存，广告，接触最终顾客，收集市场信息等，往往渠道成员承担的任务越多，给予的折扣越大。

（4）季节折扣。它也称季节差价。制造商为保持均衡生产、加速资金周转和节省费用，鼓励客户淡季购买而给予的折扣。例如，空调制造商在秋、冬季给零售商以季节折扣，鼓励零售商提前订货；旅馆、航空公司等在淡季营业额下降时给旅客以季节折扣等。

（5）折让。它是不改变售价，另给一定的优惠。例如，一辆自行车标价为 400 元，顾客以旧车折价 50 元购买，只需付给 350 元，称为以旧换新折让。如果经销商同意参加制造商的促销活动，则制造商卖给经销商的货物可以打折扣，称为促销折让。

5.3.4 差别定价策略

差别定价策略是指企业按照两种或两种以上与成本无关的差异价格来销售同一种产品，以适应顾客的不同需要，从而扩大销售，增加收益。常见的有以下 4 种。

（1）不同顾客不同价格。因为不同的顾客对价格的敏感程度不同，因此企业对同一种产品分别制定不同的价格吸引他们。如电影院对学生票与一般成人票定价不同，因为学生没有收入，而且校园活动丰富多彩。理发师对小孩和成人理发收费不同，通常对小孩理发价格低些，否则家长们宁愿自己给孩子理发。

（2）不同花色（款式）不同价格。对不同型号或形式的产品或服务分别制定不同的价格，其价格之间的差额与成本费用之间的差额并不成比例。

（3）不同部位不同价格。企业对于处在不同位置的产品或服务分别制定不同的价格，如剧院对不同座位实行不同价格，前座、包箱收费较高，咖啡店里不同座位收费也可以不同。

案例 5.4　滑雪胜地的票价

在丹佛市附近的滑雪胜地，票价根据购买地点不同而不同，在斜坡的缆车旁购买，价格为 39 美元，因为住在斜坡旅馆的人一般都很富有；在附近的镇子上买价格便宜 10%，因住在那里的是不太富有的旅游者；在丹佛市内的杂货店或加油站购买便宜 20%，因这种票价主要是吸引当地的居民，他们对市场非常了解，通常对价格很敏感。

（4）不同时间不同价格。企业对于不同季节、不同时期甚至不同钟点的产品或服务分别制定不同的价格。如石家庄发往北京的城际快车早晨的票价为 50 元，晚上的票价为 40 元。娱乐场所的票价，早场、中场、晚场都不相同。

企业采取需求差别定价策略必须具备以下条件。

（1）市场是可以细分的，而且各个市场部分须表现出不同的需求程度；

（2）以较低价格购买某种产品的顾客没有可能以较高价格把它倒卖给别人；

（3）竞争者没有可能在企业以较高价格销售产品的市场上以低价竞销；

（4）细分市场和控制市场的成本费用不得超过因实行价格差别所得额外收入，这就是说，不能得不偿失；

（5）价格差别不会引起顾客反感，放弃购买，影响销售；

（6）采取的价格差别形式不能违反法律规定。

5.3.5　心理定价策略

商品价格的高低及表示方法对购买者有很强的心理作用，心理定价策略就是企业在制定价格时，利用消费者的心理因素，采取不同的定价技巧，有意识地将产品价格定得高些或低些，起到扩大销售，增加利润的目的。

（1）参照定价策略。当顾客选购商品时，头脑中常有一个参照价格。参照价格是顾客曾看过或买过，总之留有印象的商品价格，在购买时他会将现有价格与头脑中的参照价格进行比较，得出较贵或较便宜的印象，从而影响其购买决策。企业在定价时可以利用和影响顾客心目中的参照价格。如在陈列时有意识地将某件产品放在价格较高的产品附近，表示这种产品也属于高档之列。某些商品在包装上印上建议零售价，而实际卖价要低于这个建议价。企业还可以采用其他方式影响顾客的参考价格，如启发顾客把本企业产品的价格与竞争者的价格相比较等。

（2）声望定价策略。所谓声望定价，是指企业利用消费者仰慕名牌商品或名店的心理来制定商品的价格，故意把价格定成整数或高价。质量不易鉴别的商品最适宜采用此法定价，因为消费者有崇尚名牌的心理，往往以价格判断质量，认为高价代表高质量。但是注意不能高得离谱，使消费者无法接受。有报道称，在美国市场上手工做的布鞋很受欢迎，但是质量好，价格低的中国货却竞争不过质量相对差、价格却高的韩国货。其原因是在美国人的眼里，低价就意味着质量低。

现代社会，消费高价位的商品是一个人身份、地位、财富、信誉等的象征，如劳力士手表，万事达金卡，劳斯莱斯汽车等著名商品已成为身份的标志，引人注目，因此对于这种炫耀性消费品，也适用声望定价策略。

某些排他性产品也可以采用声望定价策略，通过高价避免与别人分享，并给顾客带来心理上的高度满足感。如高级商店、高级会馆等。

（3）尾数定价（奇数定价）策略。它又称“非整数定价”，指利用消费者数字认知的某种心理，尽可能在价格数字上不进位，保留零头，使消费者产生价格低廉，成本核算认真、准确的印象，从而产生信赖感。这种理论运用到定价中，就应尽量是高位数字较小，而带有较大尾数，如 3.9 元，4.8 元等。

此外，还要注意运用不同民族喜欢的数字，出于文化因素的影响，某些特殊的数字常被赋予特殊的含义，企业在定价时如能巧妙运用，产品会因之得到消费者的偏爱。

尾数定价策略只对快速消费品的购买影响较大，而对需要仔细考虑才能决定购买的产品影响不大，因此，该策略多用于需求弹性较大的中低档商品。

（4）招徕定价策略。它又称促销定价策略或牺牲品定价策略，即零售商店利用部分顾客求廉的心理，特意将某几种商品的价格定得较低，以吸引顾客。商店采用这种方法，可以有效吸引顾客，带动正常价格商品的销售。如某商店随机推出降价商品，每天都有降价商品出售，吸引顾客经常光顾，顾客在采购降价商品的同时，也选购了其他正常价格的商品，这种做法虽然牺牲了某种商品的利润，但是，整个商店的总销售和总利润却增加了。

5.3.6 地区性定价策略

产品销售给不同地理位置的顾客，当运费在价格中所占比例较大时，企业要决定对不同地区的顾客，是分别定价还是制定相同价格，即决定是否制定地区差价，通常有四种做法。

（1）原地交货定价策略。企业按厂价交货，负责将产品送到产地的某种运输工具上。从产地到目的地的费用则由买方负担。即不同地区不同价格。顾客支付的价格等于商品价格加实际运费。

（2）统一交货定价策略。与前述相反，不论卖到何处，支付多少运费，都以一个价格交货，即在全国范围内不论远近，运费平均计算，所以，又叫邮资定价。顾客支付的价格等于商品价格加平均运费。

（3）分区定价策略。介于前两者之间，把位于各地的顾客划分为若干价格区，在价格区内实行运费平均计算，即同一价格区同一交货价格。顾客支付的价格等于商品价格加本地区平均运费。

（4）基点定价策略。企业指定一些城市为基点城市，然后，按出厂价加从最近的基点城市到顾客所在地的运费来定价。顾客支付价格等于商品价格加实际所在地到基点城市的运费。

（5）运费减免定价策略。在企业急于和顾客成交、且交易量较大、交易额较高的情况下，可以考虑用销售成本的节约部分抵偿运费，从而免收运费。这样特别容易加深市场渗透。

5.4　价格变动与企业对策

企业确定了商品价格后，由于宏观环境和市场形式的变化，为了生存和发展，可能要随时调整价格，或主动提价，或主动降价，或对竞争者的变价及时做出适当反应等。

5.4.1　企业主动调整价格

产品降价有两方面的原因：一是出于不利情况，如企业生产能力过剩、市场供大于求、库存积压、竞争激烈、无法改进产品、促销也难以扩大销路等，只有降价求生存；二是出于有利情况，如技术更先进、成本更低，可以削价以提高市场占有率，或出于战略性安排。企业降价时应遵循的五大原则：

（1）淡季时降价比旺季时降价有利；

（2）同一产品降价次数太多会失去市场占有率；

（3）短期内降价不足以阻止新产品进入；

（4）新品牌降价效果比旧品牌要好；

（5）在销量下降时降价效果并不理想。

产品提价也有两方面的原因：一是通货膨胀、物价上涨、成本增加，不得不提价弥补；二是产品供不应求，不能满足所有顾客的需要，而企业此时扩大生产规模有风险或障碍等。

虽然提价会引起消费者、经销商甚至企业推销人员的不满，但是一个成功的提价措施可以使企业的利润大大增加。提价有以下几方面技巧：

（1）有间隔、小幅度地提价，顾客容易接受；

（2）减少同一包装中产品的数量，变相提价而不会引起顾客更多关注；

（3）推出低档次产品项目；

（4）取消折扣、折让，服务等附加产品可另加价；

无论采用哪种提价技巧，都应该与顾客加强沟通，争取理解，同时还要帮助经销商解决一些实际问题。

5.4.2 消费者对企业调整价格的看法

企业对产品的提价或降价，都必然影响购买者、竞争者、经销商和供应商。这里首先要分析购买者对企业变价的反应，因为顾客反应是价格变动成功与否的决定性因素。提价后销量下降太多，削价后销量上升不太明显，便得不偿失。所以，要注意分析需求弹性和顾客感受，即对价格变动的理解与敏感性。

一般来说，消费者能接受一定范围内的价格变动，但是提价幅度如果超过消费者接受的上限，就会引起不满，从而产生抵触情绪，不愿购买企业产品；如果降价幅度低于下限，会使消费者对产品本身产生疑虑，抑制购买行为。此外，消费者能接受的调价幅度受到产品知名度、收入变化、通货膨胀等因素的影响。

由于购买者对变价的理解不同，有时出现始料不及的反映，也需要认真研究。如降价本应吸引更多购买者，增加销售量，但有时对于某些购买者却适得其反，因为他们对降价的理解可能是：将有新产品上市，老产品降价是为了处理库存；产品有缺陷；企业财务发生困难，该产品今后可能停产，零配件将不再提供；可能还会降价，持币待购。

提价本应抑制购买，但有些购买者却认为：提价的商品一定是畅销货，不及时购买将来可能买不到；产品有特殊价值，可能还要涨价，及早多买一些储存起来。特别是在通货膨胀的情况下，抢购商品以求保值，是消费者的自卫行为。

5.4.3 竞争者对企业调整价格的反应

企业在考虑价格变动时，不仅要考虑顾客的反应，也有考虑竞争对手的反应。当某行业中企业数目较少，产品趋于同质，购买者信息灵通时，竞争对手很有可能对企业变价做出反应。

企业可以假设竞争者有两类不同的反应：一类假设是对手以固定方式对价格的变化做出反应，这种反应是可以预测的；另一类假设是竞争对手将每一次价格变动都视为一次新的挑战，并根据当时自身利益做出反应。此时，企业应了解竞争对手的利益、目标、策略、能力等，预测其反应。

5.4.4 企业面临竞争者降价的对策

当竞争者降价时，切忌仓皇失措，盲目跟进。对付这种突发性价格战的最佳对策，是冷静思考，仔细评估，考虑种种相关因素，谋定而后动，依据不同情况，采取适当措施。

1. 调查研究

首先要了解竞争者的降价目的，是蓄意攻击还是降价以求自保，如果降价行动攻击企图很强，营销人员就应提高警惕，迅速反应。其次，了解竞争者的降价幅度，降价幅度的大小会显示竞争者意图的强烈程度和对本企业威胁程度，幅度小，可以观望，幅度大，则必须及时做出反应。再次，衡量竞争者的市场地位，营销人员要衡量竞争者的市场地位和本企业的市场地位，如果是市场领导者降价，则跟进的可能性大；如果排名在二、三位的竞争者降价向市场领导者发动攻势，则须小心防守；如果是排名第三位以下的品牌降价，可以暂时观望。

2. 选择反击方法

在调查研究的基础上选择反击方法。如价格不变还是变动，若价格不变能否采用非价格手段反击等。在面对竞争者变动价格时，企业不可能有很多时间分析、选择，因为竞争者可能花了大量时间来准备变价，而企业必须在数小时或几天内明确、果断地做出合适的反应。缩短价格反应决策时间的唯一途径是：预测竞争者可能的价格变动，并预先准备适当对策。一些西方企业为了对付竞争者降价，通常拟定一个反应程序，避免临时仓皇失措。

案例 5.5　抽油烟机市场价格竞争

2003 年 6 月，抽油烟机行业巨头华帝公司率先降低高档油烟机的价格，某款欧式抽油烟机售价 1380 元，比市场同类产品价格低近 50%，并首次在产品包装上明码标价，防止经销商擅自加价出售。方太公司以 20～30%的降价幅度回应华帝的降价行动，帅康公司则以大力促销和免费服务的策略来应对。

一般的反应对策有以下几种。

(1) 相应降低价格，针锋相对展开竞争，以保住市场份额。

(2) 维持原价，同时要加强服务和沟通，或通过其他非价格方式提高顾客对本企业产品价值的认知。许多企业的营销实践证明，采取这种策略比降价和低利经营更合算。

(3) 提高价格，改善质量。对现有产品实行高价重新定位，同时创立低价位的新品牌，或在产品线中引进一个低价位的新产品项目，形成一个产品系列与竞争者的降价行为相抗衡。

案例 5.6　休柏林公司应对竞争者的价格策略

美国的休柏林公司生产一种名叫斯美诺的酒，已占领 23%的美国市场，后来，另一家公司推出了一种叫沃夫斯密特的酒，这家公司声称，沃夫斯密特与斯美诺酒的质量相仿，但是，每瓶价格便宜 1 元。面对竞争者的低价攻势，休柏林公司有三种选择：

（1）与竞争者针锋相对，将斯美诺酒降价1元销售；

（2）价格不变，但增加广告促销费用；

（3）价格不变，广告促销费用也不增加，一切听其自然。

无论选择哪一种措施，休柏林公司的利润都将下降。因此，它似乎面领着一场打不赢的战争。

就在这时，休柏林公司营销人员想出了一个奇特的主意：将斯美诺酒提价1元销售，同时公司推出了两种“新产品”，分别叫“莱斯卡”牌和“波波夫”牌，前者定价与竞争者的沃夫斯密特相同，后者以低于沃夫斯密特的价格销售。这样竞争者的产品被休柏林公司三个定位不同的品牌夹击，元气大伤。而对于休柏林公司来说，虽然斯美诺的销售比以前下降，但三种酒的总销售量却上升了，总利润也增加。有趣的是，这三种酒的口味大同小异，制造工艺相似，成本也相似，休柏林公司只不过是聪明地利用消费者的不同需求层次对市场重新细分，成功地使用了品牌夹击战术罢了。

复习思考题

一、关键词汇

成本加成定价法（Cost-Plus Pricing）
认知价值定价法（Perceived-Value Pricing）
随行就市法（Going-Rate Pricing）
密封投标定价法（Sealed Bid Pricing）
撇脂定价策略（Market Skimming）
渗透定价策略（Market Penetration）
现金折扣（Cash Discount）
批量折扣（Quantity Discount）
功能折扣（Functional Discount）
季节折扣（Seasonal Discount）
折让（Allowance）
差别定价策略（Discriminatory Pricing）
声望定价策略（Prestige Pricing）
参照定价策略（Reference Pricing）
奇数定价策略（Odd-Number Pricing）
促销定价策略（Promotional Pricing）
原产地定价策略（FOB Origin Pricing）
统一交货价策略（Uniform Delivered Pricing）
区域定价策略（Zone Pricing）
基点定价策略（Basing-Point Pricing）
免收运费定价策略（Freight Absorption Pricing）

二、简答

1．影响企业价格决策的主要因素有哪些？

2．企业的定价方法有几类？各类定价方法有什么特点？

3．企业可运用的价格策略有哪些？

4. 彩电在我国农村市场与城市市场的需求存在差别，如果你是某彩电生产企业的经理，你会采取什么价格策略经营？

5. 如何创造产品价格的竞争优势？

6. 如果在经销协议中规定："某种产品市场零售价 100 元，给予零售商的价格折扣是 40%，在此基础上给予批发商 10%的折扣。"请你推算该产品的出厂价和批发价。

三、案例思考

1. 北京同仁堂是中药行业著名的老字号，创建于清康熙八年（1669 年），在 300 多年的历史长河中，历代同仁堂人恪守"炮制虽繁必不敢省人工，品位虽贵必不敢减物力"的传统古训，树立"修合无人见，存心有天知"的自律意识，确保了同仁堂金字招牌的长盛不衰。其产品以"配方独特，选料上乘，工艺精湛，疗效显著"而享誉海内外。在 300 多年的发展历史中，同仁堂积累了许多经商的经验，下面介绍同仁堂采购药材的方法。

河北安国县的庙会，是全国有名的药材集散市场，每年冬、春两季，各地药农、药商云集于此。北京同仁堂的药材采购员在采购中使用了一连串的技巧，并善于积极反馈信息，所购的药材比别的药店便宜许多。他们一到安国县，并不急于透露自己需要采购什么，而是先注意收集有关信息。他们往往开始只是多少购进一点比较短缺的药材，以"套出"信息。例如，本来需要购进 10 000 斤黄连，他们往往只买进 100 斤上等货，而且故意付高价。"价高招客商"，外地的药商药农闻讯，便纷纷将黄连运到安国县。这时同仁堂的采购员却不再问津黄连，而是大量买进市场上其他滞销的且又必须购买的药材。等其他生意做得差不多时，再突然返回来采购黄连。因为此时他们已得到信息反馈：黄连由于大量涌进市场，形成滞销之势。各地来的药商，为了避免徒劳往返，多耗运输费用，或者怕卖不出去而亏本，都愿意低价出售。经过这一涨一落，同仁堂就大量收购市场上各种滞销的药材。药商们吃了亏，影响到第二年药农的积极性，自然就会减少产量。同仁堂的采购员又能预测到第二年的情况。这样一来，这些减产的药材第二年又会因大幅度减产而价格暴涨，而这时同仁堂的库存早已备足。

思考：同仁堂是如何操纵市场价格的？你认为在今天的市场环境下有何借鉴意义？

2. 进入 20 世纪 90 年代后，多年美日贸易巨额逆差，导致了美元大幅度下跌，日元急剧升值，这样一来，日本汽车价格低廉的优势不仅荡然无存，甚至每辆汽车还要比美国汽车贵 2 000～3 000 美元。于是，美国汽车的市场占有率开始稳步回升，日本汽车则连年下降，丰田公司在国内国外市场份额均减少了。为了再次取得优势地位，丰田开始致力于技术改造以降低成本，从前他们几乎不折不扣地奉行"凌志"汽车的广告词"不懈地追求完美"，根本不考虑那些能降低成本的方法，他们对待引擎的安排就像对待一件艺术品，需要耗费更多的零件、电线等，于是降低成本就从减少多余开始。

设计人员重新安排了引擎舱，使用更少的电线及材料，将方向盘种类由原来的 22 种减少到 6 种……，所有这些工作使得每辆小汽车的成本下降 10%，丰田汽车在材料和生产成本方面，每年可节约16亿日元。

在降低成本的同时，丰田人不忘追求创新，让顾客明白丰田汽车的低价格决不等于低质量。所以他们订立的目标是：开发与奔驰相同质量的新型汽车，但具有更优越的价值，让购买丰田车的人认为自己做出了明智的选择，而不是为了显示地位大量花钱。

在广告宣传上，丰田将“凌志”车的图片与奔驰放在一起，并加大标题：“用36 000美元就可以买到价值73 000美元的汽车，这是一个千载难逢的机会。”让人们从心理上认为“凌志”车与“奔驰”车在性能、质量上并没有差别，只是价格低了，以刺激、引导顾客的购买欲望。

在广告宣传的同时，丰田公司又用实验来说明其质量的可靠性。他们给每一位潜在顾客发去一份录像带，内容主要是表明“凌志”车在发动时十分平稳，没有震动感，这么做收到了很好的效果，一些人十分愿意到销售现场亲自试车，并有了购买愿望。

这里不难发现，低价策略的成功，不仅仅是降低价格带来的，更多的还有怎样较好地降低成本，怎样在广告宣传中对“低价高质”加以很好的说明，让顾客相信，价格低是产品的一个优势，而非由缺陷带来的，这些比降低价格本身更重要。

思考：你有何启示？

3．格兰仕集团的前身是1978年创立的一家乡镇羽绒制品厂，由于经营业绩好，1991年跻身于中国乡镇企业百强行列。1992年格兰仕进行产业结构调整，大举进入家电业。在过去的十多年里，格兰仕微波炉从零开始，迅猛地从中国第一发展到世界第一，至2004年，格兰仕已连续10年蝉联我国微波炉市场销量第一及市场占有率第一的双项桂冠，连续7年蝉联微波炉出口销量和创汇双冠。

格兰仕在规模达到一定优势后，于1996年8月抢先发动价格大战，将其主流微波炉产品降价40%，推动微波炉在国内普及。很多竞争者判断格兰仕的降价是一种战术性抛库存，因而没有太多地做出反应。等到他们醒悟过来的时候，格兰仕已经迅速拉开了与竞争者的差距，与最大竞争者的市场份额已经从原来不到1%的差距扩大到20%多，市场占有率达到34.5%，实现销售65万台。

1997年10月，格兰仕5大机型价格下调，13个产品品种全面降价，平均降幅32.3%，市场份额上升到47.6%。

1998年5月，格兰仕微波炉以“买一赠三”和抽奖等形式，进行变相降价，并逐步将市场重心转移到海外。此时，微波炉年产量达到400万台，是世界最大的微波炉生产厂家之一。当年国内市场占有率达到61.4%。

2000年6月，格兰仕微波炉第4次掀起大规模的价格战，降幅仍高达40%，以“五朵金花”系列中档机为主，还有大促销来配合。

2000年10月，格兰仕微波炉第5次大降价，利刃直指高端市场，高档黑金刚系列微波炉降幅接近40%，高档机需求迅猛提高。全年国内市场占有率高达76%。

2001年4月，格兰仕推出300元以下的微波炉，再次令淡季市场空前火爆。

2002年1月，格兰仕数码温控王系列微波炉降价30%，使高档机价位直逼其他品牌中档产品的价格，加上数码光波、太空金刚、白金刚等高档新技术产品的上市及热销，格兰仕“封杀”整个微波炉市场。

随着规模每上一个台阶，格兰仕就发动新一轮的降价，不断提高行业壁垒，从而不断巩固自己的领先地位。格兰仕价格战的基础就是规模，也是建立在整个成本控制之上，是一种规模化、专业化、集约化加技术进步的典范。当格兰仕有150万台产能时，就用80万台保本线来定价；当达到400万台时，就用250万台保本线定价；当达到800万台时，就用500万台保本线定价。此时，格兰仕还有利润，而规模低于这个限度的企业，多生产一台就多亏损一台。这种定价方式不仅给行业内现有的竞争对手当头一击，同时也给潜在加入者设置了一道难以跨越的壁垒。就这样，格兰仕连续10年保持国内市场占有率第一的位置。

格兰仕的价格战艺术可归纳为“五字诀”，即“准、狠、频、快、巧”。

“准”：从长远看，价格战是格兰仕经营理念和“薄利多销”业务模式的体现。它紧紧围绕“总成本领先”的战略，遵循产品性价比最高的原则，在全球范围内考虑公司的经营安全。从短期看，每一次降价都有明确具体的目标。在微波炉业务上，格兰仕早期的降价，是为了迅速与竞争对手拉开差距；后期的降价，是为了摧毁行业利润，阻挡实力雄厚的跨国公司跟进。

“狠”：表现在降价幅度大、赠品多。从1996年开始到现在，格兰仕每次降价时，其降价幅度都在25%以上，一般降价幅度都在30%～40%之间。格兰仕的“狠”在送赠品上更是表露无遗。2000年，格兰仕斥巨资清理市场，“买一送二十”，一时在大江南北掀起新的消费热潮。

“频”：降价次数多。从1996年到2004年，已有十几次之多。

“快”：战略大师迈克尔·波特说过：“总成本领先战略本身就是一种格外依赖于先发制人的战略。”格兰仕的价格战充分体现了“先发制人”的原则，往往都能抢占成功的先机。

“巧”：即运作上的巧妙。这种巧妙在于正确地把握和运用了消费者对价格的敏感度，同时又规避了价格战带来的直接风险。

有效的降价必须了解消费者的价格敏感性因素，这一点对耐用消费品的定价非常重要。由于微波炉是一种同质性高的产品，其价格敏感性本来就高，加之微波炉是一件非渴求品，因此消费者对价格的敏感性更高。

面对价格战可能带来的“低质量误区”、“脆弱的市场占有率误区”、“浅钱袋误区”等风险，格兰仕在成本领先战略的基础上，通过对机遇的把握，逐一加以规避。

在微波炉上获得成功的格兰仕成了微波炉的代名词，而其津津乐道的价格竞争不仅仅使微波炉从奢侈品变成了普通消费品，使人们提前十年使用了微波炉，而且也让人们一提到格兰仕就想到“薄利多销”、“价格屠夫”等词汇。

思考：如何看待格兰仕的历次降价行为？

第 6 章　分销渠道策略

教学目的与要求

✧ 了解传统分销渠道的结构类型和现代分销渠道的组织形式。

✧ 掌握企业设计分销渠道和管理分销渠道的基本方法。

✧ 了解和识别分销渠道中的主要批发商和零售商的类型。

✧ 了解关于物流的基本知识。

分销渠道即销售通路，是产品可以畅通无阻地销售的高速公路。

一个典型的分销渠道包括三个环节。

（1）厂家到一级批发商。它是分销渠道的开端，一个好的一级批发商能使销售中的许多问题迎刃而解，是企业产品销售成功的一半。

（2）一级批发商到二级批发商（或零售商）。这个环节在分销渠道中占据重要位置，很多企业由于管理能力和经营意识不足，无法有效管理二级批发商和终端，致使它成为整个通路中最薄弱的一环。因此，哪个企业能管理好这个环节，哪个企业就能拥有优势。

（3）零售商到消费者。它是整个分销渠道的终端，对销售具有强大拉动力。企业新的竞争热点在于对销售渠道的争夺，企业界曾经流传着“通路为王”和“终端为王”的神话，意即谁控制了通路和终端，谁就能在竞争中取胜。如 2000 年，舒蕾洗发水作为单一品牌在宝洁公司三大品牌一统天下的情况下，硬是靠“终端拦截”之术，使市场占有率跃居第二名，仅次于飘柔，超过了海飞丝和潘婷等品牌，丝宝集团也由一个中小化妆品企业一举成长为国内仅次于宝洁、联合利华的化妆品巨头。2005 年《销售与市场》杂志通过大型调查，发现厂商之间争取渠道控制权的战争愈演愈烈。营销学家指出，对于企业来说，管理分销渠道是最复杂和最具有挑战性的工作。

6.1　渠 道 概 述

“交换”是市场营销的核心概念，生产者与消费者交换产品的过程要借助很多中间机构才能完成，他们配合起来实现商品价值的交换和商品实体的转移。任何企业都有必要组建一条输送产品的通路，即分销渠道。分销渠道是企业的战略资源，分销渠道策略是营销组合中的重要组成部分。企业只有在适当的时间、地点，以适当的方式把产品送达市场需求者，才能保证营销目标的实现。而且，渠道策略与企业的其他营销策略紧密相连，渠道策略的选择会直接影响其他营销策略的成败。

6.1.1　分销渠道含义及特点

所谓分销渠道，是指某种产品从生产者向消费者或用户转移过程中所经过的，一切取得所有权或协助所有权转移的组织和个人。分销渠道也称为分配渠道或配销通路。在市场经济高度发达的现代社会里，大多数产品不是由生产者直接供给消费者或用户，而是要经过或多或少的中间商来实现，这些中间商解决生产和消费之间在时间、空间、数量等方面的矛盾，使商品价值和使用价值得以顺利实现，因此，科特勒指出，分销渠道是促使产品或服务顺利地被消费或使用的一整套相互依存的组织。分销渠道具有以下特点。

（1）分销渠道由各种类型的组织和个人构成。其成分十分复杂，主要包括各种类型的批发商和零售商，渠道成员之间一般没有隶属关系，他们只是为传递商品，形成相互承诺的业务关系，既合作又竞争。在传递商品的过程中，他们配合起来为实现商品的价值而合作，同时又为利润分配而竞争。渠道成员之间常存在矛盾和冲突，影响到整条渠道的效率和生产企业的利益，因此对生产企业来说，协调渠道关系，管理渠道成员是最复杂和最有挑战性的工作。

（2）分销渠道的起点是生产者，终点是消费者或用户。分销渠道是连接生产者和消费者的一通到底的通路，反映商品价值实现的全过程。

（3）分销渠道中至少要有一次商品所有权的转移。意即分销渠道的形成是以商品所有权的转移为前提的，在渠道中至少要有一次买卖关系。

（4）在渠道中，除商品所有权的转移（商流）外，还隐含着其他四种流程：物流、信息流、货币流、促销流，这些流程在时间和空间上不完全一致，因此分销渠道的效率不仅取决于渠道成员本身，还取决于成员之间的配合与支持。

6.1.2　分销渠道的功能

一般说来，分销渠道具有如下几个方面的功能：

（1）信息：通过市场调研收集、交换信息，为制订计划和实现交换提供参考。

（2）促销：进行所经营产品的说服性沟通，促使顾客购买。

（3）接洽：寻找可能的购买者并与之进行沟通。

（4）匹配：使所供应的物品符合购买者的需要，方便购买，具体包括简单的加工、分类、分等、装配、包装、贴上标签等。

（5）谈判：为了转移所供物品的所有权，就其价格及有关条件达成最后协议。

（6）实体分配：从事产品的运输、储存。

（7）融资：预付货款给生产者支持生产，赊销帮助零售商经营。

（8）风险承担：分担生产者的风险，承担与渠道工作有关的降价、损耗、失盗等全部风险。

为完成产品分销，这些功能不可缺少，必须全部执行，制造商可以执行全部功能，如通过自己组建直销公司销售产品，也可以将其中的部分甚至全部功能转给中间商执行，如利用批发商、零售商销售产品。

从理论上分析，产品从生产者到消费者所经过的途径越短，费用越少，但在现实生活中，由于消费者数量庞大且居住分散，没有中间商参与的渠道反而会增加交易次数，从而增加成本。产品通过中间商的集散作用，会大大减少交易次数，加快社会资金周转，简化交易手续，降低交易费用，增加企业利润，方便顾客。因此，中间商的存在具有不可估量的作用。

6.1.3 分销渠道的类型及特点

商品的转移要在各种类型的机构协助下才能完成，这些机构在营销学中称为渠道层次，所谓渠道层次是指在商品转移过程中对商品拥有所有权或负有推销责任的机构，商品每经过一个这样的机构就称为经过一个渠道层次。分销渠道可以按照商品经过渠道层次的多少分为长渠道和短渠道，还可以按照每一渠道层次使用相同中间商数目的多少分为宽渠道和窄渠道。

1. 渠道长度及其特点

渠道长度是指商品在分销过程中所经过的渠道层次的多少，经过的渠道层次越多，则渠道越长，反之则越短。一般渠道长度有以下四种类型，如图 6-1 所示。

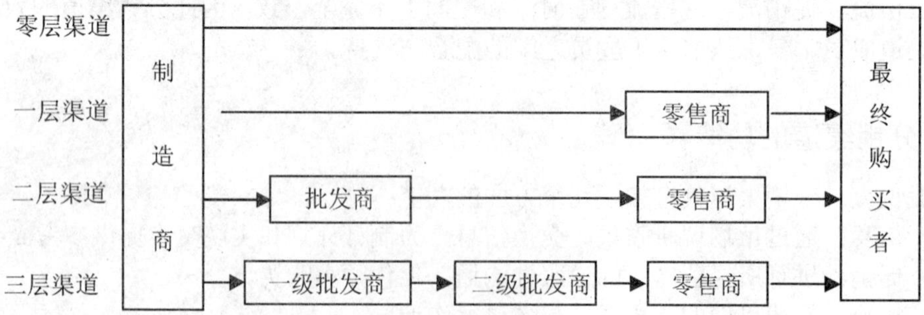

图 6-1 渠道长度的类型

（1）零层渠道。制造商将产品直接销售给最终购买者，其特点是没有中间商参与流通。主要方式有制造商自设机构销售、上门推销、邮销、网上销售等。随着科学技术的发展及其在商业领域的广泛应用，消费品直销渠道也在迅速发展。

（2）一层渠道。产品及其所有权向最终购买者的转移过程中只有一个渠道层次。在消费者市场中，这个中间商通常是零售商；在生产者市场中，它可以是经销商，也可以是制造商的代理商（或制造商的销售分公司）。

（3）二层渠道。产品及其所有权向最终购买者的转移过程中有两个渠道层次。在消费者市场中，他们由批发商和零售商组成；在生产者市场中由制造商的代理商（或制造商的销售分公司）和经销商组成。

（4）三层渠道。产品及其所有权向最终购买者的转移过程中有三个渠道层次。在消费品市场中，一些日用品需要大量零售机构分销，其中许多小型零售商通常不是大型批发商的服务对象，因此，有必要在大型批发商和零售商之间增加一级中转批发商即二级批发商，为小型零售商服务。在生产者市场中这样的渠道很少见。

此外，还有更长的渠道，但不多见。上述零层渠道又称为直接渠道，其余三种渠道称为间接渠道。

不同渠道长度各有特点。

长渠道的优点是企业的销售网络长，经过的中间商多，使企业的分销能力大大增强。例如：企业在开发某一区域市场时，把产品销售给一个一级批发商，然后一级批发商再把产品分销给 10 个二级批发商，每一个二级批发商把产品再分销给 50 个零售店，很快企业就能够把产品摆到上千个零售店的柜台，这样企业的分销能力就会变得很强；长渠道的缺点是企业对销售网络的控制能力较差，一般可以控制一级批发商，但是一级批发商下面的二级批发商、零售商，企业就很难控制。这样会给企业造成许多的渠道问题，例如中间商为争夺市场份额相互竞争，降价倾销产品、窜货等。

短渠道的优点是商品经过的渠道层次少，企业对渠道控制能力强。例如企业直接把产品卖给消费者，或采用直接面向零售商铺货销售的形式，就不会出现经销商之间压价、倾销、窜货等渠道问题；短渠道的缺点是企业分销能力差。例如在某市场上有 4 万家左右的零售店，如果企业要想直接面向 4 万家零售店铺货，需要的人力、物力成本相当高昂。

案例 6.1　车载电视制造商的渠道模式

某生产车载电视机的厂家可以通过以下 4 条分销渠道销售其产品：

（1）与汽车生产厂家签订独家合同，要求汽车生产厂家在其生产的汽车上只安装本企业的电视机。

（2）寻找一些愿意经销其产品的汽车经销商在销售汽车的同时，向顾客推荐本企业的车载电视机。

（3）借助普通的分销渠道将产品卖给专业批发商，然后再转卖给想安装车载电视的顾客。

（4）在大城市设立汽车电视机装配店，直接销售给汽车使用者。

2. 渠道宽度及其特点

渠道宽度是指同一渠道层次中使用同种类型的中间商数量的多少。同一层次的中间商多，渠道就较宽；反之，渠道就较窄。渠道宽度有以下三种形式。

（1）密集性分销。利用尽可能多的中间商销售产品，扩大市场覆盖面，或快速进入一个新市场。适用于消费品中的便利品和工业品中的标准件和通用件。

在密集分销中，由于销售网络的高市场覆盖率，从而最大限度地方便消费者和用户购买，推动销售的增长。但是，密集分销的不足之处，在于容易导致经销商之间为争夺市场机会而进行竞争，造成销售努力的浪费，并损坏制造商的利益。例如经销商之间为了争夺销售机会而压价倾销，到处窜货，扰乱企业的市场秩序；竞争的加剧也会导致经销商降低对制造商的忠诚度和对消费者服务的水平；同时，制造商不得不花费大量的精力对经销商进行培训，对分销支持系统进行评价，以便及时发现其中的不足。

（2）独家性分销。在一定地区内只选择一家中间商经销或代销产品，通常双方需签订独家经销协议，规定经销商不得经营竞争者的产品，制造商也不得向其他中间商供应产品。独家分销是最窄的分销渠道，通常只适用于某些技术性强的产品和耐用消费品或名牌商品。

独家分销形式如果利用得当，可以确保经销商的利益，调动其积极性，取得强有力的销售支持，有利于加强品牌形象，增加利润，并且通过这种方式，企业可以有效地管理和控制经销商。但是如果制造商只使用一家经销商，市场完全由其掌握，该经销商就可能会挟市场反控企业，对此制造商应有充分认识。此外，由于独家分销缺乏竞争，很可能会导致销售力量减弱，企业应采取适当措施激励经销商，并与之密切配合才能实现销售目标。

案例 6.2　松下公司的销售渠道

日本松下电器公司生产的电视机、录像机、电冰箱、空调设备等家用电器产品，数量庞大，产品销往世界各地，被称为“世界的松下”。该公司认为，与大批量生产产品相适应，必须确定大规模的销售体制。鉴于许多产品需要向顾客提供维修、技术指导等服务，而公司又有足够的资源销售产品，因此为了控制产品分销渠道，提高市场竞争力，该公司在决定渠道长度时，就采取了以零层次为主的短渠道。该公司设有营业本部，在全国设立近百个营业所，销售网遍布日本各地，日本的家用电器店有 5 万多家，松下电器店就有 1.8 万家，加上经销松下产品的商店，共有 3 万多家。该公司在海外设有 27 个生产公司，为了销售其产品，在世界许多地区设立了 20 多个销售公司和成千上百家销售店。

（3）选择性分销。有条件地选择部分中间商经销产品，这种分销形式对各类产品都适用。

选择性分销兼具上述两种分销形式的优点：比独家分销面宽，有利于扩大销路，开拓市场；比密集分销又节省费用，易于控制渠道，能够取得经销商的更大支持。 但选择分销中常见的问题是如何确定经销商的区域重叠度。区域重叠度决定着在某一区域内选择分销与独家分销、密集分销的接近程度。高重叠率会造成经销商之间的一些冲突，但可以给消费者以方便；低重叠率会增加经销商的忠诚度，但却降低了消费者的方便性。

6.2 分销渠道策略

渠道策略是营销组合的一个重要因素，分销渠道决策的正确与否，同样关系着企业营销的成败，企业要重视分销渠道类型的设计、评估和管理等内容，采用适当的分销渠道组织形式，将产品顺利送达顾客。

6.2.1 分销渠道的设计

企业分销渠道的选择不能随心所欲，要根据产品的特点、生产情况、市场情况、竞争者等因素综合考虑设计。

1. 影响分销渠道设计的主要因素

（1）产品的特性。产品的特性极大限制了企业分销渠道长度的选择。设计渠道长度时要考虑产品的体积、保存性、单位价值、产品标准化积度、技术特性、时尚性、产品生命周期、产品的季节性等因素。分销渠道长度与产品特性的关系如表6-1所示。

表6-1 分销售渠道长度与产品特性的关系

产品特性	短渠道	长渠道
体积	庞大、笨重	较小
保存性	不易储存	可以长期贮藏
单位价值	昂贵	低廉
产品标准化程度	低度标准化	高度标准化
技术特性	复杂	简单
时尚性	强	弱
产品生命周期	介绍期	成长期、成熟期
产品的季节性	均衡	生产季节集中

（2）市场的特性。市场特性包括目标市场上消费者的特性和中间商的特性，他们对生产企业来说都是顾客。市场的特点影响企业渠道长度和宽度的选择，如消费者的数量、地理分布、购买习惯、购买频率、平均购买数量、购买季节性以及市场上中间商的规模、服

务水平等。分销渠道长度与市场特性的关系如表 6-2 所示。

表 6-2　分销渠道长度与市场特性的关系

市 场 特 性	短而窄渠道	宽而长渠道
消费者数量	少	大
消费者的地理分布	相对集中	相对分散
消费者购买频率	高	低
消费者平均购买数量	大	少
消费者购买季节性	集中	分散
中间商规模	大	小
中间商服务水平	高	低

（3）企业的特性。企业自身条件较好，对渠道选择的余地较大，反之则较小。企业的特性表现在其总体规模、财务能力、产品组合、渠道经验、营销政策等方面。分销渠道与企业特性的关系如表 6-3 所示。

表 6-3　分销渠道与企业特性的关系

企业自身情况	短渠道	长渠道
总体规模	大	小
财务能力	高	低
对控制的愿望	高	低
管理能力	高	低
对顾客了解程度	高	低
产品组合	产品线长而宽	产品线短而窄

（4）竞争的特性。企业的渠道设计还受到竞争者所使用渠道的影响。某些行业的生产者希望使用与竞争者相同或相近的渠道，以便与竞争者的产品抗衡。如选购品生产者希望将产品和竞争者同类产品摆在一起销售。相反，有的企业则避免与竞争者使用相同的渠道销售，如雅芳产品使用直销渠道销售其产品。

（5）宏观环境。任何营销措施都要考虑宏观环境的影响，企业的渠道设计也不能例外。如经济环境影响渠道选择，当经济萧条时，生产者都希望采用能使最终购买者以廉价方式获得产品的渠道，这意味着必须采用较短的渠道；反之，经济繁荣时期，则倾向使用长渠道。国家法律也影响渠道的选择，某些国家为了防止垄断，禁止独家分销，有的国家对直销有限制等。

2．分销渠道设计的步骤

（1）渠道长度决策。企业综合考虑上述影响渠道的因素后，决定产品分销渠道的长度，是选择直接渠道还是间接渠道，如果选择间接渠道还要进一步决定渠道层次，如一层渠道或多层渠道。

（2）渠道宽度决策。根据企业的需要，决定不同渠道层次中间商的数量，可以选择在相同渠道层次使用大量中间商销售产品的密集分销形式、也可以选择在某个渠道层次只有一家中间商的独家分销形式，抑或多家中间商的选择性分销形式。

（3）规定渠道成员的任务，设计交易关系组合。在产品传送过程中有很多工作，如①产品销售，包括新产品市场推广、现有产品的推广、向最终消费者促销、建立零售展厅及价格谈判等；②销售渠道支持，中间商不仅仅要履行把产品卖出去的职责，同时还应为制造商的销售渠道作出更大贡献，包括市场调研、地区市场信息共享、向消费者提供信息、选择下一级中间商及培训员工等；③物流，包括承担存货、产品运输、订单处理等，以加快产品的流通速度；④渠道服务，一级批发商要为二级批发商提供服务，二级批发商要为零售商提供服务，零售商要为消费者提供服务，这些服务包括提供技术服务、产品维修、调整产品以满足消费者需求、处理退货及处理取消订单；⑤风险承担，企业要与中间商共同承担市场营销过程中所产生的各种风险，包括存货融资、向最终消费者提供信用、存货的所有权、仓储设施投资等。以上渠道任务需要各渠道成员承担。

阅读资料 6.1　渠道关系合约的内容

企业在确定了渠道的长度和宽度后，为实现分销渠道成员的有效配合，制造商和中间商需要就渠道成员之间享有的权利和承担的责任达成一致意见，形成一份交易关系组合即合约，在合约中至少包括以下四项。

(1)价格政策。企业除了列出产品的基本价目表外，要根据渠道成员承担任务的多少，规定相应的价格政策，以确保他们在分销产品时能够获得利润。多层次销售渠道一般实行的是价格差级体系，即每一层次渠道成员得到的产品价格都存在差异，通过这种价格差异来保证各层次成员有足够且合理的利润空间，从而推动渠道成员的销售积极性。因为价格差异直接关系到中间商的利益，各层次成员对此非常敏感，因此制定价格级差的关键是让所有中间商都觉得公平合理。

(2)销售条件。销售条件包括企业给经销商规定的最低销售数额；提供的付款条件，是现款交易还是赊销，对于提早付款的经销商，根据其付款的时间给予的折扣；是否有生产者保证，例如供货保证与交易管理、销售支持、售后服务保证、退换货制度、降价损失承担等。这些都可以刺激经销商的销售热情，同时对于企业的生产经营十分有利。

(3)地区权利。地区权利是指企业给予渠道成员在指定区域市场上的某些特权。企业要相应明确各渠道成员的地区权利。中间商十分关注企业在同一地区或邻近地区的分销密度。如果密度过高，竞争激烈，会影响中间商产品的销路，进而影响他们的积极性。因此，企业对此一定要注意,特别是在使用独家分销的情况下,要为每个渠道成员划定销售区域,给予相应的地区权利，保护其利益。

(4)双方应提供的特定服务和责任条款。双方应提供的特定服务内容包括:广告宣传、资金帮助、技术支持、信息共享等。为了慎重，对于双方应提供的特定服务内容应以条约的形式固定下来，尽可能详细明确，以便作为日后双方合作的管理依据。条约规定的服务内容应使中间商满意，觉得有利可图，愿意花气力销售企业生产的产品，当然也要以企业的担负能力为限。

6.2.2 分销渠道的管理

企业在选择了销售渠道后，就要从事具体的销售经营活动，对运行中的渠道进行管理，才能使分销渠道成为企业市场营销的一个有效要素。分销渠道的管理包括选择渠道成员，适度地激励并协调他们之间的关系，使之紧密配合，完成企业的营销目标，还要定期评价渠道成员的业绩，在此基础上提出渠道改进意见。

1. 选择渠道成员

对中间商选择是否恰当，不仅关系到分销渠道是否畅通，还关系到产品销路好坏和资金安全，因此要十分慎重决策。现实中，由于不同制造商在产品销路大小和企业声誉等方面存在差异，其吸引中间商的能力是不同的。有些小企业很难找到中间商经营产品，此时就应该重点研究影响中间商采购的因素，制定适当的政策吸引中间商。那些有较高声誉和名牌产品的企业，很容易找到中间商加入到渠道系统中，他们的关键问题是要明确选择标准，慎重筛选，企业在选择中间商时应考虑如下因素。

(1) 中间商的服务对象应与本企业目标顾客一致，并要与其下游客户有良好的关系。

(2) 中间商的地理位置应与本企业的顾客接近，特别是对零售商来说，地理位置是关键评价因素。

案例 6.3　理胜公司选择分销渠道成员的条件

理胜公司是加拿大最大的汽车零件供应商海带公司的一家分公司，主要业务是制造及配送零件给汽车售后市场，主要产品有理想牌活塞环、胜利牌密封片及细封。在这 3 条产品线上，大约有 1.5 万个产品项目，其中有 20%的产品非常畅销，约占总销售额的 80%。但目前，公司的营销网络受到了来自采购集团的挑战，迫使负责售后市场的销售经理穆尔先生不得不重新考虑公司营销网络系统的政策。

穆尔在选择销售网络时，认为要考虑以下几点：(1) 公司的产品要有一个足够的库存量，包括周转快和周转慢的产品，能以独家成本支付仓库存储及劳务费；（2）分摊库存费税、场地税、个人财产所得税；（3）为公司提供一支受过培训的地方性销售队伍，熟悉汽车零件的产品知识，不仅要访问老顾客，还要能开发新客户；（4）传发有关介绍新产品的印刷品，协助公司准备售点广告，参与促销及分销；（5）分配、更新、替换公司的商品目录，处理所有向批发商开出的支票，并提供所有的信用保证；（6）培训批发商的销售队伍，通过成千个小型批发商提供有效的服务，从而促使行业的繁荣。

（3）中间商的产品组合，如果中间商同时经营竞争者的同类产品，要与本企业的产品在质量和价格上进行比较，最好在各方面都优于竞争者，否则不易使用该中间商；还要衡量本企业产品在中间商全部产品中的地位，如果只占较小比例，则不会受到重视，企业也应慎重考虑。

（4）中间商的经营能力，包括市场覆盖能力、市场渗透能力、销售增长和利润记录；存储、运输条件，如运输车辆的数量，专用仓库面积，是否有铁路专用线等；职工素质，包括其技术水平，工作热情和效率；营销管理水平，包括制度是否明确，流程是否合理，领导是否精明强干等。

（5）中间商的企业信誉，了解其开业时间、资金力量、财务状况，是否有不良记录等。

2. 激励渠道成员

制造商必须通过渠道成员将商品销售出去，实现目标，但是这些成员不是制造商的下属，无法用行政命令的方式去实现，必须采用其他方式刺激中间商的积极性，使之努力完成销售任务。

对中间商的基本激励水平是交易关系组合，通过履行该合约获得利润，是他们加入渠道系统销售产品的根本原因。假如客观条件发生变化，企业也应改变交易条件，如增加各种折扣，放宽信用条件，给予更多支持、津贴等，总之，使合约更有利于中间商，让他们从中获得更多利润或使产品更畅销，这些措施对激励中间商都有效果。此外，还可以采取以下方法：

（1）物质激励或惩罚。通过促销措施，如举办中间商的销售竞赛，抽奖等方法，对于销售额领先者给予物质奖励；对于未完成销售任务的中间商采取扣发押金、降低返利点数，直至终止合约的惩罚措施。

案例6.4 春兰集团的“受控代理制”

20世纪90年代，江苏春兰集团实行的“受控代理制”是一种全新的厂商合作方法。代理商要进货，供销员必须提前将货款以入股的方式先交春兰公司，然后按规定提走货物。这一高明的营销战术，有效地稳定了销售网络，加快了资金周转，大大提高了工作效率。

当一些同行被"相互拖欠"拖得筋疲力尽的时候，春兰却没有一分钱拖欠，几十亿流动资金运转自如。春兰公司在全国建立了13个销售分公司，同时还有2000多家经销商与春兰建立了直接代理关系，二级批发，三级批发，加上零售商，销售大军已达10万之众。

春兰的经验虽然简单易行，但并不是所有的企业都能一下子学到。因为春兰用于维系经销商的手段并非单纯是"预付款"，更重要的是质量、价格和服务。首先春兰空调的质量不仅可以在全国同行业中首屈一指，而且可以同国际上最先进的同类产品媲美。其次，质量一流的春兰没有忘记给经销商更多的实惠，公司给代理商的让利有时高达售价的30%，年末还给奖励。再次是服务，春兰为了免除经销商的后顾之忧，专门建立了一个庞大的售后服务中心，有近万人的安装、调试、维修队伍，他们实行24小时全天候服务，顾客在任何地方购买春兰空调，都能就近得到一流的售后服务。春兰正是靠这些良好的信誉维系与经销商的关系。

（2）代理权激励，即通过改变代理权限来刺激中间商销售热情的方法。如果制造商原来采取多家代理的渠道方式，可以将其中业绩突出的中间商提升为独家代理商，其余中间商降格为下级渠道成员；如果企业原来采用独家代理的渠道方式，但对该中间商业绩不满意，就可以变独家代理为多家代理。

（3）一体化激励。如果企业规模和实力很强，则可以采取这种激励方式，具体方法是企业购买中间商的股票，向中间商注入资金，实际上是对中间商的资金支持；或允许中间商在企业参股，使之成为股东，参与分红。一体化激励对中小型中间商很有吸引力。

（4）其他激励方法，如精神鼓励，加强双方各方面合作，提供更多的服务（培训、设备、技术、广告等）支持。

企业在决定激励中间商的政策时，应注意避免激励不足和激励过度两种现象，激励不足不能刺激中间商的销售热情；激励过度，条件太优惠，中间商无需努力也能获得很多好处，将使企业利润下降。

3. 处理渠道冲突

所谓渠道冲突是指渠道成员之间为了争夺利益而出现的矛盾，可以表现为水平冲突和垂直冲突。

（1）水平冲突是指发生在同一渠道层次内成员之间的矛盾，如零售商之间为争夺顾客的竞争，中间商之间为越区销售而发生的矛盾等，制造商可通过限制中间商销售区域的方法或其他内部控制措施，使其不至于产生越区低价销售，争抢顾客的行为。

（2）垂直冲突是指发生在不同渠道层次成员之间的矛盾，如制造商与批发商之间，批发商与零售商之间的矛盾，这些矛盾常由于双方立场不同，或配合、支持、沟通不够等原因产生，为避免冲突发生，需明确渠道各层次成员之间彼此应有的权利及义务。但是，在现实经济生活中，垂直冲突很难避免。

4. 评估渠道成员

企业应建立指标体系，定期对渠道成员的工作进行评价，以便鼓励先进，鞭策落后。评估指标体系一般包括：销售定额完成情况，平均库存水平，顾客服务水平，产品损坏、遗失及其处理状况，在培训、促销计划中的合作程度，顾客满意程度等，其中最重要的是销售额完成情况，在评价时应给予更大权重。

对于表现好的中间商予以表扬和奖励，对于表现不好的中间商予以批评，必要时可更换渠道成员，以保证营销活动顺利而有效地进行。

5. 修改销售渠道

企业在设计了良好的分销渠道系统后，为适应市场需求的变化，还必须在对整个渠道系统或部分渠道进行评估的基础上，随时加以修正和改进。如一家家具生产者，采取特许经销商的形式销售产品，通过市场调查发现竞争对手已经采用多种方法销售产品：直接向建筑企业销售，向室内装潢公司销售，设置产品图片室等。此时，企业就应考虑改进自己的销售渠道，以免市场占有率下降。企业分销渠道的修正和改进可以从以下三个层次来进行。

（1）从经营层次上看，企业可增加或剔除某些渠道成员，这是最简单的渠道改变，但是也不能只做简单的增减量的分析，还要考虑增加或减少一个渠道成员对销售和成本的影响，对竞争态势的影响，对其他中间商销售热情的影响。

（2）从特定市场的规划层次上看，企业可增加或剔除某些特定的分销渠道。假如某条渠道的盈利水平不佳，反而要占用过多资源，企业应考虑撤出该渠道；反之则应考虑增加多条渠道参与竞争。

（3）从企业系统规划层次上看，企业可在所有市场上采用新的经营方式，全面改变分销渠道系统。如饮料生产者，在采用浓缩技术后，纷纷在全球各地投资兴办灌装厂，从而全面改变企业的营销渠道。这种改变是最困难的决策，它将使企业改变市场营销组合和市场营销政策，通常由企业最高决策层做出决定。

6.2.3 现代营销渠道系统的发展

传统渠道是由一些所有权和经营权都独立的制造商、批发商和零售商任意组合起来的，他们是一种松散的组织关系，没有统一的领导和规划，各自为政，各层次渠道成员之间由于地位和利益不同，经常发生矛盾冲突，因而经营效果不好，这是传统渠道系统固有的弊端。

随着商业态势发展和企业竞争加剧，传统渠道的组织形式已不能满足渠道成员追求利益最大化的需要，渠道成员之间的关系也在发生不断变化，呈现出新的分销组织形式，在营销学中统称为现代分销渠道系统。所谓现代分销渠道系统，是指渠道成员采取不同程度的一体化经营或联营的形式而组成的分销渠道。其特点是组织严密，各成员通过各种方式形成统一的整体，事先规定要达到的经营目标，集中制订计划，进行专业化管理，采取一致行动。该渠道系统有一个领导，或是制造商，或是批发商，或是零售商，取决于谁的能力和实力最强，由最强的一方领导协调整个渠道系统的合作。

现代分销渠道系统的形式多样，其中最典型的代表是垂直营销系统、水平营销系统和多渠道系统等三种形式。

1. 垂直营销系统

所谓垂直营销系统是指不同渠道层次成员之间，通过各种方式组成的统一联合体，即制造商、批发商和零售商三者改变过去各行其是，忽视渠道整体利益的状态，实行专业化的管理，有利于消除渠道成员之间的冲突，能够有计划地取得规模经济和最佳的市场效果。

阅读资料 6.2　垂直营销系统的三种表现形式

垂直营销系统有以下三种表现形式。

（1）公司式垂直营销系统。它是指一家公司拥有和统一管理若干制造商，批发机构，零售机构，控制分销渠道的若干层次甚至是整条渠道，综合经营生产、批发、零售业务。往往是通过前向一体化和后向一体化实现。

（2）契约式垂直营销系统。它是由各自独立的制造商、批发商和零售商以契约的形式组成的联合体。通过联合，可取得各自独立时不可能达到的较高经济效益和销售业绩。它包括三种形式：①批发商组织和兴办的自愿连锁零售商店，由批发商统一采购商品，为联合体中的零售商店统一配货、送货；②零售商组织的联营商店，由联营商店的采购中心统一采购和配货；③各种特许经营组织，一般是制造商或服务企业兴办的特许批发或特许零售商店，由特许权所有者统一管理和控制渠道。

（3）管理式垂直营销系统。它是由力量最强或规模最大的一个渠道成员出面组织的渠道系统，该成员管理和协调制造和分销的各环节，行使支配权。这个管理者可能是制造商，也可能是批发商或零售商，取决于其实力状况。如宝洁公司、通用电器公司等名牌产品制造商，能够从中间商处得到更多支持和配合，大零售商如沃尔玛，对其供应商也具有很大影响力。

2. 水平营销系统

所谓水平营销系统是指同一层次的两个或两个以上企业联合起来，组织的营销系统，他们利用各自在资金、技术、资源等方面的优势，共同开发和利用市场机会。如制造商之间为分散风险联合起来开发新产品，经营互补产品的批发商之间联合起来开展交叉销售等。

3. 多渠道系统

所谓多渠道系统，是指企业通过两条或两条以上的渠道将产品送到同一个目标市场或不同的目标市场。企业建立多渠道营销系统，可以增加产品在市场上的覆盖面，降低渠道成本，扩大产品营销，提高经济效益，同时也能更好满足顾客需求。企业使用多渠道系统应加强渠道设计和管理，避免渠道之间可能发生的冲突。

建立现代分销渠道系统是未来的发展趋势，但是在目前我国地区间、城乡间经济发展不平衡的形式下，现代渠道系统的发展是一个渐进的过程，首先在一线城市、二线城市逐渐普及，但是在广大的农村，传统分销渠道还起着重要作用。

6.3 物 流 决 策

6.3.1 物流的含义及其影响

在企业的营销过程中，伴随商品所有权的转移，大多数情况下还要发生商品实体的位移，即物流。所谓物流决策，是指通过有效安排产品的仓储、管理和转移，使产品在需要的时间到达需要的地点的经营决策。其内容包括企业营销管理者如何对货物进行运输、保管、装卸、包装、信息传播及规划生产水平和存货水平，以便按照买主要求的时间、地点、数量将产品送交购买者。

6.3.2 企业物流决策的目标

企业物流的总目标是把货物以最低的成本，在准确的时间运到准确的地点。达到这个要求并不容易，因为从事物流的各职能部门之间的目标和利益不完全一致，有时甚至是对立的。各部门都想降低本部门的成本，彼此就会发生矛盾，例如：运输部门为了降低运输成本，通常采用铁路或水路运输，结果运输速度缓慢，无法及时交货；仓储部门为降低成本，尽量压缩库存水平，则很可能出现某种顾客需要的产品缺货断档的情况，影响销售和企业信誉。因此，营销管理者必须用系统决策的办法做好各部门的协调工作，以降低物流系统的总成本，而不能只顾单个部门的成本。

降低成本只是物流管理的一个方面，另一个方面就是要提高对顾客的服务质量。服务质量水平主要看以下几个方面：订单处理是否迅速；送货是否及时、准确，包括满足普通订货和紧急订货的水平；送货频率和可靠性，包括小心照护、轻拿轻放以及损坏补偿；存货或缺货的比率；运输工具及运输方式的选择是否符合顾客要求；计价结算方法是否方便顾客；安装、调试及修理服务如何等。

既要降低成本，又要保持一定的服务水平，这是一个两难的选择，因为企业的目标是获得满意利润，而不是仅仅考虑销售数量，因此必须慎重决定物流目标，保持系统总成本和服务水平的合理状态。

在现实中企业的做法是首先确定服务水平，它是吸引顾客的有力武器，可以采取对比的方法，与竞争者保持相同服务水平。

其次，在该服务水平下，决定物流系统总成本：

物流系统总成本＝总运输成本＋总固定仓储成本＋总变动仓储成本＋因推迟送货失去销售机会的总机会成本

阅读资料 6.3 “第三利润来源”

有资料表明，物流成本是仅次于原材料和人工费用的一项重要开支，节约物流成本就等于直接增加利润，人们将它看作“第三利润来源”，称之为企业脚下的黄金，因此发达国家的企业非常重视物流管理和物流技术的研究，并把成果应用到实践中去，极大降低物流费用。而我国在这方面还刚刚起步，我国企业的物流成本占整个市场营销费用的30%，大大高于美国（7.53%）和英国（11.6%）的水平，应引起高度重视。

6.3.3 物流管理决策

1. 订单处理决策

产品销售从接到顾客订单开始。企业一旦接到订单，就应该快速准确地处理，其过程包括：向仓储部门查询存货，组织配货，安排运输，查询顾客信用等级，向财务部门发出收款通知、开具发票，向顾客发出收货通知并附上结算账单，改写库存记录，发出生产或进货指令以补充库存等工作。企业营销管理者应合理规划这一系列流程，利用计算机系统处理，可以提高该流程的速度和准确程度，对买卖双方都有利。

2. 仓储决策

在产品实体分配过程中，要经过一系列仓库。通常成品仓库在本企业，批零仓库是中间商的仓库。企业要考虑是否需要中转仓库。如果企业有较多的客户，不仅分散，且购买次数多，每次批量小；或到该地路途遥远，交通诸多不便，就应设置中转仓库，以便及时供应、防止脱销。

阅读资料 6.4 仓储决策需要决定的问题

仓储决策需要决定的问题如下。

（1）使用仓库的类型。按照所有权划分，仓库可分为私有仓库和公共仓库。私有仓库是生产企业或中间商自有的仓库，一般不出租。公共仓库是由第三方物流企业独立所有，通过出租仓位赚取利润。企业要决定是自建仓库还是租用仓库，两者各有优势：租用只要支付仓位租金，不必承担仓库设施的固定费用，在供求变化较大时，灵活性大，但是不足之处是租赁费用较高；因此当市场需求量较大，且常年需求均衡的情况下，应考虑自建仓库。如果自建仓库则要发生固定仓储费用支出。

（2）使用仓库的数量。企业要决定需要仓库的数量，仓库数越多，可减少运输成本，更快地为顾客供货。但是较多的仓库意味着较高的仓储成本。

（3）仓库的地址。仓库地点的选择是仓储决策的重要内容之一，合理选址可以减少仓库数量，节约运费和时间，降低分销成本，又能保证企业目标的实现。

3. 存货水平决策

仓库保持的存货水平高低是物流管理的又一个重要决策，它直接关系到顾客的服务水平和变动仓储成本。存货水平过低，为保证对顾客的服务水平，必须采用更快捷的运输工具，增加运输成本；或者由于缺货，失去销售机会。存货水平过高，又会增加仓储成本、占压资金、降低经济效益。因此，在存货管理中，企业必须在存货成本与销售及利润之间保持平衡。

4. 运输方式决策

企业必须考虑运输问题。运输方式的选择会影响产品定价、交货期，以及产品到达目的地的状况，所有这些都会影响顾客的满意度。运输决策涉及运输方式、运输路线两个方面的问题。

运输线路的选择，以缩短运输里程、减少产品在途时间为原则，以实现降低运输费用和准时向顾客交货为目的。

总之，对整个物流过程的各环节必须统一规划和管理，使之协调一致，相互配合，共同为实现营销总目标服务。

阅读资料 6.5　运输方式比较

运输方式有多种。要根据运费及产品特点、顾客要求的服务水平等，比较各种方式的适用性。

铁路运输可适应大多数产品，能大批量运输，单位运价低，多用于长距离运输。但是受铁路线路影响，不能直接送货上门，等待装运时间较长。

公路运输相对灵活，可利用简便道路到达交通不发达地区，可根据需要随时发运，送货上门。公路运费要高，多用于短途运输。

水路运输有远洋运输、海岸运输和内河运输。该方式运量大，运费便宜，但运送慢，时间长，有时船只不能正常航行。

空运迅速，运费昂贵。一般用于体积小、重量轻且单价高，易毁易损的产品。

6.4 批发商与零售商

作为分销渠道重要成员的中间商，有两种基本类型：批发商和零售商。这是根据他们在流通过程中地位和作用不同而划分的。

6.4.1 批发商的主要类型

所谓批发是以进一步转售或加工生产为目的的大宗产品交易活动，专门从事批发交易的组织或个人，称为批发商。批发商一边连接生产者，一边连接零售商或其他转卖者及用户，在渠道中的主要作用是：

（1）通过批发商的购买，生产者可以迅速、大量售出产品，减少库存，加速资金周转；

（2）批发商可以凭借自己的实力，帮助生产者促销产品，提供市场信息；

（3）对零售商，批发商可按零售要求组合产品的花色、规格，便于配齐品种；

（4）可对从厂家购进的产品进行加工、整理、分类和包装，方便零售商进货、勤进快销；

（5）利用仓储设施储存产品，保证零售商的货源，减轻其存货负担；

（6）还可为零售商提供各种支持，帮助其开展业务。

批发商的类型很复杂，由于他们的职能、经营方式、经营范围都不相同，很难分类。如果按照所有权关系和基本经营形式的不同，批发商可以分为以下几类。

1. 商人批发商

商人批发商是独立经营者，他们自己进货，取得商品所有权后，再成批卖出货物。他们是批发商的最主要类型，从事低价买进高价卖出的批发业务，从中赚取差价。这些批发商的规模一般较大，他们拥有运输车辆、仓库，甚至铁路专用线，有固定销售人员。在不同的行业他们有不同的名称，如中间批发商、配销商、分销商、供应商、经销商等。按照商人批发商所提供服务不同，可分为完全服务批发商和有限服务批发商。

（1）完全服务批发商。这类批发商执行批发商的全部职能，如市场调研、促销销售、开拓市场、编配分类、洽谈生意、储存运输、资金融通、风险承担等。

（2）有限服务批发商。这类批发商为了减少成本，降低批发价格，只执行批发商的部分职能，提供一部分服务。

阅读资料 6.6 有限服务批发商的种类

有限服务批发商的种类如下。

（1）现货自运批发商。他们不赊销，不送货，顾客要自备车辆去批发商的仓库选购货物，当时付清货款，自己把货运回来。他们主要经营食品杂货，其顾客主要是小食品杂货店、饭店等。

（2）承销批发商。他们拿到顾客的订单向生产者进货，通知生产者将货物运至指定地点，同时通知顾客取货。他们不需有仓库和库存，只要有一间办公室，一部电话即可，所以又叫“写字台批发商”。他们的顾客是其他批发商、零售商。他们一般有广泛的人际关系和灵敏的信息渠道。

（3）卡车批发商。他们接到顾客订单后，马上到生产者那里装车进货，送给顾客，他们也不需要仓库，一般经营易腐商品，每天送货几十次，勤进快销，类似于推销员和送货员。其顾客主要是零售商、饭店、旅店等，有时也往农村送货。

（4）托收批发商。他们在超级市场或其他商店设置货架，展销商品，商品卖出后，零售商才付给货款，他们的经营费用较高，主要经营家用器皿，化妆品，玩具等产品。

（5）邮购批发商。这类批发商是指全部批发业务采用邮购方式的批发商，一般经营日用杂货，小五金商品，其顾客是边远地区的小零售商。

2. 经纪人和代理商

经纪人和代理商是指从事购买或销售或两者兼备的洽商工作，但不取得商品所有权的商业单位或个人，其主要职能是促成商品交易，借此赚取佣金作为报酬。这类中间商提供的服务比有限服务批发商还少。他们包括以下几种。

（1）商品经纪人。他们不实际控制商品，主要为买卖双方牵线搭桥，协助谈判，买卖成交后，向雇佣他们的一方收取佣金，几乎不承担任何渠道风险。

（2）制造商代表。他们通过与制造商签订代理合约的形式帮助销售产品，一般代理两个以上互补产品线的制造商的产品，利用自己广泛的关系，销售产品，常用于服饰、家具、电器产品等行业。这些代理商数量较多，通常都是小企业，雇用的人员少，但都非常干练。雇用他们的制造商一般也是没有外勤销售人员的小企业，或是大公司开拓新市场时也常借助他们的力量。

（3）销售代理商。他们在签订合同的基础上，为委托人销售某些特定商品或全部商品的代理商，对价格条款，销售条件等可全权处理。常见于纺织、木材、某些金属产品等。

阅读资料6.7　销售代理商与制造商代表的区别

销售代理商与制造商代表一样，也和制造商签订长期代理合同，替制造商代销产品，但他们之间有显著不同，表现在以下几方面。

（1）一般来讲，每一个制造商只能使用一个销售代理商，不得再委托其他代理商代销同种产品，也不得雇佣推销员去销售产品；而每个制造商可以同时使用几个制造商代表，此外制造商还可以自设机构销售。

（2）销售代理商通常替制造商代销全部商品，不限定地区，同时在规定商品价格和其他销售条件方面权限很大，制造商如果使用销售代理商，实际上是将全部销售工作委托给销售代理商全权处理，因而要十分慎重；而制造商代表要按照制造商要求的价格幅度和销售条件，在一定区域内销售，其权限相对较小。

（4）佣金商。佣金商是指对商品实体拥有控制力并参与商品销售协商的代理商。大多数佣金商从事农产品的代销业务，通常只涉及一个收获季节的产品。例如：果农与设在某大城市中央批发市场的佣金行签订一个协议，当水果收获和上市时，果农就随时将水果送到佣金行委托全权代销。佣金行通常备有仓库，替委托人承担储存、保管货物、分等、打包、送货、商业信用等职能，他们对代销的货物有较大的经营权力，可以不经过委托人同意，以自己的名义，按当时可能获得的最好价格出售货物，扣除佣金后，将余款汇给委托人。

（5）采购代理。采购代理商代表顾客采购商品，还负责收货、验货、储运、将货物运交买主等工作，他们与顾客保持长期关系。例如许多小城市的服饰零售商在大城市设立常驻采购员，帮助采买流行服饰，他们消息灵通，可以向顾客提供有价值的市场信息，还能以较低价格买到商品。

阅读资料 6.8　批发商的生存和发展

在经济发展处于较低水平时，批发商是分销渠道中最有实力的成员。因为制造商的规模较小，所需的资金、原材料都需要批发商来协助筹措，生产出来的产品靠批发商分销给零售商；而零售商的规模也很小，其融资能力、商品资源的组织能力等都很有限，需要批发商的支持和协助。

随着经济的发展，制造商的规模不断扩大，营销能力不断增强，有的企业建立了自己的分销渠道，有的企业开发了便于控制的新的分销渠道，有的企业将过去的批发商置于自己的支配之下。与此同时，零售商也发生了较大的变化，出现了能够大批量进货的大型零售商，而且许多中小型零售企业也通过各种形式的连锁组织增强了自己从制造商处直接进货的能力，这样批发商受到来自制造商和零售商两方面的压力，在流通环节中的主要作用开始逐渐减弱。批发商为了生存和发展，在经营方式和经营思想上开始逐渐进行一系列的改革。

近年来，西方国家有一种趋势，即大批发商和大零售商的界限日益模糊，许多大零售商开始经营批发业务，而批发商也建立自己的零售网点，还有许多大批发商走向国际市场。

3. 制造商与零售商分销部、办事处

分销部有一定的存货，其形式如同商人批发商，只不过隶属关系不同，他们是属于制造商的下设机构；办事处没有存货，也不具备法人地位，是企业驻外地业务代办机构。制造商自己设立分销部和办事处，有利于掌握当地市场动态，加强控制和促销活动。有些零售商也在中心城市及商品集散地设立采购办事处，其职能与经纪人和代理商类似。

4. 其他批发商

除上述几种批发商外，还有石油产品装运站，拍卖行等其他形式。

6.4.2　零售商

零售是指所有向最终消费者直接销售用于个人及非商业性用途产品和服务的活动。以经营零售业务为主要收入来源的组织和个人称为零售商。零售商在流通领域处于最后阶段，是其他渠道成员与顾客之间的桥梁，在渠道中他们既是顾客又是销售者，他们向最终消费者销售产品，同时又是生产者、批发商的顾客，由于处在渠道中的关键位置，使他们起着重要的信息传递和反馈作用。

零售商的数目众多，形式和规模各异，组织形式多样，很难按照某一标准分类。常见的分类方法是按零售活动是否依托于店铺展开，分为有店铺零售商与无店铺零售商。

1. 有店铺零售商

我国国内贸易局在 1998 年曾将有店铺零售店分为八类：百货商店、超级市场、大型综合超市、便利商店、仓储式商场、专业店、专卖店、购物中心。目前这种分类已不能完全概括所有的零售形式。

常见的几种零售商店如下。

（1）专用品商店。经营的产品线较为狭窄，但产品的花色品种齐全，例如体育用品商店、文化用品商店、服装店等。专业用品商店还可以进一步细分为单一产品线商店，有限产品线商店，超级专用品商店，其中超级专用品商店由于目标市场明确，专业化程度高，因而发展最迅速。

（2）百货商店。经营范围宽，经营规模大，包括若干条产品线，各条产品线分部门经营，相对独立，可以为顾客提供种类繁多，花色齐全的商品和优良的设施、服务。百货商店由于成本高，价格高，一般集中在城市的繁华地带，交通拥挤，停车困难，百货商店之间竞争激烈，再加上来自其他零售业态如折扣商店、超级市场的竞争压力等原因，有人认为，这种业态形式正处于衰退期。

（3）超级市场。超级市场是一种大规模、低成本、薄利多销和自我服务式的商场，主要经营食品、洗涤用品、日常用品等。超级市场创建时，以低价格赢得顾客，但是，目前由于竞争激烈，费用增加，价格水平已经不是最低的。几种新型的商店，如折扣商店、超级商店和特级市场的兴起，使传统超级市场受到日益增加的威胁。未来超级市场的发展趋势是：规模越来越大；经营品种增加，突出表现在非食品类产品的增多，许多超级市场将经营范围扩大到药品、唱片、运动用品、小家电等产品上，其目的是增加经营毛利高的产品，提高利润；此外，还不断改善营业设施，努力增加服务项目，不断增加促销费用，吸引顾客；大量经营自有品牌，以减少对制造商品牌的依赖，增加毛利率。

（4）便利商店。设在居民区附近的小型商店，营业时间长，销售的品种范围有限，通常经营周转率高的便利品。由于这类商店为顾客提供更多的便利，因此价格较高，消费者主要利用它们进行补充式购买。

（5）折扣商店。所有商品按照比正常价格低的折扣价格销售，虽然价格低，但是保证质量，通常经营全国性品牌，比如许多著名品牌的服装，一旦时尚性稍差，立即从货架上取下，转到折扣店销售。

（6）仓储商店。仓储式商店源于欧洲，起初主要面对小型零售商的批量购买，后来逐渐扩大到一般消费者，多采用会员制，定期交纳会费，凭卡进入商店采购。商店面积很大，很少店内装修，店址偏僻，经营产品线宽，但每类商品品种不多，以周转快的全国性品牌为主，店内商品均码放在货架上，最低购买包装较大。由于成本低，加价率低，所以商品价格很有吸引力。如沃尔玛的“山姆俱乐部”、德国的“麦德龙”、荷兰的“万客隆”等，都是著名的仓储商店。

（7）样品图片陈列室。这种商店通过展出商品目录和样品进行经营，主要经营毛利高、周转快的著名品牌的商品，如电动工具，旅行箱，摄影器材，体育用品，珠宝首饰等。商店定期发行彩色目录，标明每种商品的定价和折扣率，顾客可以根据目录电话订购，商店送货上门，顾客也可以到展室看样品付款取货。

2. 无店铺零售商

虽然大多数商品和服务是由商店销售的，但是无店铺零售却比商店零售发展得更快。

无店铺零售商销售的几种形式如下。

（1）直复市场营销。所谓直复市场营销指企业为了在任何地方产生可度量的反应和达成交易，而使用一种或多种媒体进行销售的市场营销体系。简单理解就是媒体与销售相结合的商品通路。主要形式有直接邮寄营销、电话营销、广播电视营销、网络营销等。此外，还可以在有关报纸杂志上设邮购回条等。

以上形式使消费者不出家门就可以通过电话、电脑、邮购等方式买到所需要的商品，简便省时，安全可靠，同时获得售后服务和退换等保证。因此，直复市场营销很受消费者青睐，大有发展前途；同时，也有利于营销者与顾客建立持续的长期关系，保持稳定的市场。有人预测，由于电子信息技术的高度发展，这种“在家购物”形式将是零售业的发展方向，有可能逐步取代很大一部分传统零售形式。

（2）自动机器售货。使用硬币控制的机器自动售货，在西方发达国家已经被使用到相当多的产品上，包括经常购买的产品，如香烟、饮料、糖果、热汤、点心、报纸、袜子、化妆品、唱片、胶卷、T 恤衫、鞋油等。自动售货机被广泛安置到人流密集处，向顾客提供 24 小时售货。

（3）直接销售。直接销售形式主要有挨门挨户推销，逐个办公室推销和举办家庭销售会等，直接销售成本高昂，随着网络销售形式的发展，直接销售前途很难预料。

复习思考题

一、关键词汇

分销渠道（Distribution Channel）
密集分销（Intensive Distribution）
独家分销（Exclusive Distribution）
选择性分销（Selective Distribution）
垂直营销系统（Vertical Marketing Systems）
统一垂直营销渠道（Corporate VMS）
契约式垂直营销渠道（Contractual VMS ）
管理式垂直营销渠道（Administered VMS）
水平营销系统（Horizontal Marketing Systems）
多渠道营销系统（Multichannel Marketing Systems）
批发（Wholesaling）
零售（Retailing）
商人批发商（Merchant Wholesaler）
经纪人和代理商（Broker and Agent）
分销部和办事处（Branch and Office）
专业商店（Specialty Store）
百货商店（Department Store）
超级市场（Supermarket）
便利店（Convenience）
折扣商店（Discount Store）
仓储式商店（Warehouse Store）
目录展览室（Catalog Showroom）
直接营销（Direct Marketing）

二、简答

1．什么是分销渠道？渠道长短和宽窄的含义是什么？

2．试分析下列产品在城市究竟采取哪种分销密度最好：名牌电脑、剃须刀、普通自行车、可口可乐、数码照相机。

3．影响分销渠道选择的因素有哪些？

4．如果你是一名制造商，你将怎样选择中间商为你经营产品？

5．什么是产品的实体分配？企业设计实体分配的总目标应该是什么？实体分配决策的内容包括什么？

6. 现代分销渠道与传统分销渠道的区别是什么？它的主要形式有哪些？
7. 主要批发商的类别有哪些？主要零售形式有哪些？

三、案例思考

1. 当当网上书店成立于1999年11月，是全球最大的中文网上书店，向全世界中文读者提供20多万种中文图书和1万多种音像商品。当当参照国际先进经验独创的商品分类、智能查询、直观的网站导航和简洁的购物流程等为消费者提供了方便快捷的服务，使网上购物者在节约时间的同时提高了购物满意度。当当网上书店开业后，发展非常迅速，订单量和收入平均每月递增25～35%，成为最繁忙的图书、音像店。2003年，当当的销售规模已经达到8000万元。可以预见，在不远的将来，当当网上书店还将获得更大发展。

思考：当当网上书店成功的原因是什么？

2. 雅芳是1886年由大卫·麦康奈尔先生在纽约创立的，至今已有120年历史。雅芳是一个以直销为特色的化妆品公司。自组建以来不断致力于塑造女性独特的美丽，同时，开启全球数百万女性的事业之门。雅芳在125个国家销售近16 000种不同的产品。其产品结构十分完善，从护肤品、彩妆品、个人护理品、香水、扩充至流行首饰、女性内衣、健康食品和美容沙龙产品等系列领域。

雅芳公司于1990年进入中国，获得成功。但是，由于非法传销扰乱了当时一片火爆的直销市场，中国政府于1998年禁止了直销。面对这一环境变化，雅芳开辟了四条销售渠道：在百货商店设立专柜、建立专卖店、小店铺销售、店外推销员销售。进小店只是适应过渡，因为当时雅芳旗下有十几万的销售人员，他们在经济上难以支付高昂的投资转型去开店，而找一家邻家的小店，放上一些产品是有可能的。过渡了近两年，雅芳发现由于小店形象差，非常不利于其品牌形象，而且售后服务和价格也很难管理。经过权衡，决定放弃小店经营渠道。雅芳专卖店的规模要求也修改过若干次，从最初的5～6平方米、15平方米、20平方米到现在的30平方米，门槛不断提高，雅芳的品牌形象也不断提升。2002年雅芳销售额10亿元人民币，其中80%来自专卖店，20%来自专柜。雅芳这种彻底转型的做法，赢得中国政府的赞赏。

2005年4月8日，雅芳被正式批准在北京、天津和广东三地开展直销试点。这与雅芳长年奉公守法的良好形象不无关系。政府的青睐为雅芳在直销立法及准入上开辟了一条道路。

恢复直销的雅芳实行了一系列政策，以便规范销售网络，减少不同渠道的矛盾。

雅芳在开展直销试点计划时，首先要保证专卖店的利益。在试点地区不再开设新的专卖店，招募的直销员将不超过3000人。

在直销员的计酬方式上，雅芳规定只有在推销员将自产产品销售给消费者时，才计算并支付该推销员报酬；其报酬总额不超过销售收入的25%，不允许团队计酬。推销员的所有信息还要与主管部门联网，以便让主管部门能随时查询推销员的销售状况。同时，推销员的地区也有严格限制。

帮助专卖店转型。雅芳准备在三年内翻新所有专卖店，这是自设立专卖店以来第五次改变形象。雅芳的设想是让专卖店开展收费美容服务，包括美体、美甲。这样，一方面可以加强专卖店的服务，另一方面，由于收费美容服务是直销员无法拓展的领域，有助于以后拓展直销队伍时，避免销售渠道之间的矛盾。雅芳已宣布专柜、专卖店、直销人员三种渠道上将会拥有各自不同的产品。

经销商准入门槛设限。雅芳将提高经销商的准入门槛，要求店主投资由 5 万元上升到 10 万元，店铺面积必须在 60 平方米以上，并要求店主拥有至少两张中级以上美容师执照。

雅芳希望每年能增长 50%的销售额。

思考：

（1）雅芳公司在中国的渠道变化的原因是什么？

（2）雅芳公司目前在中国的渠道形式有哪些？

3. 2002 年以前，国美、苏宁等家电连锁企业之所以被称为“价格杀手”，是因为他们喜欢用不知名的品牌或杂牌产品来打“价格战”，以便最快、最好地占领当地零售市场。当时的国美们实力还不是很强大，无法动摇大品牌的根基，而杂牌产品多为劣质价廉，利润空间大，国美们与之合作，是相得益彰，各得其所。2003 年以后，这种局面有了很大改观。消费者的消费日趋理性，品牌消费时代已经来临，杂牌产品难以得到消费者信赖，再也不是国美的宠儿，国美们更希望“名品进店”。

国美们经过前面两三年的“苦战”，实力和影响力大大提高，而制造商们的实力则大大下降，在厂商博弈中开始处于被动地位。为了吸引消费者眼球，获取更高的收益，同时也为了试探、夺取厂商博弈中的主动权，国美们开始频频拿大品牌来打市场。早期国美与长虹之争，2003 年上海国美与日立纠纷，都是其中典型的案例。

2004 年 2 月，国美成都卖场抛出每套分别自行降价 480 元和 1000 元的两款格力空调，引得成都格力遭遇其他经销商跟风降价甚至退货。格力怒不可遏，以断货相威胁。3 月，北京国美总部向各地分公司下发“关于清理格力空调库存的紧急通知”，要求其各地分公司把格力空调的库存和业务清理完毕后，暂停销售格力产品，致使双方由来已久的矛盾完全暴露，格力表示“将把国美清除出自己的销售体系”，至此，双方合作彻底破裂。

国美和格力的矛盾是典型的垂直渠道矛盾，是制造商与零售商争夺渠道控制权的斗争，降价事件只不过是一个导火索。

格力一直以“品质领先”著称于全球，也是中国最具实力挑战洋品牌的空调企业，格力的成功就在于多年来将主要精力放在技术创新与品质保证上。格力在全国有 20 多家销售分公司，其中 5 家分公司与国美有合作。可以说，国美只是格力 1 万多家经销商中的一家，即使在北京，其销量也只占格力的 5%。但是，在签订 2004 年合作协议时，国美要求格力给予高于其他经销商 2～3 倍的销售返点，并要求在空调安装费上扣除 40%作为国美的利润。而格力认为，应对所有经销商保持一致的政策，不可能给国美特殊待遇。此外，国美还利用长期占用厂家的资金求得自己的发展，这对格力来说，显然难以接受。

对国美来说，尽管格力在空调生产领域处于领先地位，但在国美空调销售总量中所占比重仅为3%～4%，并不是合作最紧密的上游企业，此番将格力拉出来“祭旗”，就是希望利用自己的渠道优势，追使格力做出让步，达到“敲山震虎”的目的，让数量庞大的空调生产企业明白，连格力这样的行业领先者都敢动，还有谁不能动呢？国美一旦赢得此战，在与其他品牌谈判时就有更多筹码。

思考：国美与格力之争暴露出了哪些渠道冲突？

4．1999 年 3 月，浙江天丰化学有限公司将其生产的“野老”牌稻田除草剂首次推上湖北省农资市场。这一产品的上市取得了极大的成功，短短几个月就占领了湖北省稻田除草剂90%的市场，成为农户的首选品牌，被湖北省农资行业人士称为“野老模式”。“野老”除草剂之所以获得成功，除了有效的广告宣传之外，主要应归功于对经销商的选择、促销措施和监控管理。

（1）选择独家分销还是多家分销，这是浙江天丰化学有限公司把“野老”稻田除草剂推上湖北市场遇到的第一个问题。刚开始，天丰公司曾打算在湖北同时选择 6～7 家一级批发商为其推销产品。后经过对湖北省农资市场和农资经销商的调查走访，权衡利弊之后，认为多家分销不如独家分销，其原因有以下几点。

① 独家分销能使厂家有效地控制唯一的一家一级批发商。并通过一级批发商控制产品在市场上的销售情况，以便采取有效措施防止“窜货”、价格混乱和假冒伪劣产品扰乱市场。

② 独家分销能使厂家得到中间商更为积极有力的配合。对于一级批发商来说，“野老”稻田除草剂在湖北省的销售业务全部由其一家代理，如获成功，他将独享利润；如果失败，损失自负。因此当然会竭尽全力去做好销售工作。另外，独家分销还能使一级批发商积极配合厂家开展广告宣传、销售促进、市场监控、售后服务等方面的工作。而在多家分销的情况下，一家中间商做上述促销工作，其他中间商都受益，因此大家互相推诿。

③ 独家分销有利于厂家对一级批发商的管理。因为整个湖北省只有一家一级批发商，从发货、价格控制、销售促进、广告宣传、售后服务、派人员参与分销、派代表视察督导销售工作等方面，管理起来比多家分销要方便得多。

④ 采用独家分销厂家只要选择了一家最优秀的一级批发商，就能充分利用其商誉、分销网络和经营能力，使“野老”稻田除草剂在湖北市场上迅速得到推广。

⑤ 独家分销有利于密切厂家与一级批发商之间的关系，使彼此意见容易沟通，发生争议容易解决，双方都容易得到对方的支持。

出于上述5个方面的考虑，天丰公司最后决定在湖北省采用独家分销的办法来销售产品。

（2）湖北省经销农药的中间商不下数千家，天丰公司究竟应选择哪一家为独家分销呢？在对湖北省有实力的几家农药经销商进行摸底调查后，天丰公司最后选择了武汉市益农公司，主要是出于以下几个方面的考虑。

① 益农公司在湖北省实力最强的四家农药经销公司中销售能力居第二，仅次于湖北省农资公司。益农公司拥有较强的批发网络和分销通路，在湖北各地均有一批忠诚的二级分

销商，能把产品迅速覆盖到整个湖北市场。

② 虽然益农公司销售能力次于湖北省农资公司，但由于它是一家民营企业，办事效率高，没有相互推诿扯皮、久拖不决的官商作风，是一个理想的合作对象。

③ 益农公司在湖北农资行业特别是在下一级中间商中声誉好。当天丰公司进行调查摸底时，几乎所有的调查对象都异口同声地向天丰公司推荐益农公司。

④ 益农公司财力雄厚，而且流动资金充裕。有能力及时结清货款，还可能为天丰公司开展广告、促销活动提供某些财务帮助。

⑤ 益农公司商业信用好，贷款回笼迅速，过去在市场营销、贷款回笼、维护厂商企业形象等方面，从未给厂商带来过不利影响。

⑥ 益农公司的老板汪文波总经理，为人正派、品德好、能力强，有与天丰公司合作的诚意。益农公司内部管理有序，各项工作井井有条，员工工作积极性高，业务能力强，能同心同德地开展工作。这一切给天丰公司的考察人员留下了深刻的印象，认为这家公司可以信赖。

⑦ 益农公司拥有较大的专用仓库，并有一定数量的运货车辆，能保证产品仓储和运输的需要。

从以上 7 个方面考虑，天丰公司决定选择武汉市益农公司独家代理“野老”除草剂在湖北的分销业务。

（3）如何选择、监控、管理二级批发商。益农公司被定为一级批发商后，迅速在湖北省按地区选定 15 个经销大户作为二级批发商，定点供货，对其他农资经销商则不予供货，以维护二级批发商的利益，并按地区迅速形成销售网络。

对选定的 15 个经销大户，按其销售能力和信誉给予 300 箱—500 箱的货物铺底。铺底货物暂不收货款，待其卖完后第二次进货时，要求第二批货必须现金交易。第一次铺货的货款则在销售季节结束后，分期收回。这样做既帮助了二级批发商资金周转，又能使二级批发商迅速进货，并向下一级批发商或零售商铺货，使产品迅速到达各个基层销售点，方便农民购买。

益农公司还召开各地区 15 家经销大户会议，统一销售价格，即益农公司卖给这 15 家经销大户 1.6 元一袋，这 15 家经销大户也按 1.6 元一袋或稍高于 1.6 元一袋的价格卖给下一级批发商或零售商。对于按益农公司价格政策销售产品的经销大户，在销售季节结束后，按其销售数量的多少，每袋给予一定金额的返利。如销售 500 箱（每箱 200 袋），每袋返利 0.1 元；销售 1000 箱以上，每袋返利 0.15 元。对于不按益农公司价格政策销售产品的经销大户，则不予返利，甚至停止供货，取消经销权。

上述措施使产品在市场上价格基本稳定，防止了因各地价格不一致引起的竞相杀价等混乱现象，保证了经销商的利润，提高了其经营的积极性。

15 个经销大户经销的都是同一种产品，甲地会不会把自己的货卖到乙地去呢？是否会按统一的价格销售呢？为了及时查处“窜货杀价”现象，益农公司在向每一地区的经销大户发货时，都在包装箱上打上密码，其含意只有益农公司内部的有关人员才知道，一看密码，就知道这箱货是益农公司卖给哪一个经销大户的。1999 年 6 月，襄樊市场上出现了低于 1.6 元一袋的“野老”除草剂价格，益农公司马上派业务员调查，根据包装箱上的密码，当时就知道货是从荆门某经销大户手中卖出的，益农公司立刻停止向这个经销大户供货，并取消其返利；在这个经销大户保证不再向其他地区销售，并不再降价时，才恢复向其供货。

另外，当市场上出现无密码编号的包装箱时，即有出现假货的可能。如枣阳市场上发现有人以超低价格销售“野老”，经调查，包装箱上无密码编号，确定为假货，立即要求枣阳市技术监督局查处，结果发现是以滑石粉冒充“野老”除草剂，坑农害农。追查之下，造假人员负案外逃，市场立刻恢复正常。

（4）天丰公司和益农公司联合对二级批发商和零售商开展促销活动，两公司的促销人员在下乡做售点广告的同时，还向基层的零售店老板派送“野老”系列除草剂试用样品各 1 包。其中有秧田用除草剂 1 包，移栽田用除草剂 1 包，抛秧田用除草剂 1 包，共 3 包试用样品。目的是让农民试用之后，亲身体验到在众多的除草剂竞争品牌中，“野老”品牌确实质量与众不同，使用功效上具有明显的优势，从而放心购买。派送试用样品时，还告诉店老板使用“野老”除草剂的方法，在何处进货；并赠送一个印有“野老”标识的手提包，以联络感情。

另外，益农公司还通过《益农商情》、《益农之友》等公司内部报纸，向基层几千家农资经销商发布如下消息。

1999 年将评选“野老”除草剂十大零售商。具体办法是：在每箱产品中放置一张抽奖券和一张调查问卷。抽奖券分正、副两联，经销商保存正券，以备查询是否中奖及参加兑奖；在副券上填好姓名、地址、邮政编码，并把副券与填好的问卷一起寄回益农公司，益农公司根据经销商寄来的抽奖副券数量的多少，评选出十大零售商。抽奖券邮寄截止日期为 1999 年 9 月 30 日。这种销售竞赛活动，能刺激销售实力较强的零售商多进货，多销货。

大多数销售能力较弱的零售商，不可能争当十大零售商，如何刺激他们进货、销货的积极性呢？益农公司对于所有在 1999 年 9 月 30 日之前（以邮戳日期为准）寄来的抽奖副券，于 10 月 31 日进行抽奖。设一等奖 5 名，每名奖 29 英寸长虹彩电一台；二等奖 20 名，每名奖 25 英寸长虹彩电一台；三等奖 20 名，每名奖 VCD 影碟机一台；四等奖 50 名，每名奖自行车一辆；纪念奖 1000 名，每名奖精美礼品一份。中奖者将用专函进行通知。

益农公司还对公司内部销售人员制定了相应的激励措施。规定每个业务员所负责的区域，每销售一箱产品提成若干元，按回款率兑现，极大地提高了每个业务员及时铺货、补货、收款、催款的积极性。

正是由于采取了上述措施，有力地打通了销售通路，从而使“野老”除草剂在短短 4～5 个月中，取得了占领湖北省 90%左右市场份额的骄人业绩。

思考：益农公司是如何进行渠道管理的？

第7章 促销策略

教学目的和要求

- ✧ 理解促销及促销组合的概念，掌握促销组合的内容及影响促销组合的因素。
- ✧ 理解人员推销的目标，掌握人员推销的策略。
- ✧ 掌握广告的媒体选择、广告预算的确定、广告策略。
- ✧ 理解公共关系的特征、方式及实施步骤。
- ✧ 掌握营业推广的形式及方案设计。

现代市场营销不仅要求企业发展适销对路的产品，制订出有吸引力的价格，选择出理想的分销渠道，向顾客提供适当的产品，而且要求企业通过适当的方式，善于与其目标顾客沟通，开展促销活动，使顾客认识、了解、接受并购买本企业的产品。

7.1 促销与促销组合

促销是促进销售的简称，是指企业以人员或非人员的方式，同目标顾客沟通，将本企业及其产品信息传递给顾客，促使其了解、信赖企业及其产品，进而引起顾客兴趣，激发其购买欲和购买行为的相关行为。促销的实质，是营销者与现实和潜在顾客之间进行的信息沟通。促销可激发消费者的购买欲望，通过各种形式不断向消费者传递企业和产品信息，形成外界刺激，增进顾客对其商品及服务的了解，引起顾客的注意和兴趣，帮助顾客认识商品或服务所能带给他的利益，从而使消费者产生购买欲望，并指引消费者购买欲望的实现方向，为顾客最终做出购买决定提供依据。

7.1.1 促销组合

促销组合是指企业根据促销的需要，对人员推销、广告、公共关系与营业推广等促销方式有机结合，综合运用，进行适当选择与综合利用的策略和技巧。

从广义而言，任何可以传递信息的营销组合因素，都是促销组合的内容，如产品的式样、包装、价格等。而本节只讨论具有沟通性质的狭义促销工具的特点。

（1）人员推销。在购买过程中，人员推销是最有效的工具。尤其适应了购买者偏好，它是企业与顾客的直接沟通，涉及两人或多人之间的互动和沟通，既便于信息的有效传达，也利于培养情感和建立长期合作关系。同时，人员推销还利于顾客意见、建议迅速而准确的反馈。但人员推销也是最昂贵的促销工具，因而其应用范围受到了限制。常用于工业品与利润率较高的消费品的推销。

（2）广告。广告可以以较低的成本到达分散的广大潜在顾客，它可使销售商多次重复某种信息。它是一种高度大众化的信息传播方式，渗透力强，通过多次的信息重复，加深大众的印象。但在大众心目中有可信度低的固有弱点，是单向信息的灌输。接受认为自己不具有注意或反应的义务。

（3）公共关系。公共关系非常受信任，通过新闻故事、特写和事件对读者而言比广告更真实可信，公共关系用于树立企业良好的形象，作为一种间接的手段，可信度高，使顾客易于接受，且对大众的影响力大，与其他促销内容结合，可达到非常有效和节约的效果。

（4）营业推广。通过提供奖励和优惠，吸引消费者的注意力，刺激和引导顾客接近产品，触发强烈的购买动机，可使产品吸引力增强，刺激快速销售，激励与招揽顾客。

应当指出的是，促销组合的构成内容并非一成不变的。随着企业市场营销的发展，新的促销工具将不断出现。

7.1.2 影响促销组合的相关因素

促销组合是将几种促销方式有机结合，综合运用。促销组合可以体现企业整体决策思想，形成完整的促销决策。企业促销组合的确定，首先会受到投入预算的限制，此外还受以下因素的影响。

1. 产品类型

不同类型的商品（如消费品、工业用品），由于满足不同的消费者的要求，就需要采用不同的促销组合策略。通常而言，广告是消费品最主要的促销工具，原因在于消费品的技术结构简单，购买多且分散，购买频率高，花色品种多。而人员推销是工业用品的主要促销工具，产业用品技术复杂性高，使用较难，购买少且集中。公共关系、营业推广在促销活动中对不同性质的产品反应相对较均衡，应根据具体情况而定。

2. 促销目标

促销目标是制约各种促销形式具体组合的重要因素，促销目标不同，促销组合必然有差异。不同企业在同一市场、同一企业在不同时期及不同市场环境下所进行的特定促销活动，都有其具体的促销目标。确定最佳促销组合，必须考虑促销目标。相同的促销工具，用于不同的促销目标，其成本效益会有所不同。广告、营业推广和公关在扩大企业的市场份额方面，效益远高于人员推销。而在树立或强化企业形象方面，公共关系、广告的成本效益则优于人员推销。

3. 产品生命周期

在产品生命周期的不同阶段，由于促销目标不同，应使用不同的促销组合工具。

（1）引入期。企业的促销目标是让消费者认识和了解产品，应主要使用广告与营业推广，以加快顾客对新产品认识和了解的步伐。

（2）成长期。企业产品的销售量迅速增长，大众沟通的效果显著，促销目标是增进消费者对产品的兴趣，激发其购买行为。此时，企业如想进一步提高市场占有率，可继续抓好广告与营业推广工作；如想尽快获取利润，则可用人员推销，以降低成本。

（3）成熟期。企业为对抗竞争，巩固老客户，增加消费者对商品的信任感，保持市场占有率，企业仍需加大促销力度。此时，运用营业推广，如赠品、打折、抽奖等，比单纯的广告效果更好；还可运用公共关系宣传，以扩大企业和商品的声誉。

（4）衰退期。企业促销规模应迅速缩小，促使一些老用户持续的信任本企业产品，继续购买。因此，促销方式应以营业推广为主，保留最低限度的广告和人员推销即可，其他促销工具都应停止。

4. 营销环境

营销环境会对企业促销组合的选择产生诸多的影响，如从企业的市场地位角度看，处于市场领先地位的企业和品牌，可采用广告与营业推广；目标市场顾客接触传媒的频率高，可采用广告的效果；社区的重大活动也会对促销产生重大的影响等。

5. 市场状况

不同的目标市场，其接受信息的能力和对信息的反应态度都会有不同。对于空间分散而广阔的目标市场（如全国和国际市场），宜采用广告的方式；相反，对小规模、范围小、集中的本地市场则应以人员推销为主要的促销手段。

6. 推式与拉式策略

推式与拉式策略在一定程度上也影响着促销组合的构成。推式策略从企业出发，以人员推销为主的促销组合，强调利用中间商与推销人员将产品“强力推入”分销渠道，再由零售商将产品推给顾客。拉式战略则是以广告为主的促销组合，强调通过广告及其他有效促销手段，刺激及调动顾客需求货物兴趣，再通过顾客主动询购这种产品，寻求促销对象，逆分销渠道而行，最后达到促进销售对象进货的目的。

案例 7.1 宝洁公司：紧抓防疹型尿布市场

自从宝洁公司在 35 年前最早成功推出一次性尿布以来，宝洁公司和金佰利公司一直在争斗，都想获得价值约 40 亿美元的市场中的最大份额。宝洁公司和金佰利公司相继推出增值策略，证明它们的品牌比其他品牌更舒服、吸收更强并防止泄漏。尽管宝洁公司在 20 世纪 90 年代早期推出了革新尿布，如“白日超强吸收”或者棉质“帮宝适”，却发现自己在喜欢优惠的细分市场上落在金佰利公司后面。到 1997 年，宝洁公司推出了温柔触感型帮宝适尿布。宝洁公司利用电视和杂志广告宣传“温柔触感”，告诉消费者尿布的衬里含有三种润肤成分的专利混合物，能把无油的润肤成分均匀地传到婴儿的皮肤。润肤成分能防止婴儿受潮，并让他们的屁股“柔软、光滑和清洁”。公司研究发现，有大约 2/3 的婴儿每月患上某种形式的尿疹，这意味着婴儿患上尿疹比感冒还频繁。1/3 的父母认为他们的孩子经常得尿疹，宝洁公司的研究人员还发现尿疹不仅仅是内科疾病，尽管导致尿疹的很多因素父母并不能控制，但孩子得了尿疹还是让父母感到内疚，父母经常感到沮丧并责备自己。因此对于父母和孩子来说，尿疹都是个痛苦的经历。宝洁公司进行研究并申请了专利，生产出“温柔触感型”尿布。这种尿布即使婴儿已经得了尿疹，尿布的皮肤防护剂也能治好受到刺激的皮肤。公司声称其尿布比润肤霜和乳液要好，因为它们会妨碍尿布并影响防漏功能。宝洁公司计划在所有的食物和药品商店以及综合商场里，推出防疹型尿布。顾客可以在日用品分区、食物通道、纸品分区，甚至在药品分区找到他们。

7.1.3 促销投入的分配

企业促销投入的多少，受企业经济实力、企业营销目标、市场地位、竞争情况等综合因素的影响。企业究竟以多少费用用于促销活动，要根据市场竞争情况、企业实力和产品特征决定。促销可以帮助顾客认识产品，引起兴趣，进而促使其购买。同时，促销也有助于顾客购买后心理上的满足，因此促销对企业来说不是是否应该进行的问题，而是应投入多少的问题。

通常，我们认为在以下情况下，促销比其他营销活动的作用更大，应获得尽可能多的投入。

（1）当竞争产品十分相似，企业有意进行差异化竞争时。

（2）在产品的引入期与成熟期，应加大促销投入。

（3）直复营销的产品应加强促销活动。因为，此时顾客在购买前，无法直接接触产品，需企业加大宣传的力度。

（4）用自动售货机销售的产品，因没有现场的人员说明或提供服务，应加强促销。

7.2 人 员 推 销

7.2.1 人员推销的特点

1. 人员推销的含义和形式

人员推销是一种古老的促销手段，然而在现代市场销售中它又是一种具有现代意义的促销手段。随着经济的发展，企业越来越重视人员推销。

所谓人员推销，是指企业推销人员向用户单位（潜在顾客）进行人员接触，直接推动产品销售，促使顾客购买商品或劳务的促销方法。

2. 人员推销的特点

人员推销的作用就是使顾客认识和了解企业及其产品，引起他们的兴趣，从而促使其采取购买行为。特别是在争取顾客偏爱、建立购买信心方面，人员推销效果比较显著。与其他促销方式相比，人员推销有以下特点。

（1）推销的直接性和反馈的及时性相结合，因而具有双向性的特点。人员推销一般是两个或两个以上的人面对面交谈，在融洽活跃的交谈中，推销人员可以很清楚地观察到对方的态度和特点，掌握对方的情绪变化，随机应变地调整自己的劝说行为，并能及时得到买主的反应。

（2）人员推销具有信息沟通的特点。推销是一项集推销、宣传、服务、调研和公共关系为一体的综合性经营活动。人员推销采取的是双向沟通方式，交谈中伴随着情感的交流，就可能建立友谊，并形成融洽的关系，形成买卖双方良好的关系。

（3）人员推销是一门艺术——推销艺术。它是产品、知识和艺术的结合。

（4）人员推销要求推销人员要有较高的文化知识、业务知识、政治品质和充沛的体力。

3. 人员推销的目标

人员推销的目标即人员推销的任务，是通过与顾客的直接联系，引导消费，激发购买欲望，为企业和商品树立良好形象，从而达到促进销售的目的。

阅读资料 7.1 推销员如何走向成功

今天要说的推销，有别于一般谈论的推销技巧，不着重技术，而是着重在精神方面，简单地说，就是将“爱”的理论与推销结合在一起。

首先要“喜欢自己”，自己都不喜欢自己，别人如何喜欢你呢？从喜欢自己开始接受自己，认清自己。

其次，如果有人觉得不够爱自己，不妨先从“镜子的教育”开始。在家中，每天必经之地，或者书房、或者寝室，摆一面大镜子，每次看到镜中的自己，告诉镜中的你：你不错！利用镜子来训练自己，每天鼓励自己一次，但是同时，也要逼自己在面对自己的时候，敢于责备自己。

镜子教育的另一面则是：创造魅力。每一个成功的人必定有他的魅力，但可能不是与生俱有的，而是靠练习培养的，除了在镜子前练，任何时间、地点也都同样可以练习。

魅力就像是一块海绵，了解对方的想法、心情，吸收信息。成功的销售者所具有的魅力，是让对方喜欢听你说话，希望和你接近，相信你，愿意和你来往。同时还包括肯定对方的价值。杰出的销售员，必须培养一种“天生”的气质，在推销过程中很自然地销售商品，使对方一点也不会有排斥的心理。推销的精髓，不在推销商品本身，而是“推销人格”，透过人格推销商品。换句话说，对方决定向你购买商品时，是因为销售者本身的品德、人生经验、对商品的知识，以及对别人关心的程度。

所以基本上，一个具有“天生”气质的推销者，是爱自己，同时也是爱别人，爱帮助别人的人，让对方感到舒服，而且使对方更有自信。因此，很多人在从事推销工作之后，推销时并不一定要强调商品内容有多好，而是要注意你给对方什么好处。

首先，要把握好对方的需求、问题，提供解决的方法，并且关心他。其实，处于现在的社会，没有一个人跟推销不发生关系，如医生推销医德，老师推销知识，掌握住推销的道理，在各行各业都可以无往不胜。成功是“要不要”的问题，而不是“能不能”的问题。喜欢成功的人就能成功，喜欢失败的人就注定失败，成功与失败，关键在自己，不在别人。

其次，生活中不要成为“找别人缺点的专家”。

再次，提出一些建议，与朋友们共勉。(1)为自己建立一套思想和观念作为工作的基础。(2)享受工作。(3)以“为你”的心态来完成任务。(4)切勿对记录的保持和对竞争者掉以轻心。专业推销员为求保持记录，会尽其所能全力以赴，这是超越自我的主要凭借。此外，专业推销员对竞争者的存在是欢迎的。假若没有竞争者，便会逐渐沦为弱者。(5)勤于认识新事物。成功并无秘诀，关键在“凡事皆能”的观念。(6)专业推销员将生命完全投注在事业上，借工作磨练自己，在生活中建立一种目标。

成功的人大都具有他们独特的特质。不过，这些特质并非专利品，每一个人都能拥有的。成功也无任何秘诀，问题只是在于你认为“自己做得到吗？”如果你相信自己做得到，就能做得到。

7.2.2 人员推销的步骤

对于不同的商品应该采取不同的推销活动，作为人员推销的过程，可分为以下几个步骤。

(1) 寻找潜在顾客。推销工作的第一步就是寻找潜在顾客。准确地接近潜在顾客对于成功推销是很关键的。通过现有满意顾客的介绍，建立信息网或在报纸或工商指南上查阅名录、电话号码发掘潜在顾客。

（2）做好计划安排。销售人员访问潜在顾客前应尽可能了解顾客。销售人员应制订访问目标，目标可以是确定潜在顾客、搜集信息或马上达成交易。也可以亲自拜访、电话联络或信函。拜访应小心考虑最佳访问时间。

（3）接近。接近是销售人员与顾客建立友好关系的开始。此时推销人员应知道如何会见和招呼买主，给对方一个好印象，验证计划中的信息以便为后面的谈话做好准备。

（4）介绍。介绍是推销中的核心部分。销售人员向买主讲述产品能为顾客赚钱或省钱。销售人员介绍产品的各种特性时，主要应集中讲述产品给顾客带来的利益。

（5）应付反对意见。顾客在整个推销过程中或在要求订购产品时一般都会有反对意见。在应付这些反对意见时，销售人员必须采取积极的态度，设法找出原因，要求消费者阐述反对理由，使之成为提供信息的机会，并随时准备应付反对意见的措辞和论据。

（6）成交。在解决了潜在顾客的反对意见后，销售人员就应试着达成交易。销售人员应该知道如何识别购买者发出的特定成交信号，包括身体的动作、言辞或意见，如顾客不断点头、询问价格或付款条件。这时，销售人员就可以使用各种技巧，抓住时机，促成交易。

（7）事后跟踪。销售人员希望确保顾客满意，与顾客继续保持业务往来，事后跟踪是必不可少的一环。生意一旦成交，销售人员应认真处理各项细节，如交货时间、安装、指导和服务等都应准确无误，目的是发现可能产生的各种问题，向买主表明销售人员的诚意和关心，消除顾客售后的各处担心。

案例 7.2 立尔公司的销售

立尔公司是世界上最大的、增长最快的和最成功的汽车供应商。立尔公司每年生产超过120亿美元的汽车内部座椅系统、仪表板、车门板、地板和音响系统以及电子和电流传输系统。其顾客包括世界最领先的汽车公司，从福特、通用汽车、菲亚特和沃尔沃，到奔驰、法拉利、劳斯莱斯、丰田以及其他十几个公司。现在，立尔公司在全球的33个国家开设300多家工厂。过去几年间，立尔公司取得了打破记录的销售收入和赢利性增长。过去5年中，立尔公司的销售收入增长了3倍以上，自从1990年，其在北美的“每辆车平均含量”增长了4倍之多。现在，它在北美的内部构件市场拥有30%的份额。

立尔公司的成功有很多因素，包括很强的顾客导向和持续改进，团队工作以及顾客价值。但是，比起公司的其他部分，也许是立尔公司的销售队伍才使公司的信条——“听从顾客，关注顾客”真正实现。事实上，立尔公司的销售队伍最近被《销售和市场营销管理》杂志评为“美国最佳销售队伍”。是什么造就了这样杰出的销售队伍？立尔公司知道，比起只有一个销售代表覆盖一个区域并说服顾客购买产品，好的销售需要做得更多。销售需要团队工作、建立关系和为顾客竭诚服务，立尔公司的销售队伍在这些方面做得都很好。

立尔公司的销售收入完全依靠其顾客的成功，如果汽车制造商不卖汽车，立尔公司也不能卖内部零件。所以，立尔公司的销售队伍努力创造的不仅是销售收入，而且还有顾客的成功。事实上，立尔公司的销售人员不是“销售代表”，而是“客户经理”，更像咨询员而不是争取订单的人。“我们的销售人员并不是真正为了交易。”一位高级市场营销负责人说道，“我们为顾客做咨询并与其合作，准确了解他们的需求和需求时间。”

为了更充分地满足顾客需求，立尔公司使产品线多样化，成为一种“单站购物”的资源。直到几年前，立尔公司只供应座椅，现在，公司销售几乎所有的汽车内部构件。为顾客提供完全的内部构件，也使立尔公司获益。“过去我们仅建立一种伙伴关系，从中只能得到有限的收入。”负责人说道，“现在可以从顾客关系中得到尽可能多的利益。”立尔公司以顾客为中心，公司有专门的独立部门为特定顾客服务。例如，有福特部和通用汽车部，每个部门作为独立核算中心运作。在每个部门内，高水平“平台团队”由销售人员、工程师和项目经理组成，与客户企业中的相应人员紧密配合。这些平台团队得到了部门制造、财务、质量和先进技术队伍的密切支持。立尔公司的顾客基础总共只有几十个，这让公司的销售团队充分接近顾客。“我们的团队不访问购买者，他们联系顾客运作的各个层次。”市场人员说道，“我们努力适当地实现与顾客持续联系的系统。”事实上，立尔公司常常把销售办公室选在顾客的工厂内，例如，负责通用汽车的轻型卡车部门的团队，就工作在通用汽车的工业园里。“我们不能只在那儿给出报价，要订单，我们需要在每一步和顾客在一起，从汽车构思到推出。”

立尔公司最大的客户在公司的年销售收入中占到几十亿美元。与如此重要的客户保持有利关系，可不能只靠美丽的微笑和亲切的握手。这种环境下的销售需要训练有素、甘于奉献的专业销售人员，为照管好顾客而通力合作。

分析要点：立尔公司取得成功是依赖什么，其销售人员是怎样进行销售的？

7.2.3 人员推销的策略

推销人员应根据不同的目标市场、不同顾客及不同商品的具体情况，采用灵活的推销策略。常见的人员推销策略有下面几种。

1. 程序式策略

程序式策略是根据顾客购买心理变化不同阶段的特点有步骤地进行推销的策略。

（1）试探法。试探法是根据简单的刺激反应模式设计的，其特点是事先对顾客不了解，推销人员准备能引起顾客兴趣、刺激顾客购买欲望的推销语言，投石问路，先进行试探，看顾客的反应，再进一步试探，再看反应，直到对方表露出意图再采取具体的推销措施。

（2）针对法。这种方法的特点是事先已经知道顾客某些方面的需要，推销人员针对顾客的需求进行有针对性的、恰到好处的宣传、说服，以达成交易。

(3) 诱导法。这种方法的特点是通过交谈引起顾客的某种需要，从而诱导顾客形成强烈的购买欲望。这是一种“创造性的推销”，要求推销员有很高的推销技巧。使顾客相信你，承认你是顾客的参谋。这种方法要求推销员既要站在顾客的角度讲话，又要代表公司的利益。

阅读资料 7.2　推销工作十大要决

顾客口头上想要的东西，不见得是心里真正想要的。曾做过错误采购决定的人，为了面子问题，也许不愿承认自己的错误。而且，他们可能口是心非地赞美心中认为不良的产品。预防的方法是让他们说出来，然后问他们希望如何改变这项产品。给他们这个台阶下，他们就会说出真正的想法。

(1) 如果有顾客转而向你的竞争者购买但结果不良时，你应该小心劝他回心转意。由于他不愿被迫当面承认自己的错误，所以你如方法失当，可能使他再以另一个竞争者为购买对象。因此你在重新接洽这个生意时，要让他仍旧保留机灵的形象。

(2) 顾客发生错误时，有时顾客对产品会有怨言，而实际上那是由于他自己没有按照说明书使用而发生的错误。技巧：别强迫他承认错误。顾客自觉困窘，不愿对这个问题负责。你要有点同情心，帮助他寻找答案。

(3) 少用贸易术语、型号或简称做产品展示。买主在要求解释时，会觉得尴尬而不自在。重要的是让顾客容易做生意，而不是卖家自求方便和节省时间。

(4) 推销员犯错的次数多寡并不重要，重要的是他成功的次数，而这个数目和他们失败而继续尝试的数目有直接的关联。

(5) 营业额暴跌的原因，经常是由于推销员不自觉地改变自己的售货方式。他们逐渐偏离根源，在销售过程中失去重点。老推销员尤其常因对产品充分了解，而忘了顾客并不熟悉产品的优点。

(6) 控制谈话的人，是问最后一个问题的人。有人问话时，要使用最有利的回答，然后提出问题，增进了解。例如，有希望成交的房屋买主问：“房子坐落在什么地方？”推销员回答：“在某高中附近，你对那一带熟吗？”

(7) 访谈失败。如果准买主在听完你介绍产品之后，决定不买了，你也别灰心。你可请他另介绍些顾客。他可能会迟疑一会儿，但是往往会给你一些较可能购买的客户的名字。

(8) 在每次产品展示完之后，要以信函或电话跟进。客户对一项交易真正热心起来，或是从反感中回心转意，通常都需要几天的时间。

(9) 在议价开始，或需要另外的支援前，先别谈到公司提供给客户的免费服务。将服务计入成本中，但是要让他们觉得是占便宜。

(10) 销售对象是整个委员会时，要将注意力集中在真正需要这项产品或服务的人。就是真正的使用者。

2. 教育式策略

教育式策略是通过培训、示范等教育方式向消费者传授有关商品的知识，让他们了解商品的用途、优点和使用方法，促使消费者购买的一种人员推销策略。这种策略适用于推销新产品，价格较贵的高档商品，有特殊效用、特殊使用方法以及技术要求较高的商品。消费者在对这些商品不了解时，容易产生顾虑，培训、示范可以使顾客消除顾虑，增强购买商品的信心和欲望。

案例 7.3 IBM 公司是如何做销售的

美国 IBM 公司，是公认的世界上经营最好的大公司之一。1985 年销售额达到 500 亿美元，同年，日本管理协会把“市场销售卓越奖”奖给了 IBM 公司。IBM 公司重视销售工作的做法具体有以下方面。

（1）人人搞销售。IBM 公司从雇员就业的第一天，甚至从招工考试之日起，就开始向其灌输思想，并将这种思想渗透到雇员培训计划之中。同时，对于销售有关的各项工作进行分析、描述，详细指出各项工作与销售的关系及如何改进以适应销售的需要。

（2）使用多种激励方法奖励工作成绩突出的销售人员。同时，对那些为销售做出了贡献的其他部门的员工，也给予奖励，从而在公司中形成人人关心销售的风气。激励方法是多种多样的。除物质奖励外，请员工吃一顿晚餐或组织一场晚会，这样做也会使员工受到真正的激励。除此之外，当下属工作不称职时，及时给予指正，这也当成一种激励员工的方法，但是，采用这种方法是一对一的，以免使下属难堪。让非销售人员了解销售工作。对于与销售有重要关系的人员，如工程师、制造和财务部门的人员，公司让他们与销售人员一起走访用户，了解用户的要求，了解销售的第一手情况，以增进业务部门对销售工作的了解和支持，更好地配合销售工作。

（3）组织用户招待会。IBM 公司各级经理人员定期与顾客见面已成为惯例。通过经常交换意见，厂方随时了解用户的要求，用户可及时反映自己的意见，增进双方的理解和信任。IBM 公司一年要组织几次用户招待会，计划、制造、研究、财务等部门负责人都要到会，利用这个机会和用户交流信息。此外，还邀请银行、商界、保险公司和工业集团等共同讨论彼此间的业务情况和各界对 IBM 产品的评价。这些活动对 IBM 的销售起到了很好的推动作用。

（4）召开产销联合会。IBM 公司每年召开一次计划财务会议。参加者包括销售和辅助销售部门的人员和一些主要用户的代表。主要议题是讨论公司的财务状况，分析主要用户的有关情况，包括其生产经营和长短期发展战略等。同时检查本公司的产品在这些用户的使用效果，订货合同执行情况，产品的售后服务情况等。在此基础上形成下一年的工作计划，这个计划最后还要与用户讨论、协商，争取得到用户的理解和支持。

（5）抓住最大的用户。IBM 公司对于主要用户，都有其详细的最新情报资料，从生产设备的安装使用及其员工培训的情况，及时了解用户的要求及变化。特别是对于经营情况好，在其行业中起带头作用的“领袖企业”，一定设法抓住。当这些大企业的经营情况发生变化而影响到 IBM 的销售时，公司就会及时做出响应的决策。

（6）主管人员参与销售。IBM 公司认为，高级主管人员也必须参与销售工作。如果他们仅从市场行情分析销售报告以及用偶尔几次会见用户的方式来领导工作，必然会因情况不明造成决策失误。因此，IBM 公司的高级主管人员都挤出时间走访用户，接待一些用户，直接听取用户意见，了解销售情况。这样在主管人员中形成了以销售为中心的思想。

3. 利用中介者推销策略

利用中介者推销策略就是通过顾客、有关企业和特聘人员进行再宣传的人员推销策略。具体方法有以下几种。

（1）利用顾客进行再宣传。意即选择适当的顾客，在向他们推销商品的同时希望其承担一定的再宣传义务。

（2）利用有关企业推销。当企业力量不足时，可以寻找与自己业务有关的企业合作，互为宣传、推荐，为对方推销产品。如家具店与床上用品店，双方共同协商，在销售本店经营的商品的同时，向顾客推荐相关企业的产品。这种方法费用低，收效好，但适用范围较小，而且相关企业必须密切配合。

（3）利用消费者偶像推销。利用消费者崇拜的偶像来提高自己企业产品的声誉。这种方法较适用于推销大众时尚商品和新产品。

案例 7.4 向超级推销员学习的秘诀

美国汽车推销专家 H 的推销哲学是使业绩急增，往超级推销员之路前进。他所遵奉的法则是向伟大的推销员学习成功的秘诀，这是使生涩的技巧很快就熟练的捷径，才能在最短的时间里，赶上最好的推销员。

当他进入公司时，马上调查出公司里有三位最好的推销员，就拜托他们指导他，同时，他也找出其他行业的优秀推销员，不断的请教他们。毫无条件的接受他们的教诲，努力学习推销技巧。因为他们的业绩很高，受到公司的器重，表示他们所采取的行动是正确的，如果业绩不如他们，表示推销方法有错误，千万不可输不起，要谦虚地学习他们的秘诀。

有一些业绩不好的推销员，会在背后批评一流的推销员，借以掩饰自己的无能，他是最讨厌这种心胸狭窄、输不起的人。不管他们怎么为自己辩护，也无法胜过一流的推销员，道理非常简单，业绩不如人就是失败者，再怎么为自己辩护，不但没有用，还会落人话柄。

他刚进入N汽车公司时，有一位A先生，是当时最好的推销员，大约五十岁左右。在所有汽车公司的推销员中，他的业绩是最高的，可以说是一位超级的推销员。那时，汽车尚未普遍被使用，处于流行前的阶段，一个月的平均出售量只有现在的一半（2.8辆）。那时，A先生每天都出售一辆新车，一年就卖了365辆，是十分令人诧异的业绩，以现在的比例来换算，一天是出售两辆车子，一年卖了700辆到750辆之间的数目。而且当时出售新车，大部分还要收购客人的旧车，因此也要负责将古车卖掉。等于现在一天出售了两辆新车、一辆中古车，一年就卖了1000辆到1100辆汽车。

超级汽车推销员是采取共同贩卖的推销方法，请汽车修理厂，由他们和顾客洽谈订约事宜。他利用这种方式，取得了很多订单。所以他那令人惊异的推销量，并不是一个人的功劳，而是一个组织的力量。当时，一些业绩不好的推销员，就在背后批评A先生："A先生不像我们靠自己的力量来推销汽车，而是利用很多修理厂来一同销售，业绩当然会很好，没什么了不起。"他听到那些无能的人为了辩护自己所说的话，觉得非常生气，就为A先生说句公道话："那你们为什么不用A先生的方法来推销呢？不过就算你们采取这种方式，我想你们也无法做到像A先生那样的业绩，跟目前没什么差别。所以应该要有雅量接受事实，虚心学习A先生的推销秘诀，向他挑战，做一个胜过他的优秀推销员"。一流的推销员所具有的共同特色之一，就是非常率直和谦虚、求知欲很强。

一流的推销员总是拼命的想吸收他人成功的秘诀;成绩不良的推销员不想听一流推销员的经验谈，所以他们永远不会进步。

7.2.4 推销人员的素质和培训

人员推销的关键在于推销人员，因此推销人员应具有较高的素质。

1. 推销人员的素质

一般来讲，推销人员应具备以下素质。

（1）热情大方。推销人员肩负着企业和顾客的重任，同时要达成交易，工作非常艰巨。因此，一个合格的推销人员应热情大方，任劳任怨，始终保持一颗热忱的心。

（2）富有进取心和高度的责任感。推销人员不仅是企业的代表也是消费者的顾问，要替顾客着想，不辞辛劳。不仅要把握好推销机会，帮助顾客获取购买和消费的利益。好的推销人员，能随时随地为顾客着想。

（3）知识面广。良好的推销人员要善于学习为搞好推销工作所必需的广泛知识。一个推销人员的知识结构是否宽泛，是决定其推销技巧高低的重要因素。

2. 推销人员的培训

推销人员还应认真培训才能充当企业的销售代表。并且每隔一段时间也应组织集中培训。学习和认识企业新的营销计划和新的市场策略及产品的新知识等。

7.3 广告策略

广告是当代社会最重要的促销方式之一，它深入我们的生活，甚至成为评价经济繁荣的一个晴雨表。对大多数企业来说，广告是产品进入市场的敲门砖和入场券。

7.3.1 广告

美国市场营销协会为了将广告与其他促销手段严格地区分开，对广告作了如下定义："广告是由明确的发起人，以公开付费的做法，用非人员的任何形式，对产品、服务或某项行动的意见和想法等的介绍。"

（1）"任何形式"。它是指采取除人员面对面之外的任何方式、手段对产品、服务或某项行动进行介绍。

（2）"非人员"。它是将广告与人员推销严格地区分开来，任何面对面的形式都被排除在广告之外。

（3）广告的内容。广告的内容一般包括以下三个方面。

① 有关产品本身的内容。主要指产品名称、品种规格、性能特点、适用范围、所达到的技术经济指标、销售价格等。

② 有关企业本身的内容。如本企业的名称、历史、厂牌、商标、经营思想、技术装备情况、所享有的声誉、与企业联系的办法等。

③ 有关销售服务方面的内容。如购买方式、产品质量保证措施、安装调试、保修期限、配件供应、货款结算、人员培训等。除产品、服务以外，还包括对某项行动的意见和想法的介绍，这是广告的重要内容，也是区分广义和狭义广告的主要标志。

（4）广告主必须明确，且公开承认为使用广告媒体支付了费用。这就将广告与公关、宣传区分开来，因为公关与宣传，往往既不公开付费，也难以识别其作者。

7.3.2 广告的组成与特点

1. 广告的组成

一个完整的广告主要有以下五个方面的内容。

（1）广告主及其代理人：他们是发布广告的主体。

（2）广告信息：这是广告的主题部分，即广告主希望传递给广告对象的各种内容和含义。如产品的性能功效、品牌形象、企业信誉等。

（3）广告媒体：指传递广告信息的中介渠道，除人员面对面外，各种形式均可，最常用的是各种大众媒体，如电视、报纸等。

（4）广告费用：指广告主为发布广告而支付的各种费用。

（5）广告对象：本意是指广告的目标顾客，但实际中往往反映为广告媒体的大众。

阅读资料 7.3 广告主

广告主，是广告主旨的确定人，是广告的发起人和广告费用的原始支付人；广告代理人是具有广告代理资格的中间人，他代广告主制作和发布广告，并获得佣金。我国《广告法》规定，广告必须通过广告代理人发布，广告代理人可获得不低于15%的佣金。

2. 广告的特点

（1）有偿服务。广告通过媒体传播必须支付费用，费用的高低取决于媒体种类、时间等。

（2）传播面广，宣传声势大。

（3）间接传播。广告通过媒体影响目标对象，广告的内容与形式直接影响广告的效果。

（4）媒体效应。媒体的声誉、吸引力等，都对广告的最终效果产生重大的影响。

（5）信任度低。广告是公开付费的，趋利性明显，顾客对其信息普遍存有怀疑。

（6）针对性差。传统广告属于单向沟通，不能直接得到消费者的反馈信息。而且通过大众媒体传递，很难区分目标顾客与普通公众，从而导致广告效果大打折扣。百货业巨头约翰·沃纳梅克有一句名言："我知道我的广告费有一半是浪费的，但我不知道是哪一半。"真实而准确地反应了这一点。不过网络广告的出现，在一定程度上弥补了这一缺憾。

（7）艺术性。广告的目的在于唤起人们的注意，对产品发生兴趣，从而产生购买的欲望。因此，广告的制作应讲求艺术性，力求做到主题明确、构思巧妙、布局得当、色彩协调、健康美观、生动活泼的艺术效果。

7.3.3 广告媒体的选择

1. 广告媒体的种类

随着科学技术的发展和表现手法的提高，广告媒体也在日渐增多。主要有报纸、杂志、广播、电视、室外广告、焦点广告等。

（1）报纸。报纸是传递信息的最重要工具，是广告运用最多的媒体形式之一。其优点是：读者面广、稳定、宣传覆盖面大；信息传播快，时效性强；空间余地大，信息量丰富，便于查找；收费较低。其缺点是：保留时间短，生命力短；形象表现不佳，感染力差。

（2）杂志。杂志专业性较强，目标读者较集中，是刊登各种专业产品广告的良好媒体。其优点是：读者对象明确、集中、针对性强，广告效果好；保留时间长，信息利用充分；读者文化程度高，有专业知识，易接受新事物，更适合新产品和相应专业产品的广告。其缺点是：发行范围不广，广告覆盖面小；周期长，不利于快速传播。

（3）广播。广播是听觉媒体，在我国现阶段也是一种广为利用的主要媒体。其优点是：传收同步，易收到最快最新的信息，且不受交通条件和距离远近的限制；传播空间广泛，适应性强，广告费用很低。其缺点是：只有信息的听觉刺激，没有视觉刺激；信息消失快，给人印象不深；难以保存，无法查找；听众分散，选择性差。

（4）电视。电视是最重要的现代化媒体。它通过视觉形象和听觉的结合，综合运用各种艺术手法，融声音、图像、色彩、运动于一体，直观形象地传递商品信息，具有丰富的表现力和强烈的感染力。其优点是：表现力丰富，形声兼备，感染力极强，给人以强烈的刺激；播放及时、覆盖面广、收视率高；可以重复播放，加深印象。其缺点是：制作成本高；信息消失快；目标观众无法选择。

（5）室外广告。它主要包括路牌广告、传单广告、灯箱广告、交通车身广告、车辆广告、招贴广告等。其特点是：传播主题鲜明、形象突出；不受时间限制，比较灵活；展露重复性强，成本较低。其缺点是：不能选择对象，传播内容受一定的限制，创造力受到局限。

（6）售点广告。它是指售货点及购物场所的广告。例如，柜台广告、货架陈列广告、模特广告、门面装饰等。

（7）其他媒体。它主要包括：邮寄广告、赞助广告、体育广告等。商品目录、说明书、包装纸等也均可作为广告媒体。

2. 媒体选择的影响因素

要使广告达到一定的促销效果，则必须注意广告媒体的覆盖面、接触频率及作用强度等。企业在选择广告媒体时应考虑以下因素。

（1）企业对传播信息的要求。企业对信息的传播次数、效果及到达目标顾客的最低时间限度要求不同，就要根据各种媒体的特点，选择不同的广告媒体。

（2）产品特性。产品的性质、特点等不同，要选择不同的广告媒体。如服装，就应在有色彩的媒体上发布广告。

（3）目标顾客特点。顾客的年龄、性别、文化程度、经济收入和社会地位等不同，接触媒体的习惯也不同，企业应选择能顺利传播到目标市场的媒体。如玩具，就应尽可能避免使用报纸、杂志一类以文字为主的媒体。

（4）媒体特性。不同媒体的传播效果、范围和声誉各不相同，所以要根据媒体特征选用效果好、声誉高和影响力大的媒体。

阅读资料 7.4 千人成本准则

不同媒体的成本不同，在选用时应考虑企业广告费用支付能力，分析费用与广告效果之间的关系，选用成本低、效果好的媒体。从支付费用的绝对值看，电视是最昂贵的广告媒体。但从相对成本，即支付单位费用覆盖的大众人数来看（千人成本准则），电视因大众群体巨大，其成本往往是最低的。

但要注意的是，千人成本准则也存在问题。

（1）媒体大众并不等于广告的目标对象，但广告成本却是以此为根据的。

（2）发布的概念不准确，即从表面看，广告发布即意味着是所有大众都接受了广告欲传达的信息。而实际上一个广告发布后，只有一部分人会注意到该广告，较少的人了解广告的内容，更少的人能正确地理解。

（3）由于连续在同一时段、位置，重复发布同一广告，大众往往也是重复的。因此，此时显然存在一个收益递减问题。

7.3.4 广告预算的确定

1. 编制广告预算的方法

指定广告预算的方法多种多样，每一种方法都有各自的优点与缺点，所以企业和广告公司在编制广告预算时，应根据自身实际情况，采用两种以上的方法。

（1）销售额百分比法。根据以往的销售的实绩或预测销售额，选用一定百分比来编制广告预算。

销售额百分比法又分为两种。

① 上年销售百分比法。它是依照上一年度产品销售状况确定一定百分比数额的费用充做现年度的广告预算。有时，如广告主会依据当时特定的经济形势和市场状况对百分比数额进行细微调整。

② 下年销售百分比法。与上年销售百分比法大致相同，只是确定百分比的基础是下一年度预计要达到的产品销售情况。如广东健力宝集团公司就是按销售额的 2%确定广告费用的。这种方法使销售额与广告费用紧密联系，操作简单、计算方便，不受企业财务状况的直接影响，但弊病是广告变成销售的“结晶”。销售好时广告预算增加，销售不好时，广告预算减少，与“广告应产生销售”的信念相违背。尽管如此，这种方法还是被企业广为采用。

（2）利润额百分比法。意即企业按照利润额（上年度利润额实绩或次年度预计利润额）的一定百分比来决定广告开支，采用利润额来计算广告额更为恰当，因为利润额是企业经营成果的最终表现。但是，当企业没有利润，出现亏损时，此法失去了可操作性。利润额百分比法的优缺点基本相同。

（3）竞争对抗法。竞争对抗法是按照竞争企业的广告费来确定本企业的广告预算。整个行业的广告费越大，本企业的广告费也越大；反之广告费则越小。这种方法是把广告作为企业竞争的武器，实行针锋相对的宣传策略。采用这种方法的都是财力雄厚的大企业。这种方法虽然可能在短期内达到对抗的目的，但由于不是从本企业自身实力出发，所以带有较大的风险性。

竞争对抗法的计算方法有两种。

① 市场占有率法。这是先计算竞争对手的市场占有率和广告费用，求得单位市场占有率的广告费，在此基础上乘以预计本企业市场占有率，便得到本企业广告预算。计算公式如下：

广告预算=竞争对手广告费总额 / 竞争对手市场占有率×本企业预计市场占有率

比如，竞争企业的某商品市场占有率为20%，它的广告费总额为20万元，则每1%的市场占有率花广告费1万元。本企业预计市场占有率为30%，则广告费至少在30万元以上。

② 增减百分比法。以竞争企业本年广告费比上年广告费增或减的百分比作为本企业广告费增或减的百分比参考数，计算公式是：

广告预算＝（1±竞争企业广告费增减率）×本企业上年广告费

比如，竞争企业本年广告费比上年广告费增加10%，本企业也至少增加10%。

（4）目标达成法。这种方法首先是根据企业的营销目标确定广告的目标，然后再考虑为了实现广告目标实施广告活动计划。目标达成法是以广告目标来决定广告预算，因而便于检验广告的实际效果。目标达成法的缺点是没有从成本的观点出发来考虑是否值得追求某一广告目标。

广告目标通常分为四个阶段，即知名—了解—确信—行为。越到后面的阶段，广告的目标实现起来困难就越大。如果以其中一个阶段为广告目标，那么就要决定达到这一目标所必需的各项广告费用。比如，为了增加商品的知名度，就要扩大广告的视听率。假如广告目标设定要增加10万名青少年看广告，经调查，计算出每增加一名青少年视听广告，平均要花费0.2元钱，一个月预计重复10次，则每月广告费为20万元。计算公式为：

广告预算＝目标人数×平均每人每次广告费用×广告次数

（5）销售单位法。销售单位法是先规定每件商品需要多少金额的广告费，然后再乘以总销售数量得出广告预算费用。此方法优缺点类似于销售百分比法。

假如一个啤酒广告主预计销售量为15万箱，并将广告经费额确定为每箱1元，那么该广告主要达到的销量15万箱的目标，就应付出15万元的广告预算费用。

（6）量力而行法。意即企业确定广告预算的依据是他们所能拿出的资金数额。也就是说，在优先分配经费给市场营销活动之后，尚有剩余时再供广告之用。

企业根据其财力情况来决定广告开支多少并没有错；但应看到，广告是企业的一种重要促销手段，企业做广告的根本目的在于促进销售。因此，企业做广告预算时要考虑企业需要花多少广告费才能完成销售指标。严格说来，量力而行法在某种程度上存在着片面性，会导致广告费用预算无计划、不稳定，起伏过大，而且也不一定符合市场发展的需要。

2. 广告预算的分配

在确定了广告预算之后，就要针对广告计划的各项细目的要求，将广告预算总额进行分解，具体落实到各个广告活动的项目之中。这是通过广告预算对广告活动进行组织、协调和控制，实施广告计划的手段。

阅读资料 7.5 广告预算的分配方法

广告预算的分配往往采用以下几种方法。

（1）按广告的商品进行分配：在计划进行广告宣传的各种商品中将广告费按需分配。

（2）按广告的媒体进行分配：在各种广告媒介中，确定每种广告媒介应分配多少广告费。

（3）按广告的地域进行分配：根据广告活动实施的地域不同，将广告费分配到各个地域。

（4）按广告的时间分配预算：对于一些季节性强的商品和一些新上市的商品，按照产品销售季节，有计划地按月或按季分配广告费用，避免广告费用不确定地随时花费。

（5）按广告对象进行分配：按照广告计划中的不同广告对象，如团体用户、企业用户和最终消费者，分配广告费。

7.3.5 广告策略

广告策略也称广告信息传播策略，是为了达到预期的广告目标而进行的各种谋划运作，是广告的方针、对策手段和谋略等的组合。在现代市场经济的激烈竞争时代，商业广告的数量和花样繁多，为了使广告活动取得理想效果，必须以策略为先导。

广告策略主要有以下几种。

（1）象征广告策略。借助形象或符号代言为企业或产品宣传，从心理上调动和感染目标公众，使之唤起美好的联想，从而达到增强其记忆、提高知名度、扩大影响力的目的。如借助名人效应提高知名度等，特别适宜于上市初期的产品。但应注意象征性形象选择要慎重，要与企业和产品的形象风格特点吻合，注意调研形象的负面影响。如现代科技产品不能选择时尚简单形象，精细化产品不宜选择粗犷形象等。在广告中利用名人有两种方式：一是直接的方式，就是直接邀请政界要人、商界巨人、演员、歌星等进行广告宣传；二是间接的方式，就是借助名人的声望来提高商品的知名度和美誉度，如诗芬洗发香波请周慧敏为其做广告。

（2）企业形象塑造策略。以树立企业形象为目的，获取消费者对企业的认同，从而引导消费者信任企业的产品。如赞助公益广告，即利用纪念活动、比赛活动，由公司出资捐助，从中取得刊登广告的权利。公司做公益广告的目的是要提高公司的知名度，从而有利于公司产品的销售。用公益广告塑造企业形象，从表面看来是完全为公众免费服务，但实际上常常起到了不是广告，胜似广告的作用。

（3）保证广告策略。为赢得消费者信赖在广告中做出承诺的策略。

如海尔集团等厂家在空调销售中承诺24小时上门安装服务到位等，适宜于有一定影响力的名牌产品。但企业的承诺广告要认真研究操作的可行性并准备预测承诺后的结果，预防任何可能发生的不利情况。对承诺内容必须保证做到，否则适得其反，成了“欺骗广告”，极大地损害企业和产品形象。如天津一家空调厂因对夏季天气估计不足，对消费者空调安装需求量判断失误，致使承诺的安装服务无法兑现，引起消费者强烈不满，对企业形象造成严重损害。

（4）情感广告策略。以人类丰富的情感渲染策略，营造有利于企业或产品销售的氛围，以情打动消费者，直接建立消费者对商品的好感。此类广告的出发点往往基于对动机的分析。

如爱妻号小天鹅洗衣机的“献给妻子的爱”那则广告，把“小天鹅洗衣机”与“献给妻子的爱”两个本不相关的事物直接联系在一起，促使消费者对该产品产生好感，从而销售量大增。

（5）悬念广告策略。以猜测等手段不直接说明产品，而是将产品渐次地表现出来，以好奇赢得观众，增强注意度。在广告设计中，新奇有趣的构思，富于艺术的加工，诱人关心的题材，都能增强广告的感染力，引起消费者的注意，进一步激发其兴趣。因此广告宣传的艺术加工，必须包括创造完美的色调、字体、造型、构图、言辞和意境。搞好艺术形象的塑造，才能较长时间地维持消费者对广告的注意。

案例7.5 一幅新奇的引人注目的好广告

某日，欧洲一个大城市的中心广场上突然飘来了一片彩云。彩云还在不断地变换颜色。这可是全城的人们都闻所未闻的怪现象。于是大家都被吸引住了，开始兴致勃勃地谈论这片奇怪的彩云。忽然，彩云上映出几个醒目的大字：“精工表世界销售总值第一。”接着，彩云又变为另几个字：“德国特效新药雅之止咳。”几乎全城的人都看到了这一切，可见，这些广告的覆盖面和影响力极大。

（6）资讯广告策略。针对理性消费者，以真实可信的手法，让消费者获得产品的咨询信息知识，对产品获得信任，从而产生购买动机。尤其适宜于大件耐用消费品和针对具有较理性谨慎消费观的消费者。如知识分子、老年人等。

此类广告应直接指出商品用处和功能的重要性，用以激起消费者对产品购买的具体性动机。比如冰箱的广告，除了消费者已经清楚的目标，如冷冻力强、容量大、省电、噪音小等功能外，还可以告诉消费者购买冰箱的另一些目标，如“可以不打开箱门而由门上的笼头直接取用冰冻的饮料”等。

资讯广告策略还应着重强调商品某方面信息的重要性。比如息斯敏药片的电视广告，强调息斯敏不会像其他抗过敏药服用后犯困，造成不良后果。

企业实际广告工作中运作的策略非常多，要在工作中认真研究、灵活运用，只有不断创新才能创造出“差异化”的广告策略，赢得市场的主动。

案例 7.6 青岛啤酒为何能迅速在美国市场发展起来

美国是一个饮料大国，外国饮料要想进入美国市场是很不容易的，更不用说在美国市场上赢得一席之地了。而我国的青岛啤酒不但成功地进入了美国市场，而且年销售量还在不断上升，创造了一个令人刮目相看的奇迹。

1979 年首出国门的青岛啤酒在美国年销量仅为 2 万箱，经过 10 年的努力，到了 1989 年，这个数字翻了近 50 倍，达到了 100 万箱，是美国外国品牌啤酒中增长速度最快的一个。不但击败了德国，还以外国啤酒在美国销售量第一的身份傲视“群雄”。

青岛啤酒为何能迅速在美国市场发展起来，并且赢得美誉呢？原因是多方面的，比如说：产品的口味符合美国消费者的爱好；质量稳定；价格合理；有良好的分销渠道等。在这里，我们想要说的是青岛啤酒在广告促销上的独具特色之处。

在美国的许多餐馆、饭店、超市和酒吧的霓虹灯广告中，青岛啤酒的广告最具特色。它采用了印有各种生肖图案的青岛啤酒招贴画，配以一双筷子与青岛啤酒在一起的宣传画，相映成趣，极具中国特色，引起了美国消费者的广泛关注。在这一点上，青岛啤酒可谓占尽先机。当他们初入美国市场时，就请了著名的莫纳克公司帮助做各种有关开拓市场的策划。在进行了大量的调查之后发现，广告形象的宣传应采用富有中国特色的筷子，因为它不仅是中国人的独特习惯，而且是中国文化的一种象征。于是将筷子与青岛啤酒合二为一，作为典型的中国餐饮文化的象征。当这一构想成为宣传画面出现在大众面前时，不仅中国餐馆为之轰动，在以美国人居多的酒馆、饭店中，也造成了一定的冲击效应。那些本来就对中国人使用筷子的技巧怀有浓厚兴趣的美国人，同时爱上了这一与中国传统文化联系在一起的青岛啤酒。

现在，在美国市场的上百种啤酒中，青岛啤酒取得了第 9 位的排名，而且还是高价，既体现了产品身价，又没有失去市场。青岛啤酒的这种特色宣传方式在广告促销领域，显示了独特的魅力。就产品本身而言，也许啤酒在品质、味道、服务等方面的差别不是很大，宣传起来，往往会与其他同类雷同，让人感觉不到它的存在。怎样突出自身特点，向消费者展示自身的与众不同之处，就成了这类产品的致胜关键所在。青岛啤酒正是抓住了这一点，才取得了胜利。

7.4 公共关系

公共关系是一门研究如何建立信誉，树立良好形象，以引起顾客好感、兴趣和信赖，直到赢得顾客信任和支持，从而不断提高企业知名度和美誉度，为企业营销创造良好条件的科学。它通过运用传播、沟通等手段，使企业与公众、社区、政府之间相互了解，相互协调，以实现企业的目标。

7.4.1 公共关系的概念和特征

公共关系（Public Relations）也称公众关系，是指企业在进行市场营销活动中正确处理企业与公众的关系，以及树立良好的企业形象，从而促进产品销售的一切宣传联系工作。公众关系中的“公众”，包括本企业的职工、职工家属、现实买主、潜在买主、竞争者、供应商、进出口商、运输商、金融界、保险公司、工商行政部门、宣传机构、科研单位、高等院校等。公众关系中的“关系”包括企业内部人与人之间的关系，特别是要形成领导与群众之间的良好关系，企业要不断沟通和加强与“公众”的各种联系和社会交际活动。

1. 公共关系的特征

公共关系促销与其他促销手段相比，有其特殊性。公共关系能以极低的成本，使公众产生难以磨灭的印象，而广告则很难做到这一点。公共关系是以非直接付费的形式进行的，同时企业重大消息往往是媒体关注的新闻。更重要的是公共关系具有以下的一些特征。

（1）客观真实性。由于关于企业的新闻报道是由媒体中立地进行报道的，体现了企业外部公众的利益和看法，因此顾客会认为它具有高度的客观性和真实性。这同顾客认为广告是企业自吹自擂的主观信息，影响效力完全不同。

（2）新颖性和独特性。在现代社会，人员促销的手段层出不穷，广告战更是激烈，这些商业“喧嚣”不仅难以引起公众注意，而且经常惹人反感。公共关系促销手段却别出心裁，不是直接劝诱购买，而是以新闻或其他活动传播信息，经常把“文章”做在社会、公众关心、瞩目的焦点问题上，新颖独特，又富于戏剧性，容易吸引视听。

如生产“龟鳖丸”的海南养生堂曾组织江苏南京消费者代表到企业生产基地，现场参观“龟鳖”的养殖和产品的制造过程，通过消费者的亲身感受宣传企业和产品，方式独特，引起了新闻媒体和消费者的广泛关注。

（3）间接、能动性。公共关系促销具有间接性，即使面对消费者，也不是直接推销产品，而是通过“推销企业”来推销企业的所有产品。当然，为了树立企业的良好形象，公共关系促销也要并不只是在既定的环境下把产品推销出去，而往往要改变环境，使之更适合企业的发展，更容易推销产品，因而具有能动性。

著名营销大师菲利普·科特勒举了一例：假设美国某家用电器公司想进入日本市场，但日本实行贸易保护，设下了层层壁垒，这家公司必须通过美国政府给日本政府施加压力，说服日本政府取消贸易壁垒，打开日本市场的大门；还必须开展公关活动，向日本政府官员疏通、游说，以及向日本人民群众宣传说明情况，争取他们的支持。

2. 公共关系的作用

在企业，公共关系被广泛地用于配合市场营销，尤其是开展促销活动。公共关系促销是一种“软推销术”，它是在树立企业形象、产品形象的同时，促进产品销售的，满足了消费者高层次的精神需求，不断赢得新老顾客的信赖。总的来说，公共关系促销有如下作用。

（1）有利于塑造企业和产品的良好形象。公共关系促销的实质是以公众利益为出发点，在为顾客提供优质产品和服务的同时，提高自身的知名度和赢得顾客的信任，招徕更多的顾客，刺激或诱导顾客的购买欲望，提高市场占有率和经济效益。特别是善于运用新闻媒介的企业，能够迅速提高企业知名度和美誉度，塑造企业良好形象。

案例 7.7　上海第一百货商店的店庆

上海第一百货商店在建店 40 周年纪念时，提出另外“不惑之年，赤诚之心”的广告口号，同时设计了以“40”字样组成的店庆标志，包含了红绸带象征的喜庆、心形图案表达的“赤诚心”和店标显示的企业个性识别等三个信息特征，其后又将这一广告口号和店庆标志贯穿于一系列公共关系活动中，立时加强了公众对企业的印象和信心，取得了良好的企业形象。

（2）有利于赢得顾客。顾客与企业之间的关系，不仅仅是一种简单的买卖关系，而且还是一种良好的信息交流关系和相互协作关系。如果企业能够预测顾客的需要并提供超出顾客的希望值的产品，那么企业产品的销量必然会大幅度上升。因此，今天的营销人员已不再是单纯的商品推销者，而应是帮助顾客解决问题的专家。他们的任务已不再仅仅是推销，还应是客户的伙伴和合作者，充当顾客的顾问。这就要求现代企业的营销人员掌握公关策划术和公共关系促销术，熟悉顾客心理，在营销中充分考虑和照顾广大公众的利益，竭力满足公众的利益要求，以增进顾客及广大公众与企业的感情，改变公众态度，引导其购买行为。

如加拿大西格拉姆酒公司在美国 150 多家报刊上同时刊登一条广告：“劝君切勿饮酒过量。”一个月后，该公司收到赞扬信 15 万封，推崇该公司这种对消费者负责的诚实态度，赢得了顾客。

（3）有利于开展创造性销售活动。在促销活动中，企业把公共关系和商业销售有机结合，形成了许多创造性公共关系促销术。如循序渐进法、情景模拟法、环境促销法、故布疑阵法、出奇制胜法等。中央电视台通过情景模拟制作的广而告之非常有创意，不仅使厌恶广告的人也爱看广告，而且还在广大电视观众心目中树立了中央电视台的权威形象。

（4）有利于化解危机。现代社会，市场竞争更加激烈，企业面临的风险更大了，经营中的陷阱更多了，危机来得更频繁了，杀伤力更大了。稍有不慎，企业便会面临生死攸关的“不测”事件。这时，公共关系促销术则是解决危机的“特效药”。

7.4.2 公共关系的对象和方式

1. 公关的对象

（1）媒体公众。它是指一切从事广告、新闻、信息传播的机构。

（2）企业内部公众。企业良好形象的树立，首先必须获得企业员工和家属的理解和支持。

（3）政府公众。企业要争取政府的理解、帮助和支持；积极影响政府的法律、法规和政策。

（4）社区公众。企业要与社区的居民、机关、团体、社会组织保持和发展融洽的关系。

（5）市民行动公众。如消费者权益保护组织、环境保护组织等。

（6）顾客。顾客是企业公关的首要目标，向顾客传达企业信息是企业公关的基本内容。

（7）一般群众和其他公众。

阅读资料 7.6　谈对方最感兴趣的事情

每一个拜访过罗斯福总统的人，都会对他那渊博的知识感到惊讶。“不论是牧童还是骑士，或纽约的政客和外交家”，研究罗斯福的权威作家伯莱特福这样写道：“罗斯福都知道该和他说什么话题。”那么，罗斯福又是如何做的呢？很简单！不论罗斯福要见什么人，他总是会在对方到来的前一个晚上稍晚些睡，翻阅一些对方特别感兴趣的知识。罗斯福和所有领袖人物一样，深知接触对方内心思想的妙方，就是和对方谈论他最感兴趣的事情。耶鲁大学原教授菲利普先生，是一个非常和蔼的人。他在早年就学到了这个道理。“我 8 岁那年，有一次去姑姑家，那是一个周末。”菲利普在一篇谈论人性的小品文中这样写道，“有一个晚上，一位中年人来到姑姑家。在和姑姑随便聊了几句后，他就把注意力转移到了我身上。当时我对船很感兴趣，而这位来访的客人和我谈论了这方面的知识，当然令我产生出特殊的兴趣。他离开之后，我还对他赞赏不已。他是纽约的一位律师，本来他对有关船的事情是不应该如此热心的，甚至是根本不会有兴趣的。”“可是，他为什么自始至终都在与我谈论船的知识呢？”菲利普问姑姑。

姑姑说：“因为他是一位高尚的人。他见你对船很感兴趣，就谈论这些你关注并感兴趣的话题，通过这种方法，他使自己成了一个受欢迎的人。”最后，菲利普教授又补充说：“我永远也忘不了我姑姑对我说的这些话。”

所以，如果你想要别人喜欢你，请记住：“谈论对方最感兴趣的话题。”

2. 公共关系的实施方式

公共关系的具体实施方式多种多样，我们介绍一些方式。

（1）直接披露企业信息。意即企业运用各种可以直接控制的方式，将企业信息传播给目标公众，包括企业的各种公开出版物、宣传资料等。现代网络的出现，为企业提供了一种进行直接信息传播的最佳途径。此方式的主要缺点是：

① 一般来说，企业所直接掌握的信息传播工具少且对受众影响力也小，限制了传播范围和传播效果；

② 直接传播信息，对企业而言虽然更得心应手，但对信息的受众而言，其信息的可信度显然下降了。

案例 7.7　Odwalla 公司的危机公关

Odwalla 公司在西海岸出售的几瓶 Odwalla 苹果汁被发现含有 E.coli 细菌，公司马上召回产品。仅仅三个小时内，建立了以介绍这一危机以及 Odwalla 公司的应对措施为主要内容的网站。公司员工还在网上搜寻报道该事件的新闻，并在自己的网站上提供链接。总之，一位分析家谈道："今天，公共关系正在重新塑造互联网，反过来，互联网也在重新定义公共关系实务。"另一位说："人们到网上去获得信息，而不是外交手腕，那才是公共关系的真正机会。"

（2）安排特殊事件。意即企业通过安排一些特殊事件，来吸引公众和顾客对企业的注意。如召开产品和技术方面的展览会、研讨会、各种有奖比赛、纪念会，以及对社会公益的赞助、支持等。通过会议来提高企业和产品的知名度。

（3）收集与传播新闻。这是公共关系人员的基本任务，即不断发现、有效传播一切有关企业的新闻消息。新闻的有效传播的前提是新闻的价值。因此，收集、整理、分析企业信息，从中发现有价值的新闻是公共关系的基础。

（4）公开演讲。演讲是公共关系的重要工具。由于演讲往往在一些重要的场合进行，其公信力、影响面都比较令人满意。在网络公关中，力争成为网络论坛的主持人，是公关的一种重要方式。

（5）参与社会活动。企业积极参与各种社会公益活动，是融洽与政府、社区、市民行动和一般群众的最佳方式，也会因此而赢得社会公众的爱戴。如体育活动、娱乐、扶贫、赞助办学等影响范围广、影响力大，往往成为企业公关的最佳途径。

（6）建设企业文化。好的企业形象与企业文化的建设是分不开的。企业可以有计划、步骤、重点地建设企业文化，提高员工素质，活跃文化氛围，美化企业环境，从深层次有效地开展公共关系活动。

（7）公司网站。公司网站是顾客和其他公众可以访问得到信息，这样的网站绝对受欢迎。

7.4.3 公共关系的实施步骤

（1）确定公关目标。准确的确定公关目标，是公关活动有效展开的前提。

（2）恰当选择传播工具和信息。企业应对企业信息资料进行深入挖掘，以不断发现适宜的新闻素材。同时根据大众特点，适当选择传播工具。

（3）实施。方案的实施实际上主要是一个如何有效调动和利用媒体的问题。公共关系人员的重要资本之一就是其与各种媒体编辑、记者建立的私人关系，此时就要重复发挥其作用了。当然更重要的是，如何使企业要传播的信息具有或是显得有足够的吸引力。做到这一点的关键是将媒体编辑、记者视为营销目标，去充分满足他们的需求。

（4）公共关系的效果评价。一般是通过对展露次数、知晓、理解、态度的变化及销售变化等的测定来完成。但因公共关系活动往往与其他促销工具共同使用，此时想单独评定公共关系的效果将较为困难。

案例 7.8 公共关系：延展营销预算

意大利跑车制造商兰博基尼每年在美国卖出的车不到100辆，营销兰博基尼可不是件简单的事。汽车在行驶时充满诗意，但非常昂贵。另外，因为兰博基尼的销售量很小，多数人并没有见过。因此，为了得到展示并说服可能的购买者，公司必须对其不多的600 000美元营销预算谨慎投资。兰博基尼的最终目标是每年在美国卖出1500到2000辆，而为实现这个雄心勃勃的销售目标，汽车制造商需要增加展示和认知。现在，公司在几种精选的商业、旅游和生活杂志上做广告，突出汽车速度和感观美。另外，最近公司对5万个潜在顾客进行了直接邮送活动，他们平均家产在150万美元以上。

然而，对广告来说，600 000美元的效力可不大。所以，兰博基尼开始进行不太花钱的各种公共关系活动，来延展其有限的营销预算。公司积极向新闻界献殷勤，比如让新闻工作者试开。结果，《纽约时报》的一篇评论把该车描述为："运动的雕塑、富有的象征和愉悦的驾驶合而为一。"一位《财富》记者写道："柠檬色的 Diablo 近在咫尺，满车厢的原味马提斯……从未见过的邻居争相涌出家门，更近距离欣赏。"与兰博基尼的美国首席试车司机共同驾驶后，另一位记者写道："他点了火，从兰博基尼硕大完美的车库飞射出来。"他猛地开过停车场的小路，瞬间就呼啸而出。没有摇摆，没有晃动，没有迟缓，只有十足的能量，真是一次所有感官的美妙享受。作为兰博基尼的客人，一位记者在意大利撒丁岛迂回小路上试开后，完成了心醉神迷的报道："我的脚连续三次猛踩油门。我们身后5.7公升的发动机像100头愤怒的公牛一样怒吼。时速已经超过160英里，前面的转弯使我们减慢了速度。就在这时，公路上的一个凹坑把前胎颠得碰到挡泥板的衬垫，一点点橡胶的味道飘进车厢。我们的感官告诉我们不是在做梦。"

兰博基尼还主办有品位的公共关系活动，比如，最近在波士顿的乔治·阿玛尼服装店举行了一场200人的鸡尾酒会，被邀请人员名单由专卖店和一家介绍富裕阶层生活方式的杂志《罗伯报道》拟定。

兰博基尼通常会寻找创新的办法，向富裕阶层的人展示汽车。卓越的公共关系活动，使得兰博基尼成为世界汽车大赛的赛车。这使兰博基尼在15个赛点露面，并且允许当地代理让潜在顾客于赛前的几天在跑道上试开。兰博基尼的一位负责人说道："通过这样的举动，我们去年在底特律国际汽车大赛上卖出了三辆车。"另外，兰博基尼还第一次为美国的19家代理提供展示车辆，这样，潜在顾客试开时，代理不用担心里程和保险费用。

兰博基尼在美国的年总销售额是2200万美元，而其广告预算只是主要汽车制造商的一小部分。然而，通过对公共关系的创新使用，公司成功地延展了其有限的营销预算，在富裕阶层中频频露面。

7.5 营业推广

营业推广，又称销售促进，是为了刺激和鼓励消费者产生购买欲望并变为实际购买行为而采取的一系列促销措施，如展销商品、现场表演、赠券优惠、赠送样品、分期付款、提供服务等。

营业推广是商业零售企业的主要促销手段。营业推广具有内容变化多，直接面向顾客的特点。因此，在营业推广的各种手段中，服务是极为重要的。因为众多的营业推广措施都要由商店的服务人员来完成。他们的一举一动、一笑一颦对于顾客都会产生感情上的影响，从而决定是否接受各种促销措施。比如，展销商品时要有耐心，积极回答顾客的问题，每一位营业员一定要做到衣着整洁、语言文明、仪表大方、彬彬有礼，为每一位顾客提供优质的服务。

1. 营业推广的对象

（1）以消费者或用户为对象。它主要通过对消费者有奖销售、服务促销、折扣、优惠券等形式鼓励老顾客多买，吸引新顾客试用，争夺其他品牌的顾客，对用户通过展销、业务会议、互惠促销等形式告之本产品可为其带来利益。

（2）以中间商为对象。它主要通过在销售地区举办展销会，实行批量作价，提供广告津贴、人员培训等手段鼓励中间商大量进货，争取建立固定的业务关系。

（3）它主要通过销售竞争、红利提成及各种精神奖励措施鼓励推销人员大力推销新产品，开拓新市场，发展潜在顾客。

2. 营业推广的形式

为了实现营业推广目标，企业可以在多种营业推广形式中进行选择，根据市场类型、营业推广对象、竞争形势等因素做出选择。

（1）赠送样品。向顾客提供免费试用产品，在商店中散发样品，附在其他产品包装中，附在广告中等。有时样品被整合成样品包，用来促销其他产品和服务。宝洁公司通过互联网派送样品。

（2）有奖销售。在产品销售时设立若干奖励，对一次购买量达到一定数额的消费者按规定发给奖券，定期开奖或当场对奖。奖品比较丰厚，有一定的吸引力。这种方法是利用人们的侥幸心理，刺激作用较大，但得奖的毕竟是少数，因而促销作用难以持久。

（3）优惠券。这是给持券者以某种优惠的凭证。发放优惠券的一般是正在搞促销的企业，发放对象可以是有贡献的老顾客，也可以是一般潜在顾客。

（4）俱乐部制和“金卡”制。俱乐部制是指顾客交纳一定数额的会费给组织者，即可享受到多种价格优惠的促销方式。“金卡”制是指购买达到一定数额的顾客可取得有期限的“金卡”或“银卡”，从而享受价格折扣的促销方式。这两种方式都要求顾客先付出代价，然后才能得到优惠。

（5）附送赠品。在顾客购买某种产品时，附带赠送一些物品。所赠的物品可以与购买品一致，也可以是其他物品，多半很廉价。

（6）竞赛。这种方式既可以对消费者，又可以对中间商和推销人员运用。对消费者运用时，可让他们进行某种比赛或做游戏，如购物竞赛、商品知识竞赛、猜谜比赛等，向优胜者发奖。在对中间商和推销人员运用时，又称销售竞赛，即开展销售产品的竞赛，给优胜者以精神和物质奖励，如大会表彰、张榜鼓励、奖金、免费旅游、休假等。

（7）演示促销。在销售现场用示范表演的方式介绍新产品的用途、性能，增强顾客对产品的了解、信任并刺激购买。

（8）红利提成。为了鼓励推销人员积极推销，可以规定按销售额或所获利润提成。采用这种方式的前提是产品有较稳定的市场或有高额利润。

（9）展销会和订货会。展销会上通过产品的展览陈列、示范操作表演等形式，吸引中间商经营和顾客购买。订货会由客户直接选购商品，面对面洽谈贸易条件，既可以消除双方疑虑，又节约了用户采购商品的时间。这也是向中间商强化促销的好形式。

3. 营业推广方案的设计

设计一个完整的营业推广方案，主要包括以下因素。

（1）激励规模。意即达到推广目标所需的最佳刺激条件。促销要取得成功，某种最低程度的激励是必需的，较高的激励将产生更多的销售额。营销人员要制定参与条件，激励对象可以遍及所有人或者只限于某些特定群体。

（2）目标对象。意即决定营业推广的对象是谁？由于营业推广是用于短期和带有特定目的的一种促销工具，因此恰当的针对特定顾客群，也是方案设计必须考虑的一个问题。

（3）媒介设计。意即使用何种手段，将营业推广的信息和媒介传递给目标顾客。如折价券可通过放在包装中或邮寄给顾客，而很显然邮寄更适于有目的的影响潜在顾客；放在包装中则主要是鼓励重购。

（4）时间长短。营业推广必须有时间限制，以避免暴露其弱点。一般认为，某种产品的营业推广，其最佳频率是每季度三周，每次最佳时间长度为该产品的顾客平均购买周期。

（5）促销时机。这一点主要受销售需要、营销战略、生产情况、分销等因素的影响。

（6）确定营业推广预算。它受促销总预算、促销组合中营业推广的地位和营业推广的成本效益等因素的制约。

复习思考题

一、关键词汇

促销（Promotion）　　促销组合（Promotion Mix）
人员推销（Personal Selling）　　广告（Advertise）
公共关系（Public Relations）　　营业推广（Sales Promotion）

二、简答

1．简述促销的概念和作用。
2．选择促销策略应考虑哪些因素？
3．人员推销有哪些特点？
4．广告宣传有什么特点？
5．广告宣传的基本要求有哪些？
6．如何选择广告媒体？
7．公共关系促销的途径有哪些？
8．营业推广有哪些形式？

三、案例思考

1. 当锐步与篮球新明星奥尼尔签下价值 2 千万美元的长期合同时，奥尼尔还没有进入 NBA 联赛，而锐步这样做只是因为：他们认为奥尼尔完全可以逐步吸引成千上万的年轻球迷，而且他们会因为仿效奥尼尔而成为逐步庞大的消费者群体。

美国耐克公司是世界上最知名的体育用品公司之一，其产品行销全球、利润丰厚。“耐克”的名称已成为一种时尚，同可口可乐、汉堡包与 NBA 篮球一样成为了美国对外输出的文化。作为一家生产体育器械、服饰、运动休闲产品的公司，它与体育和体育明星有着密切的关系。面对强手如林的体育用品市场，耐克公司审时度势，力邀 NBA 超级巨星——迈克尔·乔丹做广告宣传。当广大球迷从电视屏幕上看到迈克尔·乔丹身着耐克运动服、脚穿耐克运动鞋飞身扣篮这一极富艺术性、刺激性的镜头时，都不由得被其深深吸引住，同时也记住了“耐克”的标志。广告一经推出，即引起了巨大轰动，耐克产品立即行销全球、公司获得大量利润。紧接着，耐克公司乘胜追击，又马上推出“乔丹——飞人”运动鞋系列。经过一番宣传攻势，“乔丹”运动鞋成为众多球迷所想要拥有的运动品，穿着耐克的产品也成为时髦的表现。

但是，体育用品公司并不仅靠观察性学习原理进行竞争。除了培养几个体育明星，很多公司纷纷斥巨资给大中院校足球教练，鼓励他们的球队使用其产品。耐克公司为了配合 NBA 篮球在世界的传播，大力协助并赞助美国篮球协会组织 NBA 篮球队伍到世界各地进行比赛，向全球体育爱好者们推广篮球的同时也向广大的消费者们推销了自己的产品。

耐克总是致力于培养运动员能力与其产品的有效联系，包括组建青年运动队，连 12 岁的少年都成为了榜样！这些年轻人知道他们该如何做——如果鞋子合适，就毫不犹豫地穿上它！

耐克公司总是通过各种形式不断扩大公司及产品的知名度，向全美国及全世界的发展，成功地将“耐克”商标与 NBA 篮球相联系，使其上升成为了一种体育文化，从而将“耐克”标志深深地烙在了人们的心中。

思考：

(1)“耐克”公司采用什么方式进行销售？其针对的对象是谁？

(2)“耐克”公司通过明星促销达到了什么效果？

(3) 举例说明广告的其他作用。

2．超市卖鸡蛋难题的突破

超市卖鸡蛋，本是分内事，但许多超市对此深感吃力不讨好。鸡蛋是个“娇贵”商品，超市卖鸡蛋利润不多，可费力不少。鸡蛋在运输中易破碎，上柜时又要“小心轻放”，价格和新鲜度上也难与集贸市场竞争。超市将经营鸡蛋列入难题。而上海华联超市公司最近解了这道题，同行们称之为“超水平”。

上海华联超市年销鸡蛋约 5000 吨，通常的破损率在 10%左右。鸡蛋在运输的颠簸和碰撞中损失不少，蛋渍又污染了上柜的鸡蛋，还影响环境卫生。国外超市采用防震防碰撞的盒包装，家家超市如此，似乎理所当然。而在国内，情况又不同了。卖蛋若用盒装，成本必然加大，导致蛋价提高，就难与集贸市场竞争了，超市一般不敢下这决定。

上海华联超市总经理华洲却是另一种算法。虽说一只最便宜的塑制盒也要 0.26 元，成本为之提高。但是与原先 10%的损耗相抵，就不是什么问题。另外，当蛋价每公斤 6 元时，原先的损耗是 0.6 元，每公斤蛋用一只 0.52 元的盒装，相抵之下每公斤还多赚 0.08 元。如今蛋价每公斤 5.2 元，且盒装的费用与原先的损耗相抵也打个平手。更何况没有破蛋后少了污染，无形中也提高了超市形象。华洲要求，所有门店一律采用盒装销售，价格不变，而且在带盒销售上秤称量时，每只蛋盒扣除皮重。为提高蛋盒的利用率，超市张榜公告，回收每两只塑料蛋盒可换取鸡蛋一只。

上海华联超市盒装卖蛋，引来更多的顾客。超市又更进一步规定在每盒鸡蛋上注明出场日期，鸡蛋上柜后只准销售 3 天，过期即收回作茶叶蛋。这一来，鸡蛋生意更火了。

鸡蛋生意越做越大，上海华联超市又与科研机构合作，开发出“阿强白玉鲜鸡蛋”这一品牌鸡蛋。这种蛋产自绿色食品基地的养鸡场，富含多种氨基酸、维生素、微量元素和不饱和脂肪酸；碘的含量比普通鸡蛋高，胆固醇的含量比普通鸡蛋低。上海华联超市为这种蛋在工商局注册，以养鸡场场长的名字“阿强”作为商标。卖鸡蛋创品牌，在国内又是件新鲜事。如今，“阿强白玉鲜鸡蛋”销势看好。

思考：小小鸡蛋，饱含上海华联超市的苦心和精心。上海华联超市是如何解决生意中的难题？

3．比尔·盖茨有其独特的用人哲学，他特别喜欢聘用经历过失败而东山再起的人。

1990 年，曾任苹果电脑公司专案负责人的海仑，向比尔大拍胸口保证：他所主持的专案产品“系统 7 号”一定准时上市，结果，“系统 7 号”还是晚了一年才上市。这个失误，一直让海仑耿耿于怀。但比尔·盖茨对此事毫不在意，他认为这一教训让海仑变得更加成熟。海仑自己也说：“这一教训，让我学会凡事洗耳恭听。”所以，1993 年比尔·盖茨再次重金聘请海仑来微软工作，并交给他一个 3 亿美元的项目。微软的执行副总裁米卡尔·马波斯说：“我们经常问这样的问题：你犯过什么重大的错误，经过这一挫折，你从中学到了什么？”汤姆·柯得利当过电台节目主持人，他有许多奇思怪想，不为老板赏识。柯得利为了实现自己的理想，终于辞去主持人的工作，并在 1979 年创办自己的制作公司。由于缺乏管理才能，结果惨遭失败，甚至还尝到了失业 18 个月的滋味。1981 年，柯得利在一个工作机会中认识了微软，他鼓励微软公司将图像与音乐相结合，应用在电脑上会有一个巨大的商机。微软高兴地采纳了他的意见，经过实验，效果良好。于是，立即投资 100 万美元让他负责这个项目，结果一炮打响。

微软员工至少 20%已成为百万富翁，其中有半数财产突破 300 万美元，几十人财产在 1000～5000 万美元之间。三名亿万富翁分别是：比尔·盖茨、鲍尔·阿仑、斯蒂夫·巴尔默，后两个人都是比尔·盖茨学生时代的挚友。在微软，只要任职 5 年以上，便开始“发财”。微软每个月要收到一万份求职申请，其优越待遇大概是吸引人才的重要因素吧。

思考：你有何启示？

第8章 营销管理

教学目的和要求

✧ 了解营销管理的主要内容。

✧ 了解营销计划的分类，掌握营销计划的制定方法。

✧ 了解营销组织设计的基本概念，营销组织结构的类型。

✧ 掌握营销领导的理论和营销控制的方法。

营销管理是企业为了满足用户的需要，并取得满意的利润，根据市场需求和自身资源，对与市场有关的各种活动进行计划、组织、领导和控制的过程，是目标、资源、环境三者达到相互适应的动态平衡的过程。

市场营销管理是一个过程，其管理的对象包含理念、产品和服务。市场营销管理的基础是交换，目的是满足各方需要。市场营销管理的主要任务是刺激消费者对产品的需求，但不能局限于此。它还帮助公司在实现其营销目标的过程中，影响需求水平、需求时间和需求构成。因此，市场营销管理的任务是刺激、创造、适应及影响消费者的需求。从此意义上说，市场营销管理的本质是需求管理。

8.1 市场营销计划

市场营销计划是企业在对市场营销环境进行调查分析的基础上，对企业与市场有直接关系的各项经济活动加以规划和安排，包括所要达到的目标和实现这些目标的原则、途径、方法、手段、步骤等，以便充分利用企业的资源，实现企业营销目标的过程。

8.1.1 营销计划的分类

营销计划是营销管理的首要职能。营销计划按不同的标准对其进行了分类。

1. 按营销计划内容的时间界限划分

（1）长期计划，一般是指五年以上的计划。

（2）中期计划，一般是指一年以上，五年以下的计划，它介于长期计划和短期计划之间。

（3）短期计划，一般是指一年以内的计划，也称年度计划。

在制订计划时既不能将之含混和笼统，亦不能把它们完全割裂开来，同时也不能将它们的次序颠倒。具体而言，在制订计划时，避免采用长、中、短期计划被混在一起的“一揽子”计划，那样的计划内容表述势必含糊不清，任务、目标、方法等重要方面都将不可能明确、具体，而且在执行、实施上也不便操作，在检查、考核计划完成情况时，更会出现困难。因此，应由远及近，先长后短。各期计划必须是分开、分别制定，制定时要照顾它们之间的有机联系。中、短期计划要贯彻长期计划精神，分担长期计划的任务目标，短期计划要贯彻落实中期计划的任务目标。从而做到方向一致、相互支持，且各有侧重及特色。一般而言，计划时间越短，越应具体。在制定的顺序上，应首先着眼于长期，其次为中期，最后是短期。这个次序不能颠倒，因为，它们之间的逻辑、辩证关系和各自的特点决定了必须这样才更为科学。

2. 按营销计划制订者的层次划分

（1）战略计划，由组织的高层来制订，涉及的时间长，它包括决定整个组织的主要目标及用于指导这些目标的方针政策，具有长远性和较大的弹性，以指导组织的全面活动。

（2）战术计划，是一种局部性的、阶段性的计划，完成某些具体的任务，实现某些具体的阶段性目标。

（3）作业计划，是具体的行动计划，一般是必须执行的命令性计划。

战略计划一般是由高层管理人员负责，战术计划和作业计划一般由中层、基层管理人员甚至是具体作业人员负责，战略计划对战术计划和作业计划具有指导作用，而战术计划和作业计划的完成则能确保战略计划的实施。

3. 按营销计划内容的复杂性质划分

（1）综合计划，是指有关企业各种营销活动的总体规划和安排。

（2）专项计划，是指具体某一项营销活动的计划，如促销计划、渠道计划、市场开拓计划、新产品试制计划等。

综合计划与专项计划之间是整体与局部的关系，专项计划是综合计划中某些重要项目的特殊安排，专项计划必须以综合计划作指导，避免同综合计划相脱节。

8.1.2 营销计划制定过程

营销计划是营销管理的重要职能，企业要想提高营销效能，必须学会正确地制订和执行市场营销计划。

1. 估量机会

估量机会是在实际的营销计划开始之前就着手进行的。它主要是提供企业目前营销状况的有关背景资料，包括市场、产品、竞争、分销以及宏观环境状况的分析，还要系统分析企业产品所面临的主要机会和风险、企业的优势和劣势，做到心中有数，知己知彼，方能使计划立于不败之地。在估量机会的基础上，确定可行性目标。

2. 确定目标

确定企业的目标，是市场营销计划的核心内容。营销计划的目标是企业在一定时期内（例如一年）所要达到的效果。它指明企业营销要做的工作有哪些，重点应放在哪里以及营销计划工作的策略、政策、程序、规则、预算和方案所要完成的是些什么任务。企业应建立两种目标，即财务目标和营销目标。

财务目标即确定每一个战略业务单位的财务报酬，包括投资报酬率、利润率、利润额等。财务目标必须转化为营销目标，营销目标包括销售量、销售增长率、销售收入、市场份额等。如在长期计划中，确定出每年拟以多少个省区或以多大增长速度扩大市场占有率，最终达到一个定量的指标要求。同时，对扩展目标市场的次序，采用的分销、促销方式等做出明确的计划。又如其年度计划中拟定出当年计划扩展的目标市场(一省或若干个省区），并定出量化指标，（如占领区域的覆盖率、销售额、增长百分比等）。如果技术上可能，还应将年度计划任务进一步分解到每一季度中加以落实。

3. 确定前提

营销计划的前提，就是计划工作的假定条件，即执行计划时的预期环境。例如一个药厂的营销计划，就要考虑药物的市场情况、药物市场与销售量、价格高低、目前市场急需的药品种类、技术发展所需的费用、药品的知名度、分销范围等。

4. 确定可供选择的方案

探讨和调查可供选择的行为过程即为方案。方案要包括以下内容：决定做什么，讨论为什么做，确定何时做，何地做，何人做，以及如何做等。例如营销人员想通过加强促销活动来提高市场占有率，必须制定相应的促销行动方案，如决定广告媒体、广告题材、广告费用，参加展览会、交易会等。

企业的营销计划作为企业未来一个时期的工作指南，涉及企业的各个部门，而且一旦确定并颁行，就要求整个企业的各个部门去齐心协力实施、完成，因而，计划的制订就不应只是计划部门一家的事情，应群策群力、多方聚焦，广泛听取各部门的意见，吸收采纳其合理和正确的意见与建议。在计划草拟成文之后，还需反复征询各方意见，以使营销计划真正切入企业实际及特点，更准确地反映市场运行规律，适应市场变化的脉搏。

5. 评价各种方案

按照前提和目标来权衡各种因素，以此对各个方案进行评价。有的方案风险小，利润也小；有的方案对长远有益，有的方案对当前工作有好处，要根据企业的目标来选择一个最合适的方案。

6. 选择方案

选择方案就是选择行为过程，正式通过方案。

7. 营销预算

营销预算即编制实质性的预计损益表。在收益的一方要说明预计的销售量及平均实现价格，在支出的一方说明生产成本、分销成本和营销费用，以及再细分的项目。收入和支出的差额为预计利润。

营销计划应贯彻落实企业发展战略，制订营销计划应遵循市场规律、循序渐进，应切实可行、灵活调整。营销计划一旦制定并颁行，一般应相对稳定，不能朝令夕改，但是，市场是不断变化的，而企业又是被市场牵着鼻子走的，因此“你走我也走”，“你变我也变”。在计划实施过程中，当企业外部难免发生未能预期到的变化时，应对计划做出相应调整。这也是保证计划能够切实可行的最重要思路。这种调整可看作企业营销计划制订的“后期阶段”。当然应该注意的是，调整和修改计划不能过多或太随意，只有当市场变化太大，不得不调整时才可进行，否则会使计划丧失其权威性，甚至动摇企业各部门及其员工实现营销计划的信心。

案例 8.1　蒙牛乳业 2005 年酸酸乳产品的营销计划

2005 年蒙牛找来了前柯达胶卷品牌经理，帮助柯达市场占有率从 14%提高到 60%的行销高手孙隽，担任市场总监，开始为新产品“酸酸乳”做市场营销计划。

孙隽和湖南卫视“超级女声”合作，使 2005 年蒙牛酸酸乳销售额从 7 亿元上翻到 25 亿元。这场结合手机短信、互联网的超级华丽行销手法，捧出了数名敢秀、积极表现自我的年轻女明星，也确立了湖南卫视在全国的先驱地位；最大的赢家蒙牛，更是攀上了乳制品市场的龙头宝座。

蒙牛乳业 2005 年酸酸乳产品的营销计划运用本节所讲的营销计划制定方法来进行分析如下：

（1）估量机会。孙隽分析出酸酸乳的最大竞争对手是伊利的优酸乳，为下一步确定目标奠定基础。

（2）确定营销计划的目标。蒙牛酸酸乳 2005 年的销售目标是销售额 25 亿元，该目标是 2004 年销售额的三倍，酸酸乳 2004 年的销售额是 7 亿元。

（3）确定前提。由于人们越来越关注身体健康，所以对乳饮料的需求越来越多。另外，该计划确定电视为广告媒体。2004 年中国没有大灾难，老百姓目光很容易集中在一个焦点上。这为计划目标的实现提供了有利条件。

（4）确定可供选择的方案。孙隽力主与湖南卫视已经播映一年，但成绩平平的节目——“超级女声”合作，收视群简单明了对准十四到十八岁的青少年，正是蒙牛酸酸乳的目标群体。孙隽一改以往报名形态，采取全国参与制度，并透过电台、报纸、网络、传单DM，整体包装赛事信息，也造成当地传媒竞相报导。这也进一步宣传了蒙牛乳业，使消费者通过赛事获得了更多蒙牛酸酸乳的信息，加深了对产品的印象，从而在购买时首先选择蒙牛酸酸乳。

（5）评价各种方案。因为是“超级女声”的节目，为了和该节目的主题吻合，孙隽在评估蒙牛的全国销售情况后，决定先在几个出产美女的城市，如成都、杭州出击，成都、杭州也是蒙牛酸酸乳的主攻市场；尽管上海也美女众多，但上海市场品牌众多，反而不是主市场。之后活动安排到河南郑州，郑州虽然不是美女的生产地，但却是蒙牛和伊利乳业对打最激烈的战区，同时也是交通枢纽之处。这和前面第一步估量分析里把伊利作为主要竞争对手相吻合。通过组织各方面人员对方案的评价、论证，一方面分析各个方案的利弊，另一方面可以进一步完善方案。

（6）选择方案。蒙牛选择与“超级女声”节目合作。同时请全国民众当评审，并利用手机短信、互联网传递支持者的姓名，因为手机短信、互联网利用率最高的同样是酸酸乳的目标群体——青少年，于是又制造了另一波高潮。决赛当晚万人空巷，许多餐厅却被包场，民众各自集结，在电视机前为支持对象加油。这些活动都扩大了酸酸乳的市场影响力。

（7）营销预算。由于“超级女声”当时在电视台成绩平平，所以广告费用比较低，蒙牛仅以 1400 万元人民币就买下节目独家赞助权，硬件配合宣传前后花费总共将近一亿元，但该节目每年直播整整 59 个小时，再加上几百个小时的回放，周边效果却是数十亿元的进帐。因此收入远远大于费用支出。

通过这个完美的营销计划，蒙牛酸酸乳实现了 2005 年 25 亿元的销售目标。

8.2　市场营销组织

除了极个别的情况，企业的销售系统都是由若干人员所组成的。这些人不应彼此独立地开展工作，而应该协同工作。只有在协同工作中，销售系统才能高效地完成企业的各项销售工作目标。良好的销售组织必不可少。

营销管理的组织职能，是将企业的各种活动以及从事该活动的人和其他有关的财、物，加以适当安排，以便能在高效协调下，达成企业目标。

8.2.1 市场营销组织设计的基本概念

1. 管理跨度

一位管理者能够有效地指挥多少个下属？尽管对具体的数目学者们没有形成一致的意见，但古典学者们都主张窄小的跨度，以便对下属保持紧密的控制。不过，也有些学者认识到，组织层次是一个权变因素。他们论证说，随着管理者在组织中职位的提高，需要处理许多非结构性的问题，这样高层经理的管理跨度就要比中层管理者的小；而中层管理者的管理跨度又要比基层监督人员的小。管理跨度的概念为什么如此重要呢？因为它在很大程度上决定了组织的层次和管理人员的数目。假定所有条件一样，管理跨度更大、更宽，这样设计的组织就更有效率。

近年来出现的以宽管理跨度来设计扁平组织结构则是一种趋势。越来越多的组织正努力扩大管理跨度，如像通用电器公司的管理者的管理跨度已拓宽到 10～12 个下属，比 15 年前扩大了 1 倍。管理跨度日益随着权变因素的变化而向上调整。比如，接受更多训练、具有更丰富经验的下属的管理者，他们可以以更宽的管理跨度开展工作；下属工作任务的相似性；任务的复杂性；下属工作地点的相近性；使用标准程序的程度；组织管理信息系统的先进程度；组织文化的凝聚力，以及管理者的管理风格等对管理跨度的大小起着决定性的作用。

2. 部门化方式

劳动分工创造了各个方面的专家，也对协调提出了要求。而将专家们归并到一个部门中，在一个管理者指导下工作，可以促进这种协调顺利进行。根据具体情况，部门的建立通常可以依据所开展工作的职能、所提供的产品（包括服务）、所设定的目标顾客或客户、所覆盖的地理区域、或者将投入转换为产出所使用的过程等。相应地，部门化方法包括：职能部门化、产品部门化、顾客部门化、地区部门化、过程部门化等。

但划分部门的方法也出现了新的趋势。一是顾客部门化越来越受到高度的重视，二是跨越传统部门界限的团队的采用，正使得原来僵硬的部门划分得到补充。当今的竞争环境迫使公司管理当局的注意力再度集中到顾客身上。为了更好地监测顾客的需要，也为了能对顾客需要的变化做出更及时、更好的反应，许多组织已经对顾客部门化给予了高度的重视。

3. 正式组织与非正式组织

正式组织是按照正式程序有意建立的具有正式共同目标、组织机构、职权结构和规章制度的组织。非正式组织是基于组织成员情感、爱好、习惯、志向等原因，由人们自发形成的群体关系。

在一个组织内部，正式组织和非正式组织的成员是混合交叉的。非正式组织对正式组织既有有利的影响，也有消极的影响。因此，要重视非正式组织。

4. 机械式与有机式组织

机械式组织有着以下特点：严格的层级关系，固定的职责，高度的正规化，正式的沟通渠道，集权的决策。

有机式组织是一种松散的、灵活的具有高度适应性的形式，特点包括：强调合作、不断调整的职责、低度的正规化、非正式的沟通渠道及分权的决策等。

8.2.2 影响市场营销组织设置的因素

设计和调整企业营销组织结构时，需要考虑以下因素：企业营销指导思想、目标和战略，企业经营范围、规模、发展阶段，企业人员、技术、管理素质，企业产品，市场与环境，国家经济管理体制，企业国际化的程度等。例如，一般来说，企业规模越大，市场营销组织越复杂；企业规模越小，市场营销组织也就相对简单。对于经营产品种类多、特点突出、技术服务要求高的企业，一般应建立以产品型模式为主的营销组织结构。

当然，影响市场营销组织结构的选择因素很多，解决问题没有一个具体标准，企业应根据自身的特点和环境的变化，选择适合于自己需要的组织结构。

8.2.3 市场营销组织类型

1. 职能型组织

职能型组织（如图 8-1 所示）是最古老、最常见的市场营销组织形式。这种组织结构是按职能来组织营销活动的。这种组织结构的优点是行政管理简单。但随着企业产品品种的增多和市场的扩大，缺点也随之出现。首先是容易造成管理混乱，不利于明确划分职责与职权；其次，各个职能部门为了获取更多的预算和较其他部门更高的地位而竞争，不能很好地配合，横向联系差。

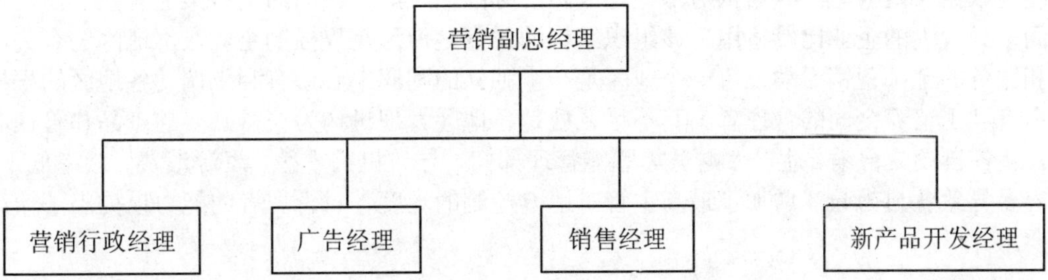

图 8-1　职能型组织

2. 产品型组织

拥有多种产品或多种不同品牌的企业，往往按产品或品牌建立管理组织。当企业所生产的各产品差异很大，产品品种太多，以致按职能设置的市场营销组织无法处理的情况下，建立产品型组织是适宜的。

产品型组织（如图 8-2 所示）结构的优点在于产品市场营销经理能够有效协调各种市场营销职能；能及时对其所管产品在市场上出现的问题做出反应；那些较小品牌的产品也不会被忽略；由于产品经理负责领导一个独立的部门，相当于一个完整的企业，有利于接受各种考验，培养全面的管理人才；具有高度的产品前瞻性，消费者对产品的意见和建议能及时反映到各产品经理，对产品做出适当改进，以适应市场需要。这种组织结构的不足之处是各产品经理考虑问题往往从本部门出发，他们之间独立的经济会引起激烈的竞争，甚至发生内耗；多头领导，责权划分不清；部门分散，一些资源不能充分共享，造成人员和设备的浪费。

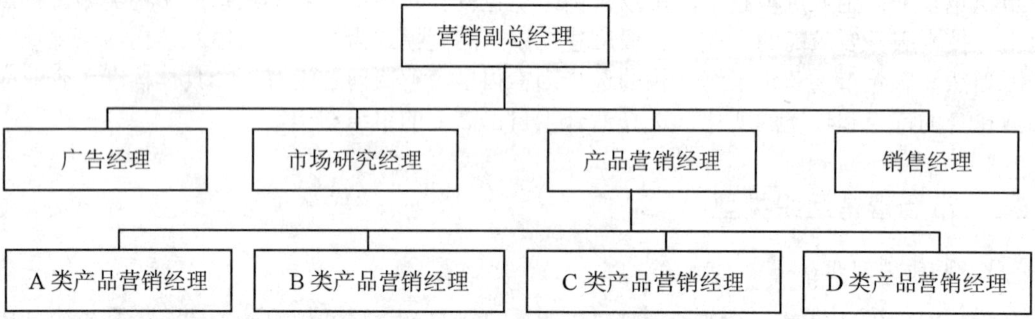

图 8-2 产品型组织

3. 地区型组织

地区型组织（如图 8-3 所示）形式是按地区或顾客来组织营销活动，而不是以产品或职能为依据。地区型组织结构对那些有成熟的标准化产品、产品的销售渠道有限，而地区之间差异较大的企业比较适用。该组织结构的优点是地区有权控制企业在本地区的有关产品和服务的全部营销活动，每一个地区是一个独立的利润中心，有利于调动各地区的积极性；有利于培养全面的管理者。其不足之处是各地区管理机构为获得必要的产品和管理职能，就各自设立营销、生产、财务等职能管理部门，导致机构重叠、资源浪费、效率低下；也容易导致各自为政，增加了最高主管对地方控制的难度，对管理者的能力也提出了较高的要求。

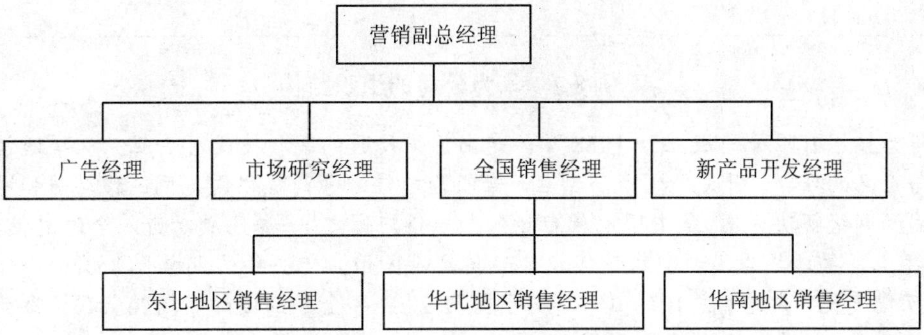

图 8-3　地区型组织

4. 矩阵型组织

矩阵型组织（如图 8-4 所示）结构成为近年来组织结构的最新发展趋势。它是在原有的按直线指挥系统为职能部门组成的垂直领导系统的基础上，又建立了一种横向的领导系统，两者结合起来就组成一个矩阵。

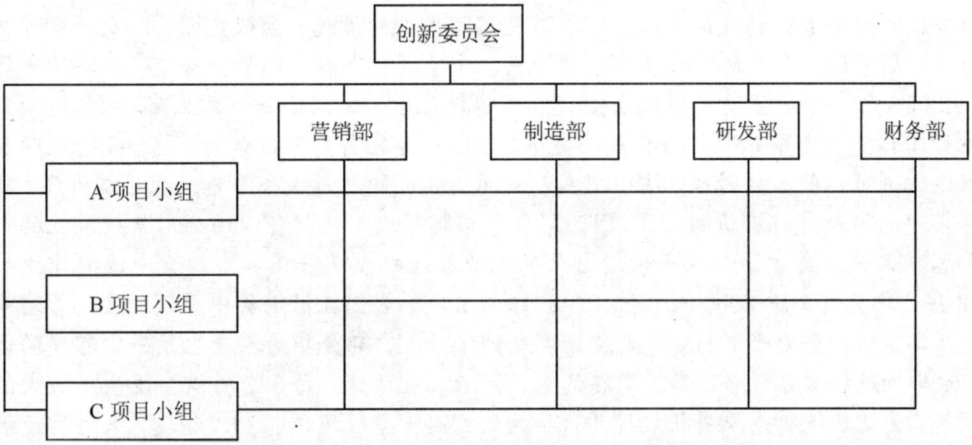

图 8-4　矩阵型组织

这种组织结构的优点是：具有较大的互动性，能克服职能部门相互脱节的现象；专业人员和专用设备能够得到充分利用；各行专业人员可以在完成同一任务的过程中相互学习、相互帮助，有利于人才的培养；实现集权与分权优势的结合。其缺点是：由于实行的是横向、纵向双重领导，容易造成冲突或相互推卸责任；组织关系复杂，对项目负责人要求较高；要花大量时间举行会议，集中解决问题，造成决策迟缓。

矩阵型组织结构，适用于产品经营范围高度多样化，且地区经营范围也高度多样化的国际企业。

案例 8.2 华为公司的组织结构

华为技术有限公司成立于 1988 年，是由员工持股的高科技民营企业。从事通信网络技术与产品的研究、开发、生产与销售，专门为电信运营商提供固定网、移动网和增值业务领域的网络解决方案，是中国电信市场的主要供应商之一，并已成功进入全球电信市场。2005 年上半年，华为实现全球销售额 330 亿元人民币，比去年同期增长 85%。海外销售达 24.7 亿美元，占销售总额的 62%，并已超过 2004 年全年的国际市场销售额，目前有员工 22 000 多人。华为在全球建立了 30 多个分支机构，在美国的达拉斯、印度的班加罗尔、瑞典的斯德哥尔摩、俄罗斯的莫斯科以及中国的北京、上海等地建立了研究所。华为产品已经进入德国、西班牙、法国等 40 多个国家和地区。

与很多主张建立三角形组织结构，强调组织结构稳定的企业不同，华为主张建立的是一种可以有所变化的矩阵结构。华为把创新转化为价值的基础就是迅速地进行有利于该创新技术的组织架构调整，但这个架构调整的具体方向是随着业务的需要而定的。比如在 GSM 领域，华为推出了面向 3G 的解决方案，其亮点之一在于可全面支持 3G 并支持专业集群功能，配合专业的集群手机，可以满足高端用户的调度、会议广播，以及紧急呼叫等需求。毋庸置疑，在信息化极度膨胀的今天，这项创新有着广阔的市场空间，华为立即出手，组织一部分市场营销和推广人员和技术创新人员一起组建一个事业部，从事这项创新的运营工作。这个事业部相当于是临时根据 3G 业务的需要而搭建的，当 3G 已经顺利地投入运营并可以收益的时候，该项技术创新面临的问题就是服务等市场跟进工作了，那么临时搭建的事业部就应该回归了，因为服务等市场跟进工作就可以由公司常规设立的市场部和客服部统一负责了。这项进退自如的创业管理机制是任正非在摸索中逐渐建立的。1998 年，华为员工近 8000 人，但在组织结构上，华为仍在沿用集中管理制度，管理难度大、效率低下，更为严重的是，无法促发新的增长点，部分华为人产生了一定程度的依赖性，结构性危机日益显著。华为所在的电信产业变化迅速，每 3 个月就会发生一次大的技术创新。为适应这种急剧变化的速度，华为建立起一个既可保持相对稳定，又可迅速调整以适应变化的组织结构。

8.3 市场营销领导

有一位表演大师上场前，他的弟子告诉他鞋带松了。大师点头致谢，蹲下来仔细系好。等到弟子走了后，又蹲下把鞋带解松。旁观者看到后，不解地问：“大师，您为什么又把鞋带解松？”大师说：“我演的是一位长途跋涉的旅者，用鞋带松开这个细节，来表现他的劳累憔悴。”“那你为什么不告诉你的弟子呢？”“他能细心地发现我的鞋带松了，并且热心地告诉我，我要保护他的积极性，及时给予鼓励。至于为什么将鞋带解开，以后教他表演时再说。”

事实是一回事，恰当地表达事实是另外一回事。

市场营销的领导工作也是如此，涉及处理日常工作的种种技巧，它既是一门管理科学，又是一门艺术。领导者不仅自身应具备专业技能，而且要有高屋建瓴的全局观念。既要树立权威性，又要善于听取下属的意见和建议；既要有精明的手腕，又要有高尚正直的品质；既要有王者的气度，海纳百川的胸怀，又要有不徇私情，公正公平处理事情的态度和决心。这样，才能鼓舞和率领全体员工迈向宏伟目标。

领导有三层含义：领导要有领导者和被领导者；领导是一个动态的过程；领导是为了实现某种目标。

8.3.1 有效的领导方法

1. 以身作则

在每个工作日的每时每刻，员工都在观察头头的一举一动。这构成了周围人判断上司的依据。上司的行为举止，包括他穿戴打扮，包括他所说的每一句话，包括他的待人接物。在各个方面，他都按高标准要求自己。他不会瞪眼怒视抱着歉意破门而入要求紧急签字的职员，也不会在正式场合醉酒失态。

2. 正视权力

权力并非仅仅是地位或身份的象征，它还能够折射出一个人的秉性。了解权力的由来，适当地运用权力，并赢得尊重是体现权力的最高境界。

权力有不同类型：法定权、奖励权、强制权、专长权和个人影响权。

（1）法定权。法定权是指管理者在组织中所担任的职务授予的权力。

（2）奖励权。奖励权是指管理者有能力给予或扣除有形的奖励或无形的奖励。

（3）强制权。强制权是指管理者有能力惩罚其他人，惩罚包括语言的训斥、减少工资或工作时间、立即免职。

（4）专长权。专长权是基于领导者拥有的特殊知识、技能和专业知识。

（5）个人影响权。个人影响权是领导者个人的身份、背景、经验、素质得到下属的尊重、赞扬和忠诚。

3. 相互信任

疑人不用，用人不疑。优秀的管理者信任他的部下，因为他相信大家会为公司、为所在部门、为他、也为他们自己竭尽全力的。优秀的经理不掩饰他的亲眼所见，以此显示他对部下的信任，让员工知道他已看到他们在勤奋工作，取得成果并全力以赴。当他的部下表现不佳或出现差错时，优秀的经理会轻轻拍拍他的肩膀，告诉他们他自己也会出错，他当部下时也犯过无数错误，告诉员工他仍然信任他们。他相信，实际上也知道他的部下同样在竭尽全力。

4. 适宜激励

管理人员要努力了解什么东西可以使人工作，什么样的需要可以激励人们去工作，只有帮助下属满足诸如金钱、地位、权力、成就等需要，才能诱发起下属的忠诚、献身精神和热情，才能实现组织的目标。

5. 勇于认错

案例 8.3 认错

王经理曾是某跨国公司的区域经理，后跳槽到某民营企业李先生的公司任销售部经理。

刚上任3个月,销售代表小刘被客户投诉贪污返利,返利单据上面还有王经理的签名。这件事，让总经理非常恼火，他亲自到销售部质问此事。

“我不知道你是怎么当经理的，你手下的销售代表贪污客户返利这么长时间，你居然不知道？要等到客户投诉到我这里才知道，你是怎么做管理的？”

王经理辩解说：“按照流程，小刘是把返利单据报到我的助理那，她审一下，整理好了，给我签字，我的工作也多，可能没有看清楚。”

“是没看清楚那么简单吗？你的工作比我多吗？”总经理怀疑地看着王经理。

王经理无奈地说：“是我工作的疏忽，回头我会和助理商量改进工作流程，并要求公司处理她，也请处理我。”

“处理助理能补回公司的损失吗？这件事应由你负全责。”总经理对王经理这种模糊的态度很气愤。

犯错时极力想掩饰是人之常情，每个人都难免有这种心态，但是不要老是用“推诿责任”为借口宽容自己。勇于承担错误是成功的前提之一。一个成功的企业家在提及部属犯错时说：“我很希望我的下属有承认错误的勇气。没有人不犯错，包括我自己在内，我不会因为谁犯个小错就全盘改变对他的看法，我比较看重的是，一个人面对错误的态度。”光承认错误是不够的，得提出具体的解决方法，这样不但向上司坦诚认错，同时也展现了你处理问题、修正错误的能力。

8.3.2　领导理论

1. 领导方格理论

美国著名的行为科学家布莱克和莫顿于 1964 年发表了《管理方格》一书，提出了管理方格理论。该理论用二维方法描述领导行为，横坐标表示领导者对生产的关心程度，纵坐标表示领导对人的关心程度，再将横轴和纵轴划分为 1 至 9 个标准，作为衡量关心生产和关心人的程度的标准。管理方格图如图 8-5 所示。

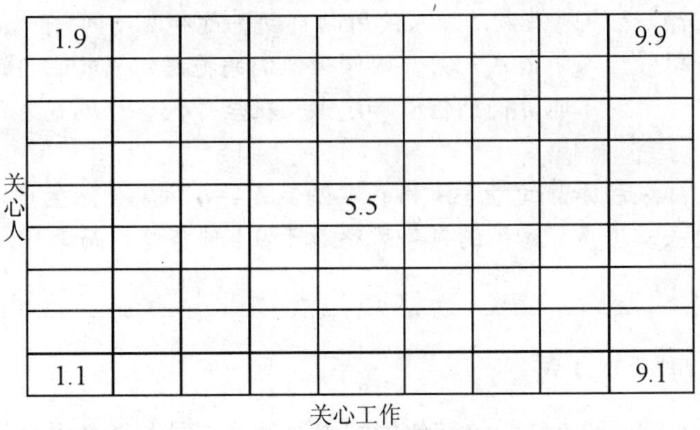

图 8-5　管理方格图

布莱克和莫顿在方格中，列出了五种基本类型的领导方式。

1.1 贫乏型：领导者以最小的努力完成工作。

9.1 任务型：领导者只重视任务效果而不重视下属的发展和下属的士气。

1.9 俱乐部型：领导者只重视支持和关怀下属而不关心任务效率。

5.5 中庸之道型：领导者维持足够的任务效率和令人满意的士气。

9.9 团队型：领导者通过协调和综合工作等活动提高任务效率与工作士气。

布莱克和莫顿认为：9.9 团队型领导方式是最有效的领导方式。

案例 8.4　管理风格

林风是某车间主任。一天，他在车间巡视时，命令一个工段的工长改变仪表盘的装配程序，他认为这样能加快操作。当生产经理张红女士发现这套新程序以后，大吃一惊，因为它扰乱了整个生产进度。她同林风沟通这件事，但出乎意料的是，林风先生的反应非常粗暴，并且吩咐她必须按照他的命令办。

当林风看了装配生产线的周报表后，忽然大发脾气，立刻把工长路名叫到他的办公室，威胁他说，如果生产量没有提高的话，就把他解雇。这种反应使路名非常震惊，他马上想到在几个星期以前，他的同事真的被解雇了。他马上解释生产上不来的原因，但林风根本不听他的解释。

林风的下属都抱怨说，林风的头等大事是执行总裁办每天发来的工作指示，而且总裁办的具体指示太多，总是包办代替。

由于对该车间业绩不满，总裁办决定：由李丹女士代替林风先生。李丹同意接受这项职务，但要求一段时间内，必须由她全权负责车间的一切事务。她向总裁办申请资金，使车间现代化，而首先改造的是供生产工人使用的自助餐厅和洗手间。午餐时她亲自上餐厅，跟工人、工长和下级管理人员打成一片。她倾听他们的抱怨，征求他们的意见和建议。她消除了原来的恐惧，激发了职员们的信心和忠诚。在李丹代替林风6个月后，该车间生产绩效显著提高。

在本案例中，林风和李丹的领导风格存在明显差异，林风关注生产，很少关心人，而李丹关心人，同时关心生产。林风的领导风格属于9.1任务型，而李丹的领导风格接近于9.9团队型。

2. 利克特的四种管理方式

密执安大学伦西斯·利克特教授和他的同事对领导人员和经理人员的领导类型和作风做了长达30年之久的研究，利克特提出了四种管理方式。

（1）“利用的—命令的”方法：管理人员发布指示，决策中没有下属参与；主要用恐吓和处分，有时也偶尔用奖赏去激励人们；惯于由上而下的传达信息，把决策权局限于最高层。

（2）“温和的—命令的”方法：管理人员对下属怀有屈尊俯就的信任和信心；采取奖赏和惩罚齐用的激励方法；允许一定程度的自下而上的沟通，向下属征求一些想法和意见；授予下级一定的决策权，但牢牢掌握政策性控制。

（3）“协商式”方法：管理人员对下属抱有相当大的但又不是充分的信任和信心，通常设法采纳下属的想法和意见；采用奖赏，偶尔用惩罚和一定程度的参与；倾向于上下双向沟通信息；在最高层制定主要政策和总体决策的同时，允许低层部门做出具体问题决策，并在某些情况下协商。

（4）“群体参与式”的方法：管理人员对下属在一切事务上都抱有充分的信心和信任，总是从下属获取设想和意见，并且积极地加以采纳；对于确定目标和评价实现目标所取得的进展方面，组织群体参与其事，在此基础上给予物质奖赏；更多地从事上下之间与同事之间的沟通；鼓励各级组织做出决策，或者将他们自己与其下属合起来作为一个群体从事活动。

伦西斯·利克特发现，那些应用“群体参与式”的方法去从事管理活动的主管人员，一般都是极有成就的领导人，以“群体参与式”的方法来管理的组织在制订目标和实现目标方面是最有成效的。

3. 领导随机制宜理论

菲德勒提出的随机制宜理论意味着领导是一种过程，在这个过程中，领导者施加影响的能力取决于群体的工作环境、领导者的风格和个性，以及领导方法对群众的适合程度。

菲德勒提出，对一个领导者的工作最起影响作用的三个基本方法是职位权力、任务结构和上、下级之间的关系。

（1）职位权力。职位权力指的是与领导人职位相关联的正式职权以及领导者从上下级和整个组织各方面所取得的支持程度。这一职位权力是由领导者对下属的实有权力所决定的。当领导者拥有一定的明确的职位权力时，则更容易使下属成员遵从他的指导。

（2）任务结构。任务结构指的是任务明确程度和人们对这些任务的负责程度。当任务明确，个人对任务负责，则领导者对工作质量更易于控制，群体成员也有可能比在任务含混不清的情况下更明确地担负起他们的工作职责。

（3）上下级关系。菲德勒认为这个方面，从领导者的角度看是最重要的。因为职位权力与任务结构大多可以置于组织的控制之下，而上下级关系可影响下级对一位领导者的信任和爱戴，从而乐于追随他共同工作。

这三个因素的组合形成了八种不同的环境情形，依其对领导工作的有利程度分为三种状态：有利、不利和中等状态。面对非常有利和不利环境的领导者，宜采用任务中心式的领导行为；反之，领导者若处在中等有利和不利的环境中，则采取人际关系中心式的领导行为，这样会取得较好的领导效能。

8.4　市场营销控制

1. 营销控制的含义

执行和控制市场营销计划，是市场营销管理过程的重要步骤。市场营销控制是指市场营销管理者经常检查市场营销计划的执行情况，看看计划与实际是否一致，如果不一致或没有完成计划，就要找出原因所在，并采取适当措施和正确行动，以保证市场营销计划的完成。

计划与实施过程并不总能保持一致，在实施中常常会出现各种意外的情况，同时计划本身也可能有某些不符合实际的地方。实践证明，企业的日常业务活动如果不通过控制往往会落空，因此，必须进行有效地市场营销控制。

2. 营销控制的方法

很多营销经理有这样的困惑：我目前最重要的任务是什么？我到底还有多少费用可

用？我申请和审批的这些费用真的会有效吗？销售人员的销售报告真实吗？有用吗？他们到底在外面干什么？明明有了挺好的绩效考核制度，销售人员为什么还是没有积极性？规章制度挺完善的，为什么这些销售人员还是乱来？为了解决这些问题他们费尽心思，头痛医头，脚痛医脚，结果却往往不尽如人意。究其根源，大量出现这些问题的企业，往往是各级领导失去了对于营销执行过程的控制和把握，对于企业的状况也心中无数。为了解决这些问题，领导者们最终走向了两个极端：一是凡事亲力亲为，不肯授权，不相信他人，下属则无事可做，无从发挥，长此以往，管理者心力交瘁，管理陷入困境；二是放任自流，歪风横行，最终企业不可避免的走向衰败。那么这个问题到底应该如何解决？什么才是好的控制方法呢？

一般来说，营销控制有四种方法：年度计划控制、赢利能力控制、效率控制和战略控制，目的在于连续不断的监督和控制各项营销活动，确保各项目标得以实现。一般来说，营销控制程序一般包括四个步骤：在营销计划中建立详细目标分解，作为基准目标；领导者必须监督各级营销人员的执行成绩；领导者必须了解任何严重偏离计划行为的原因并做出判断；领导者必须采取改正行动，以弥补其目标和执行成绩之间的缺口，这可能要求改变行动方案，甚至改变目标本身。营销控制过程的控制工具和方法如表 8-1 所示。

表 8-1　营销控制过程的控制工具和方法

步　骤	常用方法	分析工具	参与人员
目标建立	年度计划会议，年度营销计划	PEST/SWOT 等战略分析工具	中高管理层
执行监督	季度/月度营销分析会议/每日订单/库存/收款报告费用/销售分析报告/个人访谈/市场走访	销售差异分析，微观销售分析，市场份额分析，营销费用－销售额分析，财务分析，盈利性分析，广告效率分析，促销效率分析	中高管理层 运营人员
效果诊断	个人访谈营销控制会议	营销审计	中高管理层 营销审计人员
改正行动	文件/备忘录/会议人员调整/人员激励/计划调整		中高管理层 运营人员

3. 营销控制的关键成功因素

任何一个制度的设计必须依靠人来执行，营销控制也不例外。营销控制的关键成功因素是以下三点：目标必须是分阶段，可执行的；领导者必须深入一线状况，掌握第一手数据；纠偏措施必须得到有效执行。

4. 营销预警系统

人们开始重视营销管理，其中营销预警系统更是备受推崇。建立一套行之有效的营销预警系统，首先需要对营销预警有一个比较客观正确的认识。

（1）营销预警管理的核心。有人提出营销预警管理的核心是风险防范，通过防范风险将问题消灭在萌芽状态，从而规避风险，避免损失。但风险防范是营销预警不言而喻的目标，然而核心是问题的出发点和关键点，从这个意义上讲，控制偏差才是营销预警管理的核心。

"风险防范"主要强调营销作业运作过程中出现的问题，这时候问题往往已经发生，甚至风险已经存在，只是还没有累积到引起高层管理人员注意的程度。而偏差控制，不仅包括作业过程中出现的偏差，事实上，即使不打任何折扣地按照营销计划和营销管理规则进行营销作业，仍然可能发生重大问题，酿成重大风险。原因有两点：一是营销计划和营销预警参照系统本身就可能存在这样那样的偏差；二是企业内外的营销环境总是在不断地变化，也可能导致营销计划和营销预警参照系统的局部不适应。因此，把营销预警管理的核心定义为偏差控制，它包括三个内容：一是对营销计划执行过程中可能出现的操作性偏差进行提示，限制和矫正；二是对营销计划和营销预警参照系统的设计缺陷进行提示、反馈和修改；三是对营销计划和营销预警参照系统所依存的环境的变化进行提示，从而调适，甚至是重新定义营销计划和营销预警参照系统。

（2）营销预警是事中控制、反馈控制。营销预警和营销管理一起构成营销控制的重要内容，如果按控制信息获取的方式和时点的不同划分，营销管理能够通过一系列的制度和措施，将可能产生的偏差消除在发生之前，即预测风险并加以防范，从而实现事前控制；而营销预警更多的则是针对营销作业过程中已经出现的偏差采取措施以确保任务的完成，以及对作业结果进行测量、比较和分析，从而发现偏差以避免重复或偏差的扩大和积累。因此说，营销预警系统是一个实践性纠偏系统，它的事中控制和反馈控制的功能应该远远强于它的事前控制功能。

（3）营销预警管控的对象。尽管人是营销活动中最积极的因素，但营销环境也是决定营销活动的决定性因素，相应地，营销计划随着营销环境的变化也具有动态的特性，当营销人员和营销计划发生冲突时，不能简单认为是人违反了公司的管理原则、销售政策。因此，人员、计划和环境都是营销预警系统管控的对象。

复习思考题

一、关键词汇

营销管理（Marketing Management）　计划（Planning）　组织（Organizing）

领导（Leading）　　控制（Controlling）

二、简答

1．市场营销计划的类型有哪些？
2．市场营销计划编制有哪些步骤？
3．举例说明非正式组织对正式组织的影响。
4．举例说明各种权变因素如何影响管理跨度。
5．市场营销组织类型有哪些特点？
6．市场营销的领导者应注重的领导方法有哪些？
7．管理方格理论中的五种基本类型有优劣之分吗？
8．市场营销控制过程中的工具有哪些，应如何应用？
9．下图中公司的组织结构属何种类型？

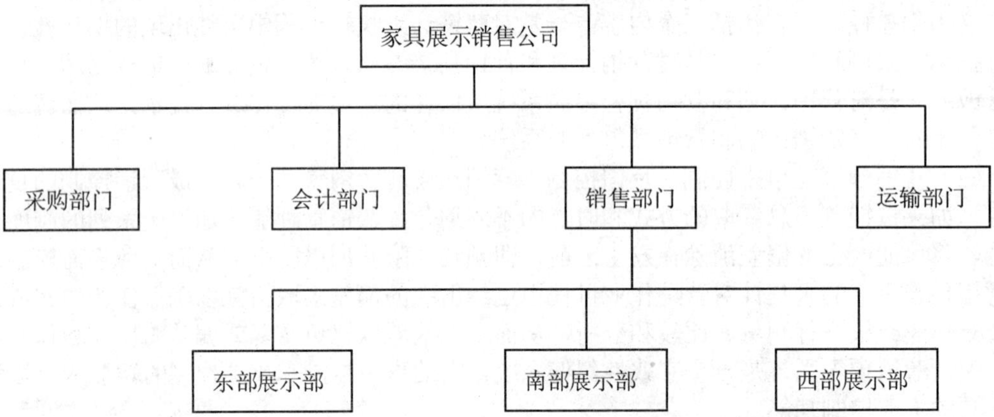

三、案例思考

1．汤姆是一家房地产公司负责销售的副总经理，他把公司里最好的推销员萨丽提拔起来，当销售经理。可萨丽在这个职位上干得并不怎么样，她的下属说她待人不耐烦，几乎得不到她的指点。萨丽也不满意这一工作，她认为：做推销员时，她做成一笔买卖就可立刻拿到佣金，可当了销售经理后，她干得是好是坏取决于下属们的工作了，再说，她的奖金现在要到年底才能定下来。萨丽在价格昂贵的市区拥有一座住宅，开着奔驰轿车，全部收入都用在生活开销上了。萨丽现在和过去的工作表现判若两人，汤姆被搞糊涂了。

思考：萨丽需要的是什么？汤姆把她提升为销售经理的这种激励方法是否正确？

2．M 企业是一家大型食品企业，年营业额约 7～8 亿，销售范围遍布全国各地。目前有生产基地一个，驻外办事处有 20 个，分为 6 个大区，公司直属驻外销售人员大约 160 多人。对于驻外人员的管理一直是一个大问题。

为了加强管理，公司制定了明确的业务运作流程和各项管理规章制度，员工的行为得到了一定的规范，但是销售系统依然问题百出，比如销售人员缺乏明确目标，促销计划执行不力，营销费用无效使用、浪费巨大等；为了扭转这个局面，M 企业新上任的营销总监决心采取行动。

第一步：确定细分基准目标。

年底，M 企业召回驻外的大区经理和办事处经理，聘请了咨询顾问进行制订年度计划的培训，然后在咨询顾问的辅导下，市场部与销售部人员以及所有驻外经理共同制定下一年度的营销计划草案，具体内容包括内外部环境分析，下一年度的产品、价格、渠道、广告、促销策略，下一年度主要的广告及促销活动的计划等。同时根据历史数据和市场的状况，公司还按区域、按月制定了各个办事处的销量分解计划和费用预算计划，并要求各个办事处按照计划草案对于自己所负责的区域进行进一步的分解，明确每一个客户和销售人员的工作内容和目标，明确每一笔营销费用的用途和金额。经过反复讨论修改，年度营销计划得以最终确定。公司也同时根据年度计划修改了营销系统的考核方案。

第二步：监控市场状况，进行执行监督。

计划开始执行以后，各个营销部门和驻外机构开始依据年度营销计划开展自己的工作，销售运营部每天会将当日的收发货及库存情况、当日销售情况以及本月累计情况制定报表，市场部会每周制作一份营销费用使用情况表，各个驻外机构也会随时发回各种销售报告，所有这些数据及内部销售报告都会通过内部电子邮件系统发给公司领导及相应营销管理人员。为了便于领导了解情况，相关人员还在需要特别关注的数据和报告上做出记号，表明优先等级和严重程度。

通过对于营销报告的阅读，营销总监和各级营销负责人会大概了解目前销售系统运营的状况，同时为了更充分的掌握情况，相关管理人员还会安排大量的时间与销售人员进行沟通和进行市场走访，拜访经销商和客户，了解当地市场情况，检查各级销售办事处的工作。通过以上种种努力，决策人员对于营销系统的现状和运营状况有了及时准确的把握。

第三步：诊断执行效果。

通过大量数据统计和定性分析，总监开始发现一些问题，比如某办事处在 3 月份只完成预定计划的 40%，某办事处出现不正常的销量波动，某办事处全年计划只完成 50%，营销费用却已经使用了全年预算的 90%等。

为了解决这些问题，营销总监开始与各个部门和驻外大区经理以及办事处进行沟通，听取他们的意见，共同寻找出现问题的原因和解决问题的方法。同时在每个月底，公司会要求各级驻外人员进行自我分析诊断，按规定格式提交月度总结报告，对本月的工作进行分析总结，找出本月主要解决的问题和下个月需要解决的问题，并据此提出下个月的主要工作内容。

另外，在每季度结束时所有驻外办事处经理会回公司参加营销会议，除了分析总结自己的工作外，还听取其他办事处的经验介绍和公司对于营销计划的一些调整。

第四步：采取改正行动。

通过对于执行状况的诊断，M 企业找到了问题产生的原因和解决方法，那么这些解决措施必须得到有效的执行。如果经过诊断发现由于内外部环境的变化导致计划按原定目标无法执行，那么 M 企业管理层就经过一定的程序对目标进行修改。

经过将近半年多的时间，M 企业的销售管理状况有了很大改善，执行力大有改善，公司的业绩创下了历史最高。更重要的是一线人员的心态好转、信心增强、积极性大为提高，M 企业一个新的发展时代也随之到来了。

思考：M 企业是如何进行营销人员的年度计划控制的？

第 9 章　市场营销的新理论

教学目的和要求。

✧ 了解顾客满意与顾客让渡价值。
✧ 了解大市场营销理论。
✧ 了解 4C 理论与 4R 理论。
✧ 了解关系市场营销、整合营销理论。
✧ 了解个性化与数据库营销理论。
✧ 了解绿色营销理论。
✧ 了解文化营销理论。
✧ 了解网络营销理论。

19 世纪末 20 世纪初，市场营销着重推销；20 世纪 50 年代市场营销着重如何识别顾客需求，出现了市场营销组合理论、市场细分理论、顾客服务营销理论、定位理论；80 年代以来进入社会营销阶段，营销学者们认为，顾客需求的满足不纯粹是企业与顾客需求的单一关系，它还受到政治、舆论、环保、制度等社会因素的制约影响，解决顾客需求必然同解决相关的社会问题有关。因此，针对保护消费者权益主义等活动，营销学家提出了“客观营销”，注重营销活动对社会造成的客观效果。针对环保问题则提出了绿色营销，针对消费者、竞争者、供应者、政府等各类个人和组织对企业的制约，提出了“关系营销”；针对打破习惯、文化、法律等因素进入被保护市场提出了“大营销”理念、政治营销理念等。本章就 20 世纪 80 年代以来有关市场营销的一些新理论做简单介绍。

9.1　顾客满意与顾客让渡价值

9.1.1　顾客满意

市场营销是追求顾客满意的活动。那么，为什么要追求顾客满意？顾客满意和不满意会给我们的市场带来什么样的影响？与我们的营销绩效有什么样的关系呢？

顾客满意与否，所带来的营销绩效是大不相同的。所以，作为一个企业，只有追求顾客满意，而且真正做到让顾客满意，它的营销绩效才能够得到提升。那么，什么是顾客满意？什么样的情况才能使顾客最为满意呢？

阅读资料 9.1 顾客满意

国外有这样一个调查事例：一个顾客购买了某个品牌的商品，如果他感到满意的话，平均会向 3.3 个人去传播他的经历。这种传播属于褒扬性的宣传，它起到的作用比企业做广告的效果要好得多。所以，企业追求顾客满意，能给企业带来更加到位的宣传效果。反之，如果一个顾客不满意，平均会向 11 个人去传播他这种不愉快的经历。这就应了我们中国那句俗话，叫“好事不出门，坏事传千里”。

顾客满意是指一个人通过一个产品的可感知的效果（或结果）与他的期望值相比较后，所形成的愉悦或失望的感觉状况，它取决于两个因素：期望值和可感知效果。

顾客的期望值是在过去的购买经验、朋友和伙伴的各种言论、销售者和竞争者的信息和许诺等基础上形成的。

顾客在购买商品的时候，对于商品都有一个心理预期。如果达到这种预期，就会觉得满意，如果超过这个预期，就会感到惊喜。顾客最满意的表现形式就是惊喜。有一个企业家说得非常好，他说：“我的一切努力都是为了追求顾客的惊喜，正是顾客的一次次惊喜，铸就了优良的品牌形象和良好的企业信誉。”

阅读资料 9.2 名家名言

作为一个公司（沃尔玛），我们的目标是，不仅为顾客提供最好的服务，而且有传奇色彩。

——山姆 •沃尔顿

这家公司（克莱斯勒）中每一个人所拥有的唯一的工作保证来自于质量、生产率和满意的顾客。

——李 • 亚柯卡

看一下我们的资产负债表。在资产方面，你可以看到有多少架飞机值多少亿。然而，你错了，我们是在自己欺骗自己。在资产方面，我们应该填的内容是，去年我们的班机共有多少愉悦乘客。因为这才是我们的资产——对我们的服务，感到高兴并会再来买票的乘客。

——简·卡尔森　斯堪的纳维亚航空公司

“顾客满意”体现了消费者对自我的尊重，对企业来说指明了营销的方向，因为顾客不满意可能来自产品质量、产品价格、售后服务等许多方面，顾客并不清楚也无须知道这些环节与企业的何种营销策略有关，他们只是表现出满意或不满意的态度。这种态度有时甚至可以直接来自于顾客自身心情，与企业的关联度较小。

但认识到以顾客高度满意为市场观念的企业总是尽量让顾客提出他们的不满意，并围绕这些不满意加以改进。

阅读资料 9.3　施乐与本田的顾客满意政策

施乐公司在推行“顾客满意”运动中，对任何表达不满意的顾客其所购设备在购买后三年之内以成本价调换。本田汽车的一条广告语宣称：“我们的顾客如此满意的原因之一是我们从不满意。”

推行“顾客满意”运动的关键在于鼓励顾客不断地发出信号。但事实上，由于各种各样的原因，95%的不满意顾客并不说出他们的抱怨，许多人只是停止购买企业的产品，因此企业必须创造条件，使顾客能方便地表达其感受。这首先需要企业为顾客创造表达意愿的便利。例如饭店客房里放置宾客留言簿；美国通用电气公司和宝洁公司都设立了“公司热线电话”，希望顾客能打电话给公司提出他们的建议、质疑或抱怨。

其次，企业对顾客发出的信号，特别是顾客的抱怨，要做出迅速的反应。

阅读资料 9.4　有关顾客满意的调研结果

国外一项调研结果表明，在所有表达了抱怨的顾客中，如果其抱怨得到了解决，有54%～70%的顾客会再次与企业发生商业关系。如果其抱怨得到了迅速解决，则这一比例会上升到令人震惊的95%。而曾经抱怨和只得到恶劣解决的顾客平均会向5个人讲述他的遭遇。正是因为如此，国际商用机器公司要求每一位销售人员在其失去一个客户时要写出一份详细报告，并提出改正的所有步骤。从解决市场交换的信息不对称角度来看，追求“顾客满意”的过程就是不断了解、执行和反馈顾客信息的过程，通过顾客的动态信号，使信息不对称趋于对称。

提高满意度如何衡量，它的影响因素是什么？营销学提出了顾客让渡价值这个概念。

9.1.2　顾客让渡价值

在现代市场营销观念的指导下，企业致力于为顾客服务和让顾客满意。为了让顾客满意，不仅需要提供价廉物美的产品，还要做大量的服务工作，与顾客建立长期的非交易关系，因为顾客真正看重的是顾客让渡价值。

顾客让渡价值（让客价值）是美国市场营销学教授菲利普•科特勒针对如何使顾客满意而提出的新概念。它对于指导工商企业全面设计与评估自己产品的价值，通过增加顾客的总价值、降低顾客的总成本，从而为顾客提供更多的“让渡价值”，使其获得更大限度的满意，进而提高企业产品的市场竞争能力具有重要意义。

顾客让渡价值是指顾客总价值与顾客总成本之间的差额。顾客总价值是指顾客购买产品与服务所期望获得的一组利益。它主要包括以下几点。

（1）产品价值。意即产品的性能、特征、质量、式样等所产生的价值。这是顾客需要的中心内容，也是顾客选购商品的重要因素。所以，它是决定顾客总价值大小的主要因素。

（2）服务价值。意即伴随产品实体的出售，企业向顾客提供的各种附加服务。一般来说，服务项目越多越周到，服务价值越大。

（3）人员价值。意即企业员工的经营思想、知识水平、业务能力、工作效率，以及应变能力等所产生的价值。

（4）形象价值。意即企业及其产品在社会中形成的总体形象所产生的价值，如企业产品形象、人员形象、广告形象等产生的价值。

顾客总成本是指顾客在购买某种产品或接受某种服务时的总支出。顾客总成本主要由以下成本构成。

（1）货币成本。意即购买商品或服务时所支付的货币额，这是总成本中的主要部分。

（2）时间成本。意即顾客在购买过程中所耗费的时间的价值，如等候时间、路途时间、服务时间等。

（3）精神成本。意即顾客在购买过程中的精力支出。

（4）体力成本。意即顾客在购买过程中耗费的体力。

阅读资料 9.5 以顾客让渡价值为理念开展市场营销工作

以顾客让渡价值为理念开展市场营销工作应当注意以下几个问题。

（1）顾客是把购买总价值和总成本的各个要素作为整体看待的，其中的某一项价值最大或成本最低不一定能吸引顾客。因此，企业必须把购买总价值和总成本的各要素作为整体对待，不能只从购买总价值和总成本的单个要素着手。要着眼于总价值最大或总成本最低。

（2）顾客让渡价值的大小受顾客总价值和顾客总成本两个因素的影响，因此，必须从两个方面努力，以增加让客价值。

（3）不同顾客对顾客总价值和总成本中各因素的重视程度不同，不同时期顾客对产品价值的要求也不一样。因此，企业应区别对待，针对不同顾客群体的特点，有针对性地设计与增加顾客总价值，降低顾客总成本。

（4）追求让价值最大化会导致企业成本增加。因此，企业在实际运营中应掌握一个合理的界限，不能片面追求顾客让渡价值最大化。

顾客将从那些他们认为可提供最高顾客让渡价值的公司购买商品。

顾客在购买过程中首选那些顾客让渡价值最大的商品或服务。因此，企业在营销活动过程中，为了在市场竞争中战胜对手，就必须尽可能使顾客让渡价值最大化，一切有利于顾客让渡价值最大化的营销策略组合都是企业所应当采用的。

9.2　市场营销 11P 理论

9.2.1　从 4P 到 10P

传统市场营销组合（4P）理论，是把企业可控制的四个市场基本因素：产品（Products）、价格（Price）、渠道（Place）和促销（Promotion）有机地结合起来，使之成为一个有机整体，以适应变化的外界环境并全面影响消费者。这一经典理论奠定了现代市场营销学的基础。

市场营销的本质是在千变万化的市场环境中，以市场交换为中心，以满足消费者需求为目的，实现企业目标的一系列整体活动。它立足全方位的思考，以系统的方法和策略达成销售，把销售纳入一个更完善、更大的行动体系。这就决定了市场营销理论必须不断创新。

由于传统的营销理论是 20 世纪 50 年代在西方的“买方市场”条件下产生的，当时的立足点是：企业只要善于发现和了解顾客需求，更好地满足顾客需要，就可能实现企业的经营目标。然而，随着营销实践的不断发展，人们感到，仅仅着眼于企业内部可控制的市场营销基本因素，已不能达到预期目的，还需与外部环境，如政治、经济、文化等不可控制因素有机结合起来，才能获得最优效果。因为与 50 年代相比，当今的营销环境已经发生了非常大的变化，成功的市场营销正日益成为一种政治上的活动。当一家公司进入一个新市场时，必须先精通向当地有关集团提供利益的技术，这比满足消费者的需求更加重要。

1. 从 4P 到 6P

20 世纪 80 年代之后，世界经济的发展进入了一个滞缓发展、缺乏生气的时期，世界各国和地区纷纷采取经济封锁政策，贸易保护主义抬头。在这种形势下，企业要进入国际市场营销十分困难，在开拓海外市场时遭到贸易封锁和进入壁垒。大市场营销观念就是在这种背景下产生的。所谓大市场营销，是指企业为了成功地进入特定市场，并在那里从事经营活动，要在策略上协调采用经济的、心理的、政治的和公共关系等手段，以博得各有关方面合作的活动过程。

大市场营销观念认为，由于贸易保护主义回潮，政府干预加强，企业营销中所面临的问题，已不仅仅是如何满足现有目标市场的需求，企业面临的首要问题是如何进入壁垒森严的特定市场。因此，企业在市场营销中，必须加上另外两个 P，即政治权力（Political Power）和公共关系（Public Relationship），这就是被美国西北大学教授菲利普·科特勒称为“大市场营销”的两个 P。即首先是运用政治权力（Political Power）和公共关系（Public Relationship），设法取得具有影响力的政府官员、立法部门、企业高层决策者等方面的合作与支持，启发和引导特定市场的需求，在该市场的消费者中树立良好的企业信誉和产品形象，以打开市场、进入市场。然后，运用传统的 4P 组合去满足该市场的需求，进一步巩固市场地位。

2. 从 6P 到 10P

美国市场营销学家菲利普·科特勒教授将传统的市场营销组合理论——产品（Product）、价格（Price）、地点（P1ace）、促销（Promotion）称为市场营销战术 4P。我们可以这样理解市场营销战术 4P：如果公司生产出适当的产品，定出适当的价格，利用适当的分销渠道，辅之以适当的促销活动，那么该公司就可以获得成功。这里有一个问题：你如何确定适当的产品、价格、地点和促销。所以，1986 年菲利普·科特勒教授又提出了探查（Probing）、分割（Partitioning）、择优（Prioritizing）、定位（Position）的市场营销战略 4P 理论以解决这一问题。

（1）战略营销第一个 P——Probing（探查）

Probing（探查）是一个医学用语，本意是指医生对病人进行深入细致的彻底的检查。在营销学上，Probing 实际上就是市场营销调研，其含义是在市场营销观念的指导下，以满足消费者需求为中心，用科学的方法，系统地收集、记录、整理与分析有关市场营销的情报资料，提出解决问题的建议，确保营销活动顺利地进行。市场营销调研是一个老话题，但被提到战略的高度来研究还是第一次，这确实是菲利普·科特勒教授的一大创举。

市场营销调研是市场营销的出发点，它开始于企业还没有生产任何产品之前。“生产什么产品？”“顾客在购买一种产品时，他们的实际需要是什么？想得到什么利益？”“竞争对手是谁以及在竞争中如何立于不败之地？”所有这类问题都需要市场营销调研来解决。

市场营销调研可帮助企业确定产品的潜在需求量，了解市场的大小和性质；可更新旧产品、不断提出改变营销策略的建议，以适应变动的市场态势；可对日益复杂的分销方法和策略提出意见和建议。

总之，通过市场营销调研，为企业进行市场细分、确定目标市场提供了基础和保证，为企业制定产品策略、价格策略、分销策略和促销策略提供了科学的依据。

市场营销调研可通过三种方式来进行：一是由当地专门从事市场营销调研的公司进行；二是聘请专家、教授及大学生对某一情况设计问卷进行调研；三是企业自己组建市场营销调研部负责实施市场营销调研。一般来说，前两种方式多为中小企业采用，后一种方式多为大型企业所采用。有关资料显示，目前世界上已有 73％以上的大型企业设立了自己的调研机构。

市场营销调研的最好方法是定量与定性相结合。一方面，在市场营销凋研中尽量运用定量分析方法以使调研结果数量化、科学化、准确化；另一方面，对于定量分析的问题，也运用定性分析方法进行分析和判断。确保得出更准确、更能反应市场状况的结果。

因此，营销者必须重视市场营销调研。

（2）战略营销第二个 P——Partitioning（分割）

Partitioning（分割）的本意是把某一整体分割成若干部分。在市场营销学上，Partitioning 实际上就是市场细分（Market Segmentation），其含义就是根据消费者需求的差异性，运用系统的方法，把整体市场划分为若干个消费者群的过程。每一个消费者群就是一个细分市场，亦称为子市场或亚市场。

细分市场是必要的，但并非万能灵药，也不是分得越细越好，更不是“有百利而无一弊”。真正的市场细分不是以细分为目标的为细分而细分，而是为了更好地满足消费者的需求，挖掘市场机会。如果实行“超细分策略”，必然导致产品种类增加，批量减少，成本上升，库存大增，价格上涨，营销业绩大幅度下降。在实践中“反细分策略”是有一定道理的，它不是反对市场细分化，而是将许多过于狭小的子市场组合起来，以便能以较低的价格去满足这一市场的消费需求。由此可见，市场细分必须遵守实用性、赢利性的原则。

市场细分是衡量市场营销观念是否真正得到贯彻的标志。

（3）战略营销第三个 P——Prioritizing（择优）

企业竞争目标的设定、竞争手段的选择、竞争时机的把握、竞争结果的分析，都需要头脑的创造性思维。

竞争的目标要订得详细而具体，越具体越容易达到，社会学上的实验已经证明了这一点。日本的一位学者曾做过这样一次实验：把 100 名高中学生分为两组，每组 50 人，让两组学生面对墙壁，手拿粉笔尽力往上跳，在最高处划一条线。然后，实验人员把第一组学生所画下的粉笔道朝上移动了两厘米，并鼓励他们说：“相信大家还有潜力，再跳一次试试，看看谁能达到新的高度。”同时，对第二组学生也进行鼓励，让他们跳得更高些，但不提出具体的要求。结果，第一组学生达到新目标的有 26 人，而第二组学生达到新目标的只有 7 人。由此可见具体目标的激励作用。

在市场营销运作过程中，营销者也必须首先确定经营的目标，选择好的目标市场。

Prioritizing（择优）实际上就是目标市场的选择，即在市场细分的基础上，企业要进入的那部分市场，或要优先最大限度地满足的那部分消费者。选择目标市场的必要性是由消费者需求的多样性和企业资源的有限性决定的。消费者需求的多样性，使企业不能满足所有消费者的需求；企业资源的有限性使企业不能经营所有的产品满足消费者的所有需求。任何企业只能根据自己的资源优势和消费者的需求，经营特定的产品，满足消费者的部分需要。

营销者应牢记“集中优势兵力，打歼灭战”的信条，“把好钢用在刀刃上”。

（4）战略营销第四个 P——Position（定位）

Position（定位）直接解释是确定位置。在市场营销学上，Position（定位）实际上就是市场定位，其含义是根据竞争者在市场上所处的位置，针对消费者对产品的重视程度，强有力地塑造出本企业产品与众不同的、给人印象鲜明的个性或形象，从而使产品在市场上确定适当的位置。

市场定位并不是你对一件产品本身做些什么，而是你在潜在消费者的心目中做些什么。也就是说，你得给产品在潜在消费者的心目中确定一个适当的位置，如品质超群、新颖别致、高档品牌、方便实用等。市场定位实际上是心理效应，它产生的结果是潜在消费者怎样认识一种产品。

市场定位可分为对现有产品的再定位和对潜在产品的预定位。对现有产品的再定位可能导致产品名称、价格和包装的改变，但是这些外表变化的目的是为了保证产品在潜在消费者的心目中留下值得购买的形象。对潜在产品的预定位，要求营销者必须从零开始，开发所有的战术4P，使产品特色确实符合选择的目标市场。

企业在进行市场定位时，一方面要了解竞争对手的产品具有何种特色，另一方面要研究消费者对该产品的各种属性的重视程度，然后根据这两方面进行分析，再选定本企业产品的特色和独特形象。可供选择的市场定位策略有专钻市场空隙的拾遗补缺定位策略、针锋相对的迎头挑战定位策略、高人一筹的突出特色定位策略等。

对于 10P，我们可以归纳如下：为了更好地满足消费者的需要，并取得最佳的营销效益，营销人员必须精通产品、渠道、价格和促销四种营销战术；为了做到这一点，营销人员必须事先做好探查、分割、择优和定位四种营销战略；同时还要求营销人员灵活运用公共关系和政治权力这两种大市场营销技巧。

阅读资料 9.6　从 4P 到 11P

市场营销组合的演变：4Ps→6Ps→10Ps→11Ps

其中，4P 是指：产品（Products）；价格（Price）；渠道（place）；促销（Promotion）。

6P 是指在 4P 基础上增加 2 个“P”，即：

政府（或政治）；力量（Political Power）；公共关系（Public Relations）。

10P 是指在 6P 基础上增加 4 个“P”，即探查（Probing）；分割（Partitioning）；择优（Prioritizing）；定位（Position）。

11P 是指在 10P 基础上增加 1 个“P”，即人（People）。

9.2.2　组织内部市场营销和外部市场营销理论——市场营销 11P 理论

前面我们已经说明了 10 个 P，再加上“人”(People)，就是 11P。People 在营销学中的意思是理解人、了解人。这里是做好“以人为本的市场营销”。这一点对所有的营销人员都是很重要的，特别是对服务行业的营销人员更加重要，如果你经营一家宾馆，一家航空公司，或一家银行，你必须擅长管理人——你的下属。因为是他们与顾客直接打交道。你必须训练他们学会礼貌待客。你帮下属做好工作的问题叫做“内部营销”；满足顾客需要的问题叫做“外部营销”。

为了激励公司所有部门的团队精神，公司既要进行外部营销，也要进行内部营销。外部营销是对公司以外的人的营销；而内部营销是指成功地雇佣、训练和尽可能激励员工很好地为顾客服务的工作。内部营销先于外部营销。内部营销的问题如：怎样使全体员工全心全意为顾客服务，也就是怎样调动全体职工的积极性，真正把顾客的利益放在第一位，使顾客真正体会到“上帝”的感受。

9.3 4C理论与4R理论

9.3.1 4C理论

4P（产品、价格、渠道、促销）营销策略自20世纪50年代末由麦卡锡提出以来，对市场营销理论和实践产生了深刻的影响，被营销经理们奉为营销理论中的经典。而且，如何在4P理论指导下实现营销组合，实际上也是公司市场营销的基本运营方法。即使在今天，几乎每份营销计划书都是以他的理论框架为基础拟订的，几乎每本营销教科书和每个营销课程都把4P作为教学的基本内容，而且几乎每位营销经理在策划营销活动时，都自觉、不自觉地从4P理论出发考虑问题。

然而，随着市场竞争日趋激烈，媒介传播速度越来越快，4P理论越来越受到挑战。到20世纪80年代，美国学者劳特朋针对4P要素存在的问题，提出了4C营销理论。4C是指：

（1）消费者需求（Consumer demands）。它首先要了解、研究、分析消费者的需要与欲求，而不是先考虑企业能生产什么产品。

（2）成本（Cost）。它首先要了解消费者满足需要与欲求愿意付出多少钱（成本），而不是先给产品定价，即向消费者要多少钱。

（3）便利性（Convenience）。它首先要考虑顾客购物等交易过程如何给顾客方便，而不是先考虑销售渠道的选择和策略。

（4）沟通（Communication）。以消费者为中心实施营销沟通是十分重要的，通过互动、沟通等方式，将企业内外营销不断进行整合，把顾客和企业双方的利益无形地整合在一起。

4C营销理论注重以消费者需求为导向，与市场导向的4P相比，4C有了很大的进步和发展。但从企业的营销实践和市场发展的趋势看，4C依然存在以下不足。

（1）4C是顾客导向，而市场经济要求的是竞争导向，中国的企业营销也已经转向了市场竞争导向阶段。顾客导向与市场竞争导向的本质区别是：前者看到的是新的顾客需求；后者不仅看到了需求，还更多地注意到了竞争对手，冷静分析自身在竞争中的优、劣势并采取相应的策略，在竞争中求发展。

（2）随着4C理论融入营销策略和行为中，经过一个时期的运作与发展，虽然会推动社会营销的发展和进步，但企业营销又会在新的层次上同一化，不同企业至多是个程度的差距问题，并不能形成营销个性或营销特色，不能形成营销优势，保证企业顾客份额的稳定性、积累性和发展性。

（3）4C 以顾客需求为导向，但顾客需求有合理性问题。顾客总是希望质量好，价格低，特别是在价格上要求是无界限的。只看到满足顾客需求的一面，企业必然付出更大的成本，久而久之，会影响企业的发展。所以从长远看，企业经营要遵循双赢的原则，这是 4C 需要进一步解决的问题。

（4）4C 仍然没有体现既赢得客户，又长期地拥有客户的关系营销思想，没有解决满足顾客需求的操作性问题，如提供集成解决方案、快速反应等。

（5）4C 总体上虽是 4P 的转化和发展，但被动适应顾客需求的色彩较浓。根据市场的发展，需要从更高层次以更有效的方式在企业与顾客之间建立起有别于传统的新型的主动性关系。加上互动关系、双赢关系、关联关系等。

9.3.2 营销理论的最新进展——4R 理论

针对上述问题，美国西北大学教授唐·E·舒尔茨提出了 4R 营销新理论，阐述了一个全新的营销四要素。4R 是指：关联（Relevancy）、反应（Reactivity）、关系（Relations）和回报（Return）。

1. 关联

在竞争性市场中，顾客具有动态性。顾客忠诚度是变化的，他们会转移到其他企业。要提高顾客的忠诚度，赢得长期而稳定的市场，重要的营销策略是通过某些有效的方式在业务、需求等方面与顾客建立关联，形成一种互助、互求、互需的关系。

把顾客与企业联系在一起，这样就大大减少了顾客流失的可能性。特别是企业对企业的营销与消费市场营销完全不同，更需要靠关联、关系来维系。建立关联的方式很多，各类企业不尽相同。

（1）与产业用户建立关联。利用系统集成的模式为产业用户服务，为产业用户提供一体化、系统化的解决方案，建立有机联系，形成互相需求、利益共享的关系，共同发展。企业本身可以为产业用户提供全方位的服务。但这个服务不一定是完善的，很难保证每项服务都是最优秀的。解决办法是为产业用户提供一揽子解决方案，然后在更大范围内系统集成和优化组合，这样可以保证方案和各个集成部分都是最好的，从而形成整体最优。

如贝尔，作为制造业来说经营虽然越来越难，但他们改变思路，采用集成方式，着重提供最好的方案，而采购其他厂家的产品，为客户提供一揽子服务，因而业务发展很快。康柏采取这种模式，做解决方案提供商，扭转了产品单一、经营困难的局面。海尔的星级服务实际上也是一种系统集成服务。这样，通过提供一揽子方案，帮顾客做得最好，企业与顾客就建立起了互需、互求的长期、牢靠的关联纽带。

（2）与产品需求建立关联。提高产品与需求的对应程度，提供符合客户特点和个性的具有特色或独特性的优质产品或服务。

阅读资料 9.7 “大规模量身订制”式生产方式

网络经济的发展彻底改变了传统经济下无法大规模集结市场特殊需求、只能小批量生产特殊款式产品、高费用和超额利润的局面，使得“大规模量身订制”式生产方式成为可能。任何过去无法开通流水线生产的特殊款式的产品，通过网络进行全球范围的市场集结都可以生产。“批量”可以由“特殊”转化为“常规”，从而可以按照相应的规模经济要求进行流水生产。而且更重要的是集结这一全球市场所需要的费用正以网络经济的扩展速度迅速下降。所以，企业必须抢占网络先机，在充分了解顾客需求的基础上，为其量身订做符合其所用的物品与服务，如针对企业特殊需求的各种电子商务服务和软件服务等，这样可更有效地巩固和吸引客户。

2. 反应

在今天的相互影响的市场中，对经营者来说最现实的问题不在于如何控制、制订和实施计划，而在于如何站在顾客的角度及时地倾听顾客的希望、渴望和需求，并及时答复和迅速做出反应，满足顾客的需求。目前多数公司多倾向于说给顾客听，而不是听顾客说，反应迟钝，这是不利于市场发展的。

当代先进企业已从过去推测性商业模式，转移成高度回应需求的商业模式。面对迅速变化的市场，要满足顾客的需求，建立关联关系，企业必须建立快速反应机制，提高反应速度和回应力。这样可最大限度地减少抱怨，稳定客户群，减少客户转移的概率。网络的神奇在于迅速，企业必须把网络作为快速反应的重要工具和手段。

在及时反应方面日本公司的做法值得借鉴。日本企业在质量上并不一味单纯追求至善至美，而是追求面向客户的质量，追求质量价格比。他们并不保证产品不出问题，因为那样成本太高。而是在协调质量与服务关系的基础上建立快速反应机制，提高服务水平，能够对问题快速反应并迅速解决。这是一种企业、顾客双赢的做法。

3. 关系

在企业与客户的关系发生了本质性变化的市场环境中，抢占市场的关键已转变为与顾客建立长期而稳固的关系，从交易变成责任，从顾客变成拥有，从管理营销组合变成管理和顾客的互动关系。

阅读资料 9.8 五个转向

(1)现代市场营销的一个重要思想和发展趋势是从交易营销转向关系营销：不仅强调

赢得用户，而且强调长期地拥有用户；

（2）从着眼于短期利益转向重视长期利益；

（3）从单一销售转向建立友好合作关系；

（4）从以产品性能为核心转向以产品或服务给客户带来的利益为核心；

（5）从不重视客户服务转向高度承诺。

所有这一切其核心是处理好与顾客的关系，把服务、质量和营销有机地结合起来，通过与顾客建立长期稳定的关系实现长期拥有客户的目标。那种认为对顾客需求做出反应、为顾客解答问题、平息顾客的不满，就尽到了责任的意识已经落后了。

必须优先与创造企业 75%～80%利润的 20%～30%的那部分重要顾客建立牢固关系。否则把大部分的营销预算花在那些只创造公司 20%利润的 80%的顾客身上，不但效率低而且是一种浪费。

沟通是建立关系的重要手段。从经典的 AIDA 模型：注意（Attention）—兴趣（Interest）—渴望（Desire）—行动（Action）来看，营销沟通基本上可完成前三步骤，而且平均每次和顾客接触的花费很低。

4. 回报

对企业来说，市场营销的真正价值在于其为企业带来短期或长期的收入和利润的能力。一方面，追求回报是营销发展的动力；另一方面，回报是维持市场关系的必要条件。企业要满足客户需求，为客户提供价值，但不能做“仆人”。因此，营销目标必须注重产出，注意企业在营销活动中的回执，一切营销活动都必须以为顾客及股东创造价值为目的。

综上所述，4R 理论有 4 大优势。

（1）4R 营销理论的最大特点是以竞争为导向，在新的层次上概括了营销的新框架。4R 根据市场不断成熟和竞争日趋激烈的形势，着眼于企业与顾客互动与双流，不仅积极地适应顾客的需求，而且主动地创造需求，运用优化和系统的思想去整合营销，通过关联、关系、反应、回报等形式与客户形成独特的关系，把企业与客户联系在一起，形成竞争优势。可以说 4R 是新世纪营销理论的创新与发展，必将对营销实践产生积极而重要的影响。

（2）4R 体现并落实了关系营销的思想。通过关联、关系和反应，提出了如何建立关系、长期拥有客户、保证长期利益的具体的操作方式，这是一个很大的进步。

（3）反应机制为互动与双赢、建立关联提供了基础和保证，同时也延伸和升华了便利性。

（4）“回报”兼容了成本和双赢两方面的内容。追求回报，企业必然实施低成本战略，充分考虑顾客愿意付出的成本，实现成本的最小化，并在此基础上获得更多的顾客份额，形成规模效益。这样，企业为顾客提供价值和追求回报相辅相成，相互促进，客观上达到的是一种双赢的效果。

当然，4R同任何理论一样，也有其不足和缺陷。如与顾客建立关联、关系，需要实力基础或某些特殊条件，并不是任何企业可以轻易做到的。但不管怎样，4R提供了很好的思路，是经营者和营销人员应该了解和掌握的。

阅读资料9.9　4P、4C、4R三者的关系

4P、4C、4R三者是什么关系呢？不是取代关系而是完善、发展的关系。由于企业层次不同，情况千差万别，市场、企业营销还处于发展之中，所以至少在一个时期内，4P's还是营销的一个基础框架，4C也是很有价值的理论和思路。因而，两种理论仍具有适用性和可借鉴性。4R不是取代4P、4C，而是在4P、4C的基础上创新与发展，所以不可把三者割裂开来甚至对立起来，要在了解、学习和掌握新世纪市场营销新发展的4R理论的同时，根据企业的实际，把三者结合起来指导营销实践，可能会取得更好的效果。

9.4　关系营销和整合营销

9.4.1　关系营销

关系营销是20世纪80年代末、90年代初提出的一种新型营销理念，最早出现在服务营销和工业品营销领域。它是美国行销学家巴巴拉·本德·杰克逊于1985年最先提出的。这一理论由于迎合了现代企业的营销实践，所以一经提出就受到企业界的重视，并得以迅速发展。

关系营销思想的产生也是各种因素共同作用的结果。首先，20世纪80年代末期以来企业面对的市场环境发生了很大变化。随着社会生产的迅速发展，物质产品的供给增加，市场竞争日益激烈，企业市场营销的实践证明，谁与顾客建立稳定的交易关系，谁就能有更多未来的销售机会，在长期的竞争中立于不败之地；其次，企业从经济利益出发，认识到市场营销不仅要与其他企业争夺顾客，而且要保持顾客，使之成为企业的永久性顾客；而企业通过服务等手段为保持顾客所花费的支出比争取新顾客的支出要小得多，经济投入少而长远利益大正是企业所渴求的。适应上述各方面的要求，关系营销在实践中逐渐被认同并加以运用。

关系营销的基本含义是：企业在市场营销活动中，在建立、维持和发展与客户的交易关系的基础上，与顾客、经销商创造更亲密的工作关系和相互依赖的伙伴关系，从而发展双方的连续性交易，以提高品牌忠诚度、巩固市场销售。关系市场营销可定义为：企业与顾客、分销商、经销商、供应商等建立、保持并加强关系，通过互利交换及共同履行诺言，使有关各方实现各自目的。企业与顾客之间的长期关系是关系市场营销的核心概念。建立关系是指企业向顾客做出各种许诺。保持关系的前提是企业履行诺言。发展或加强关系是指企业履行从前的诺言后，向顾客做出一系列新的许诺。

阅读资料 9.10　关系营销与交易市场营销的区别

关系市场营销与交易市场营销存在着一定的区别。例如：在交易市场营销情况下，一般来说，除产品和企业的市场形象之外，企业很难采取其他有效的措施以与顾客保持持久的关系。如果竞争者用较低的价格向顾客出售产品或服务，用类似的技术解决顾客的问题，则企业与顾客的关系就会终止。而在关系市场营销情况下，企业与顾客保持广泛、密切的联系，价格不再是最主要的竞争手段，竞争者很难破坏企业与顾客的关系。再如：交易市场营销强调市场占有率，关系市场营销则强调顾客忠诚度，保持老顾客比吸引新顾客更重要。关系市场营销的最终结果，将为企业带来一种独特的资产，即市场营销网络。所谓市场营销网络是指企业及其与之建立起牢固的、互相信赖的商业关系的其他企业所构成的网络。可见，关系营销打破了以往营销理念中只注重与顾客进行一次性交易的做法，而把交易的重点放在与顾客建立长期的关系上，使企业的长期目标得以实现，并为现代市场营销理念开辟了更为广阔的领域，扩大了市场营销范围和营销策略组合。

关系营销思想的确立，使企业的营销手段和营销方式也发生了相应的变化。

（1）传统的营销组合被进一步扩大。传统的市场营销组合主要局限在 4P 的组合上，而在关系营销中又增加了三个新的要素：顾客服务、进程和人员。将顾客提高到关系战略的高度，制定出一个给顾客带来附加价值的顾客服务战略，并由专门的人员负责实施这一战略，控制实施过程，做到让顾客全过程满意。

（2）市场营销范围被进一步扩大。传统的营销观念把视野局限在目标市场上，即顾客群体。而关系营销涉及的市场范围则广泛的多，它涉及顾客市场、供应商市场、劳动力市场、影响者市场及内部市场等多方面。该营销理念将顾客市场作为其重点、供应商市场和劳动力市场作为其保证、影响者市场作为其基础、内部市场作为其条件，形成一种与各方向水乳交融、关系融洽的良好氛围。

当然，企业应当明白，关系营销观念不是庸俗的关系学，他不是强调在营销活动中通过各种非正当手段拉关系和非正常交易。

9.4.2　整合营销

当公司所有的部门都能为顾客利益服务时，其结果就是整合营销。

整合营销包含两方面的含义：各种营销职能——推销人员、广告、产品管理、营销调研等必须彼此协调；营销部门必须与公司其他部门很好协调。

1950年尼尔·鲍顿采用的“市场营销组合”概念是营销学发展的一个里程碑，他强调将营销中的各种要素组合起来的重要性。在这一点上，营销组合与整合营销是一脉相承的，营销组合更为强调各种要素之间的相互关联，并要使它们有机统一成整体；整合营销更表明了一种营销的过程。现代企业已经发展了众多有效、高效的营销手段和工具，如人员推销技巧、广告媒体选择等，它们都有各自的功效。对企业来说，有些作用力可能相互抵消或削弱，如单纯追求技术完美，使得目标市场狭小，企业必须承受“高处不胜寒”的痛苦。整合营销就是使各种作用力统一方向，形成合力，共同为企业的营销目标服务。科特勒所谓的各部门协同作战以满足顾客的利益就是一种营销的整合，要握紧拳头而不是张开十指出击。

整合营销是一种系统化的营销方法，具有自身的指导理念、分析方法、思维模式和运作方式，是对抽象的、共性的营销的具体化、个性化，是挑战营销环境的工具，因此整合营销是对营销组合的升华和理性化，使之更成体系。

案例9.1　我国商业银行的整合营销

20世纪80年代一些大银行开始装备电子计算机，大大提高了前台的工作效率，在此基础上，实现了电子计算机在一个城市的综合联机作业，较快地推出商业银行本系统的电子清算系统，实现了总行与分支行之间的资金划拨、汇款和结算。继而各大银行分别在本系统内实现计算机综合业务处理，使客户能在所有参加联机银行的分支机构网点通存通兑。在个人客户的服务项目中设置自动柜员机（ATM）、销售终端（POS）、电话查询等。在对工商企业、机关事业单位的服务项目中，代发工资、建立资金结算中心、代理证券资金清算业务、电子汇兑业务以及提供企业财务顾问、市场预测等服务。有的银行还与券商合作，向持有商业银行卡的股民提供证券资金转账业务，甚至向股民提供集储蓄、股票资金账户于一身的“两卡合一”式服务，深受客户欢迎。银行电子应用的系统不断发展变化，使商业银行逐步发展为能提供多种金融商品的金融“百货商店”。

9.5　个性化与数据库营销

中国经济在从计划经济向市场经济转型的过程中，也逐渐由稀缺经济向过剩经济过渡。中国百姓对商品的需求已经从饥不择食地大量抢购到货比三家的“挑剔”。生活日益丰富的人们，已不再领情于、甚至厌倦于铺天盖地的商品信息的冲击；同时，也不再满足于基本的生活需要，更加注重的是具有个性化和人情味的产品和服务，消费者从过去追求“你有我就不能没有”，转变到“你有我就不想再有”。市场将被区隔成一个个更小的消费者群，即对公司的一个或多个品牌有关系或感兴趣的一组消费者。市场细分越来越重视消费者的兴趣和感受。针对这种状况，更需要营销者时刻关注消费者需求的变化，及时与消费者沟通，迅速采取措施，满足不断变化的消费者需求。基于此，由稀缺经济导致的大规模生产以及与之相应的传统营销方式将面临着严峻的考验，代之而来的是更加灵活的生产方式以及与之相应的各种新的营销方式的涌现，如数据库营销。

数据库营销被广泛用于各种类型的企业或产品，如工业品、商品化服务、消费用品、公益事业、器械设备和基金筹措等，它需要一种全新的计划、预算、分析和实施方式。

数据库营销是建立在直复营销和关系营销的基础之上，且充分体现全面质量管理（指产品质量、过程质量和企业对内对外的关系质量等）的管理原则，并借助于信息技术发展而日益强大起来的，它本身的理论体系和运作方式也随着营销理论的发展与营销实践的检验和充实而日臻完善，同时，它又被目前国内外营销界所热衷的整合营销所包容。

数据库营销需要高度的理性，需要严谨的规划，将市场影响因素进行抽象的量化，经过系统的统计分析，准确进行市场的细分、定位，进而实施创造性、个性化的营销策略。由于数据库能够不断更新，不断改善，能够及时反映市场的实际状况，因此，是企业掌握市场的重要途径。可以说，高度的理性和个性化的营销策略是数据库营销的灵魂。

数据库营销对于产品的研制开发、定位以及营销策略的制定、实施与控制起着至关重要的作用：它可以创造新市场、敏锐地发现新市场、维持现有市场，它可以与消费者进行高效的、可衡量的、双向的沟通，真正实现了消费者对营销的指导作用。它可以与顾客保持持久的、甚至是终身的关系来保持并提升企业的短期与长期利润；通过数据库与顾客直接对话，依据顾客的价值观建立起更具特色、更加个性化的品牌，把品牌管理变成“企业—顾客共同体”管理，使品牌的形象更加鲜明，更加具有生命力；同时，把企业对顾客的承诺管理变成获得和保持与顾客关系的手段。从某种程度上，可以说，数据库营销正在改写着这个世纪的营销规则。

阅读资料 9.11　数据库营销

数据库营销意味着创造力、判断力、直觉、团队精神和洞察力，它需要所谓的“亲密感”，需要深刻的理解人、机器、错综复杂的关系和系统，需要发挥您的左右脑，创造出一个系统性的有创造力的整合的营销体系。同时，数据库营销是技术与文化的交融，是过程与目标的结合，是消费者与企业的联姻，数据库营销在商业生活中将是一个被高度整合的营销。

当然，传统的营销方式也不是一无是处，它们仍占据着相当的地位。目前，数据库营销仅是对传统营销方式的补充和改变。

另外，实施数据库营销与企业的整个管理水平，尤其是营销管理水平密切相关。从长期看，数据库营销是企业未来的选择；但从短期看，企业实施数据库营销的时机是否成熟，还要依据企业资金状况、人力资源状况及产品特色与市场状况等，分析评估后再作决策。对于实力弱的企业，数据库营销可作为企业营销工作的方向，在营销管理上注重顾客信息的收集，建立起初级的消费者数据库。对于实力强的企业，或已经实行计算机管理信息系统企业，可依据自己的营销规划逐步实施数据库营销。

9.6 绿色营销

9.6.1 绿色营销的产生

绿色营销是指企业在绿色消费的驱动下，从保护环境、充分利用资源的角度出发，在研制开发产品、保护自然等营销过程中融入安全、环保与健康的概念，来满足消费者的绿色需求，从而实现营销目标的全过程。

20 世纪 70 年代，西方国家提出了可持续发展问题；80 年代是逐步树立环保意识的年代，被称为“环保崛起的十年”；90 年代则将环保付诸行动，称为“环境行动的十年”。至今，世界各国，尤其经济发达国家掀起了制定“环保标志”，实施“环保意识”的战略及方针。

可持续发展战略的实施，从宏观方面，要求政府重视制订及实施可持续发展战略的总体目标、方针及具体办法；从微观方面，要求各类企业将营销活动同自然环境、社会环境的发展相联系，使企业营销活动有利于环境的良性循环发展，也就是说，要求企业从实施可持续发展战略的高度来开展绿色营销。

1995 年世界贸易组织专门成立了贸易与环境委员会，经济全球化使得环境因素在国际交换与竞争中的影响日益增强。1999 年 11 月 30 日在美国西雅图召开了世界贸易组织第三届部长会议，对于环境问题的争论，反映出国际贸易中不能回避的现实问题。目前，国际上已签订了 150 多个多边环保协定，其中将近 20 个含有贸易条款，通过贸易限制来达到环保目的，我国企业要进入国际市场要受到许多影响。

我国企业的绿色标准制度建立与管理起步较晚，水平落后，企业的环境意识薄弱，并且对外国环保政策和法规的研究不够重视，严重地阻碍了我国产品的出口和国际竞争力，这要求企业、特别是外贸企业要树立和强化绿色营销观念，积极申请环境标志并推行 ISO 14000 系列标准，扩大环境标志产品的范围，缩短与发达国家的差距，以取得进入国际市场的绿色通行证。

（1）企业要对主要发达国家的环保法规、标准的信息进行收集和分析，特别是对外贸相关产品的环保要求信息收集。

（2）企业要加强对国际市场“绿色消费”市场的研究，捕捉世界市场发展动态，积极开发环保产品和环保技术，在产品设计、生产、包装和销售过程都注意环保问题，根据绿色信息，制订绿色价格，建立绿色销售渠道，开展绿色促销。

（3）企业要建立绿色商品出口结构，对资源性初级产品降低出口比重，进行深加工；鼓励高技术、高附加值和资源替代产品的出口，扩大绿色产品的出口。

9.6.2 如何运用绿色营销

1. 绿色产品

在绿色营销中，绿色产品是关键性的环节，应高度重视。

（1）实行绿色产品设计。在产品的设计中优先考虑环境保护的原则，即设计出的产品可以拆卸、分解，零部件可以翻新和重复使用，这样，既保护了环境，也避免了资源的浪费。从而进一步推动设计合理化、原料配制化，使零部件能够再生利用。

（2）推行清洁生产。通过资源的综合利用、短缺资源的代用、二次资源的利用，以及节能、省料、节水，使产品的生产过程与生态环境保护相协调。清洁生产的内容应包括三个方面：一是清洁的生产过程，即在产品生产过程中由于污染处理工艺的作用，使其不对周围环境造成危害；二是清洁的产品，它强调产品生命周期的清洁性，即产品在制造、使用甚至最终报废处理都不会对环境造成危害；三是清洁的环境，即通常人们所说的花园式工厂的建设，包括车间环境、厂区环境及周边环境的建设。

（3）实行绿色包装。企业在产品设计及包装使用和处理方面，既需努力降低商品包装费用，又要降低包装废弃物对环境的污染程度。目前国际流行的“绿色包装”是纸包装。由于纸袋主要成分是天然植物纤维素，容易被土壤微生物分解，很快重新加入自然循环。如大连绿洲食品包装有限公司开发的“纸模餐具”，以纯天然纸浆为原料，在国内外开辟了治理“白色污染”的新思路。这种餐具若废弃在大自然中，7～15 天内就完全化解，不会残留任何有害物质。

2. 绿色价格

在国际市场上的绿色价格策略是要将生态价值观贯穿于绿色产品定价体系，加强生态环境成本核算，把绿色产品的生态环境成本计入总成本，在同类产品价格的基础上确定一定的加价率，树立绿色产品优质高价的形象。

在国内市场上，绿色产品的价格定位则必须要面向普通百姓，让更多的人能够接受它，尤其在产品开发和市场发育初期，更要突出价廉、质优、安全、精美等优势，才能吸引众多的消费者。因此在与同类产品的比价上必须保持基本平衡。

3. 绿色分销

要实行绿色分销策略，应采用无污染的运输工具，合理设置供应配送中心和配送环节，选择绿色信誉好的中间商，以维护产品的绿色形象，还必须建立全面覆盖的销售网络。在国内要在大中城市设窗口，开通绿色通道等，不断提高市场占有率；在国外要通过开辟运输航线，设立境外办事机构，开办直销窗口等途径，增强绿色产品的市场辐射力。

4. 绿色促销

在人员推销、广告、公关等促销中强调绿色特征，把产品、企业与环境保护有机联系起来，使企业在公众心目中树立起良好的绿色形象，刺激顾客对绿色商品的购买欲望。如美国生产尿布的企业，从环保角度出发，进行广告促销，强调常用尿片在土里至少要经过 500 年才能分解，而纸尿片在土里很快腐烂分解，于是纸尿片在公众心中树起了“绿色形象”，短短 3 年，销售量猛增近 3 倍。

9.7 文化营销

营销理论的发展历史，一个显著的特征就是文化涉及的价值观念、社会思想、社会关系等因素在营销中的作用越来越大，分量越来越重，而从中我们也可以看出，在生产观念—顾客需求—社会营销理论发展过程中文化的内涵越来越厚重、清晰。而“地球村”的提出，“体验经济时代”的到来，使得许多学者都注意到文化与经济的共生互动关系，文化对经济发展的促进作用，经济发展对文化发展的推动作用。文化因素不断渗透到企业的产品生产设计、广告宣传、形象塑造等活动中去。市场经济的发展离开了文化的支柱，就会失去智力支持和精神动力。由此，文化营销也就随着时代发展悄然而至。

对于文化营销目前主要有以下 6 种不同层面的理解。

（1）各种文化产品或形式的营销，如音像制品、书籍、舞蹈、杂技、博物馆、音乐会等。这里它们也是商品，自然也有其目标顾客群，这些群体又有他们的需求特点。美国未来学家奈斯比特在《大趋势》中提供了一项数据：自 1965 年以来美国参观博物馆的人数由每年 2 亿人次增加到 5 亿人次，有会员资格的室内音乐社团从 1979 年的 21 个增至 1985 年的 578 个。据 1998 年 1 月 21 日扬子晚报报道：中央芭蕾舞团在上海首场演出《天鹅湖》，售价 300～800 元的票一售而空。意大利经典歌剧《阿伊达》每张 600 元的票供不应求。这与一般产品或服务的营销没有什么两样。

（2）利用各种文化产品或形式来协助商品的营销。这已经很普遍，如汽车新品发布会上的时装秀、歌星现场表演、背景音乐的播放、背板上布置的名画，很多发展商采用的“泛文化运动”方式，通过与运动、艺术、教育、网络、美女、明星、汽车、旅游等相结合，塑造自己楼盘的文化个性，增加楼盘的附加值等。

阅读资料 9.12 外国公司在北京营销

如果你是在北京营销，那就应该考虑北京人的价值观、语言、知识等非物质文化和建筑、交通等物质文化。

美国菲利浦·莫里斯公司为了消除文化障碍，在给中国拍摄的“万宝路”广告中选择了故宫的场景。法国轩尼诗公司为了加强文化沟通，在中国举办的XO酒公关营销活动中策划了“轩尼诗创意和成就奖”，并把该奖授予中国最著名的导演。

（3）考虑作为社会环境的文化影响下的营销。营销学的泰斗菲利浦·科特勒尽管没有明确提出“文化营销”这样的概念，但他指出文化的因素（包括文化、亚文化和社会阶层）是影响购买决策的最基本的因素。

那么，什么是社会学意义上的文化呢？按照社会学家戴维·波普诺的定义，指的是一个人类群体或社会的所有共享成果，包括物质的，也包括非物质的。

（4）为了形成一种有利于竞争和销售的文化而营销。这里的文化可以理解成一种包括品牌形象、品牌内涵、品牌忠诚、独特社群（由现有的和潜在的消费者构成）、文化等多种元素的东西，这种东西一旦形成，将使品牌的拥有者在与其他厂商竞争中获得其社群的支持，从而处于优势。

阅读资料 9.13 金帝巧克力的文化营销

金帝巧克力在众多的巧克力品牌中对于一种巧克力概念的塑造上是最成功的，而这种成功源于产品形式包装的同时更具有说服力的便是：“金帝巧克力，只给最爱的人。”

（5）文化营销是一种协调营销活动中文化冲突的方式，是“针对企业面临的目标市场的文化环境采取一系列的文化适应策略，以减少或防止营销与文化、异域文化的冲突，进而使营销活动适应和融合于当地文化的一种营销方式。”

阅读资料 9.14 麦当劳的文化营销

麦当劳中国区总裁在2005年12月20日的央视论坛中这样说道：“我们在不断地将美国消费文化与中国文化相融合，产品口味向本土化发展同时又具有自己的特色，如芙蓉汤、鸡肉卷等”。

（6）文化营销是构建核心价值观的一种营销方式。它是有意识地通过发现、甄别、培养或创造某种核心价值观念来达成企业经营目标（经济的、社会的、环境的）的一种营销方式。虽然巨人大厦曾一度瘫痪，但是不能不说“脑白金”的成功着陆意味着一种价值观念构建的成功，那就是“送礼送健康”。

其实可能关于文化营销的内涵每个人都有自己不同的理解，这是一个百家争鸣的时代，只有思想上的碰撞才能形成理论的发展。

9.8　网 络 营 销

9.8.1　网络营销的产生

20世纪90年代末，飞速发展的国际互联网（Internet）促使网络技术应用的指数增长，全球范围内掀起应用互联网热，世界各大公司纷纷上网提供信息服务和拓展业务范围，积极改组企业内部结构和发展新的管理营销方法，抢搭这班世纪之车。21世纪是信息社会，科技、经济和社会的发展正在迎接这个时代的到来，随着计算机网络的发展，信息社会的内涵有了进一步的改变，并称之为信息网络的年代。在信息网络年代，网络技术的发展和应用改变了信息的分配和接受方式，改变了人们生活、工作、学习、合作和交流的环境，企业也必须积极利用新技术变革企业经营理念、经营组织、经营方式和经营方法，搭上技术发展的快速便车，促使企业飞速发展。网络营销是适应网络技术发展与信息网络年代社会变革的新生事物，必将成为跨世纪的营销策略。

随着Internet作为信息沟通渠道的商业使用，Internet商用潜力被挖掘出来，显现出巨大威力和发展前景。市场营销是为创造达到个人和组织的交易活动，而规划和实施创意、产品、服务观念、定价、促销和分销过程。网络营销是以互联网络为媒体，以新的方式、方法和理念实施营销活动，更有效促成个人网络营销和组织交易活动的实现。

阅读资料9.15　网络营销的含义

网络营销在国外有许多翻译，如Cyber Marketing, Internet Marketing, Network Marketing, e-Marketing等。不同的单词词组有着不同的含义，Cyber Marketing主要是指网络营销是在虚拟的计算机空间（Cyber，计算机虚拟空间）进行运作；Internet Marketing是指在Internet上开展的营销活动；Network Marketing是指在网络上开展的营销活动，同时这里指的网络不仅仅是Internet，还可以是一些其他类型的网络，如增殖网络VAN。目前，比较习惯和采用的翻译方法是e-Marketing，e-表示是电子化、信息化、网络化含义，既简洁又直观明了，而且与电子商务（e-Business）、电子虚拟市场（e-Market）等进行对应。

网络营销作为新的营销方式和营销手段实现企业营销目标，它的内容非常丰富。一方面，网络营销要针对新兴的网上虚拟市场，及时了解和把握网上虚拟市场的消费者特征和消费者行为模式的变化，为企业在网上虚拟市场进行营销活动提供可靠的数据分析和营销依据。另一方面，网络营销在网上开展营销活动来实现企业目标，而网络具有传统渠道和媒体所不具备的独特的特点：信息交流自由、开放和平等，而且信息交流费用非常低廉，信息交流渠道既直接又高效，因此在网上开展营销活动，必须改变传统的一些营销手段和方式。网络营销作为在 Internet 上进行营销活动，它的基本营销目的和营销工具是一致的，只不过在实施和操作过程中与传统方式有着很大区别。

9.8.2 网络营销的主要内容

（1）网上市场调查。它主要是利用 Internet 的交互式信息沟通渠道来实施调查活动。它包括直接在网上通过问卷进行调查，还可以通过网络来收集市场调查中需要的一些二手资料。利用网上调查工具，可以提高调查效率和调查效果。Internet 作为信息交流渠道，它成为信息海洋，因此在利用 Internet 进行市场调查时，重点是如何利用有效工具和手段实施调查和收集整理资料，获取信息不再是难事，关键是如何在信息海洋中获取想要的资料信息和分析出有用的信息。

（2）网上消费者行为分析。Internet 用户作为一个特殊群体，它有着与传统市场群体中截然不同的特性，因此要开展有效的网络营销活动必须深入了解网上用户群体的需求特征、购买动机和购买行为模式。Internet 作为信息沟通工具，正成为许多兴趣、爱好趋同的群体聚集交流的地方，并且形成一个个特征鲜明的网上虚拟社区，了解这些虚拟社区的群体特征和偏好是网上消费者行为分析的关键。

（3）网络营销策略制定。不同企业在市场中处在不同地位，在采取网络营销实现企业营销目标时，必须采取与企业相适应的营销策略，因为网络营销虽然是非常有效的营销工具，但企业实施网络营销时是需要进行投入的和有风险的。同时企业在制定网络营销策略时，还应该考虑到产品周期对网络营销策略制定的影响。

（4）网上产品和服务策略。网络作为信息的有效沟通渠道，它可以成为一些无形产品，如软件和远程服务的载体，改变了传统产品的营销策略特别是渠道的选择。作为网上产品和服务营销，必须结合网络特点重新考虑产品的设计、开发、包装和品牌的传统产品策略，如传统的优势品牌在网上市场并不一定是优势品牌。

（5）网上价格营销策略。网络作为信息交流和传播工具，从诞生开始实行的自由、平等和信息免费的策略，因此网上市场的价格策略大多采取免费或者低价策略。因此，制定网上价格营销策略时，必须考虑到 Internet 对企业定价影响和 Internet 本身独特的免费思想。

（6）网上渠道选择与直销。如果说 Internet 对企业营销影响最大是什么，那应该是对企业营销渠道影响最大。但企业建设自己的网上直销渠道必须进行一定投入，同时还要改变传统的整个经营管理模式。

（7）网上促销与网络广告。Internet作为一种双向沟通渠道，最大优势是可以实现沟通双方突破时空限制直接进行交流，而且简单、高效和费用低廉。因此，在网上开展促销活动是最有效的沟通渠道，但网上促销活动开展必须遵循网上一些信息交流与沟通规则，特别是遵守一些虚拟社区的礼仪。网络广告作为最重要的促销工具，主要仰赖Internet的第四媒体的功能，目前网络广告作为新兴的产业得到迅猛发展。网络广告作为在第四类媒体发布的广告，具有传统的报纸、杂志、无线广播和电视等传统媒体发布广告无法比拟的优势，即网络广告具有交互性和直接性。

（8）网络营销管理与控制。网络营销作为在Internet上开展的营销活动，它必将面临许多传统营销活动无法碰到的新问题，如网络产品质量保证问题、消费者隐私保护问题，以及信息安全与保护问题等。这些问题都是网络营销必须重视和进行有效控制问题，否则网络营销效果会适得其反，甚至会产生很大的负面效应，这是由于网络信息传播速度非常快而且网民对反感问题反应比较强烈而且迅速。

复习思考题

一、关键词汇

顾客满意（Customer Satisfaction）
政治力量（Political Power）
探查（Probing）
分割（Partitioning）
择优（Prioritizing）
消费者需求（Consumer Demands）
成本（Cost）
便利（Convenience）
沟通（Communication）
关联（Relevancy）
反应（Reactivity）
关系（Relations）
回报（Return）
网络营销（e-Marketing）

二、简答

1．20世纪80年代以来都有哪些市场营销理论的新的提法和新的观点？
2．顾客满意与顾客让渡价值是如何衡量的？
3．什么是大市场营销？
4．4P、4C理论与4R理论是什么关系？
5．网络营销存在的问题是什么？

三、案例思考

1. 若供应商不合作，不给商场及时供货，顾客会因得不到满足而离去，再好的服务也不过是一具漂亮的空壳。发生在郑州"亚细亚"的供应商堵门讨债之事，可以说是二者关系恶化的一个典型。那些堵门的供应商和亚细亚的合作大多始于商场开业之时。开业前两年，为了吸引供应商，商场采取很优惠的办法。1992年以后，亚细亚名气越来越大，于是开始对供应商吃、拿、卡、要。如利用调整柜台、拖延结算等方法卡厂家；供应商想进场经营先"上菜"；把库存商品高价压给厂商；以后又大量占压货款以满足其高速扩张的需要等。所有这些做法，实际上置供应商的利益于不顾，制造并加大产销矛盾，供应商情急之下堵门讨债实在迫不得已。所以尊重、理解和支持供应商，是保持双方长久密切合作关系的基础。

再看当初，中原商战之时，"亚细亚"为了和五大商场争夺顾客，不断加大营销成本，不惜重金。当时亚细亚广告铺天盖地，并制造了"星期天到哪里去——亚细亚"这样夸大自身宣传的歇后语，而其他商场在感情上难以接受。于是五大商场成立联谊会，达成不和亚细亚合作的协议。如：不和亚细亚一起做广告，在五商场有生意的厂家若在亚细亚有柜台必须撤货，不然五商场将联合抵制这些厂家等。这对亚细亚来说是致命的一招，但并未给亚细亚敲响警钟。后来，其连锁店广州仟村百货开业之初，其调子仍定得很高，表现出很强的进攻性。如对外宣称"一年不亏，二年赢利，三年称雄广州"。广告宣传仍铺天盖地，并像郑州一样大张旗鼓地派汽车在广州四周招揽顾客等。但这种咄咄逼人的气势不可避免地与广州商界一贯崇尚的锋芒内敛、和气生财的心理发生冲突，以致四面树敌。供应商迫于其他商场的压力不愿与其合作，仟村百货陷入孤立无援境地，再加上其他原因，只好关门大吉。

思考：亚细亚在关系营销上的失误体现在哪些方面？你有什么具体有效的建议？

2. 长白山区农产品实现绿色营销、生态营销首先应具备绿色产品的生长环境、生产条件、生产技术，从而确定合理的产业布局和生产基地。相对于全国其他发达省来说，吉林省具有开发绿色农业产品的得天独厚的条件和优势，无论是生态环境，还是农业资源、产品资源都为其提供了现实的机遇。

长白山区绿色营销的自然环境条件：根据吉林省已有区域布局，全省共划分5个农业经济区，即东部长白山农区；中东部半山农林区；中部平原农业区；西部平原农牧区；城郊沿线区。由于不同的农业区域具有不同的特点，因此，只有充分考虑利用这些特点，才能促进吉林农业经济的协调发展，发挥地区优势，实现生态效益、经济效益和社会效益的共同提高。

长白山区绿色营销的社会环境条件：国际上将那种在生产、加工、流通环节中无污染、安全健康的新兴食品称为有机农产品，国内则称为绿色食品，即绿色农产品。随着国际绿色营销环境的形成，国内消费者消费水平从温饱型向小康型的过渡，为满足国际国内双重营销需要，农业系统实施了生态农业计划，并率先实施了绿色食品工程，提出开发绿色食品、规范绿色食品定义。

长白山区农产品绿色营销的自然条件优势、环境条件优势并不等于经济优势、市场竞争优势、利润优势。只有在此基础上，采取有效的营销策略，才能获得良好的营销效益。

（1）绿色农产品的生产与开发，是农产品绿色营销的基础。农产品绿色营销战略的实施，首先必须生产和开发出符合要求的绿色产品，充分发挥自然资源优势，将长白山生态农业区建成全国性绿色食品生产基地，利用科技成果优势，实现绿色农产品加工增值，实现资源优势向经济、市场优势的转化。因此，可大力开发人工种养殖，形成绿色农产品的规模化生产基地，实现规模营销。

（2）绿色农产品营销主体专业化生产，规模化、集团化营销战略。从长白山区企业现状看，随着绿色农产品生产规模的扩大和资源转化发展的迫切要求，现已在示范区内形成了各种类型的生产经营专业户，其中有生态综合型、果药型、粮药型、林药型、林畜型、菜畜型、加工型等，并形成了几个规模效益龙头企业，如以丰禾药业集团为龙头的人参及长白山资源转化集团，共研制开发康龙及景天王等系列产品 85 个，产品畅销国内外；以长白山珍制品厂为龙头的企业集团，共开发山菜、蘑菇、果仁系列产品、半成品 20 多个，主要销往日本、韩国等；以中意合资的戴尔马克木制品集团为龙头的木材加工业，带动着园区的木材生产，共同促进了长白山区生态经济和绿色农产品生产，成为园区的支柱产业。虽然这些企业已实施了规模化、专业化、集团化生产，但仍处于集团化发展初期，有许多不完善之处，与同类集团相比仍显实力不足，其营销观念、营销手段和方式还有许多不尽如人意的地方。

（3）实施生态营销基础上，以绿色营销观念为主导，进行观念创新。具体可采取的策略有以下几点。

① 将现有企业产品按绿色食品的要求生产和经营，在流通领域尤其是全国各大型零售企业设立长白山绿色食品系列专柜，扩大与消费者的接触面。

② 积极申请并使用绿色食品标志，它是质量证明标志，是产品信誉和质量保证，也是进入市场的有效通行证。目前全国已获绿色食品标志的有 400 余种。吉林省虽是农业大省，有许多实际上已能达到绿色食品标志的农产品及加工品，但申请并已使用绿色标志的却相对较少。

③ 树立起长白山系列食品新形象，以独特、自然、安全、健康的差别化产品赢得市场、赢得消费者。

（4）实施有效的商标和包装策略，实现绿色产品价值提升。长白山绿色食品经销企业积极采取措施，有意识扩大和宣传产品商标，重视商标信誉价值的体现。拥有了绿色标志和名牌商标的农产品，也就购得了进入国内乃至国际市场的双重通行证。在实施商标策略时，应积极改进产品包装，采用以自然、和谐、绿色为背景的绿色包装策略，同时针对不同产品系列充分运用相应的配套包装、等级包装等策略。

（5）确立符合绿色农产品特点的广告创意与策划，以广告策略作为开拓市场的利剑。结合长白山区绿色农产品个性特征挖掘其独有的魅力，寻求恰当的诉求定位，采用独特的广告策划与创意，才能创出长白山区自己的名牌绿色产品，改写吉林省无名牌农产品的历史。

思考：

（1）农业在可持续发展中的重要性何在？

（2）生态农业、生态营销与绿色营销的关系是什么？为什么说生态营销是农业可持续发展的重要条件？

（3）长白山农业区域经济中的营销战略有哪些重要内容？从绿色营销角度看，有哪些方需要改进？

3．亚马逊书店是世界上销售量最大的书店。它可以提供310万册图书目录，比全球任何一家书店的存书要多15倍以上。而实现这一切既不需要庞大的建筑，又不需要众多的工作人员，亚马逊书店的1600名员工人均销售额37.5万美元，比全球最大的拥有2.7万名员工的Bames & Noble图书公司要高3倍以上。这一切的实现，电子商务在其中所起的作用十分关键。

亚马逊书店的商业活动主要表现为营销活动和服务活动。它工作的中心就是要吸引顾客购买它的商品，同时树立企业良好的形象。亚马逊书店的商业战略简介如下。

（1）经营销售

亚马逊书店的营销活动在其网页中体现得最为充分。亚马逊书店在营销方面的投资也令人注目。现在，亚马逊书店每收入1美元就要拿出24美分搞营销，拉顾客，而传统的零售商店则仅花4美分。

亚马逊书店的营销策略主要有以下几点。

① 产品策略。亚马逊书店根据所售商品的种类不同，分为三大类：书籍、音乐和影视产品，每一类都设置了专门的页面，同时，在各个页面中也很容易看到其他几个页面的内容和消息，它将书店中不同的商品进行分类，并对不同的电子商品实行不同的营销对策和促销手段。

② 定价策略。亚马逊书店采用了折扣价格策略。所谓折扣策略是指企业为了刺激消费者增加购买在商品原价格上给予一定的折扣。它通过扩大销量来弥补折扣费用和增加利润。亚马逊书店对大多数商品都给予了相当数量的折扣。例如，在音乐类商品中，书店承诺：“You'll enjoy everyday savings of up to 40% on CDs, including up to 30% off Amazon.com's 100 best-sellong CDs（对CD类给40%的折扣，其中包括对畅销CD30%的折扣）。”

③ 促销策略。常见的促销方式，也即企业和顾客以及公众沟通的工具主要有四种。它们分别是广告、人员推销、公共关系和营业推广。在亚马逊书店的网页中，除了人员推销外，其余部分都有体现。

逛书店的享受并不一定在于是否有足够的钱来买想要的书，而在于挑选书的过程。手里捧着书，看着精美的封面，读着简介往往是购书的一大乐趣。在亚马逊书店的主页上，除了不能直接捧到书外，这种乐趣并不会减少。精美的多媒体图片，明了的内容简介和权威人士的书评都可以使人有身临其境的感觉。

主页上广告的位置也很合理，首先是当天的最佳书，而后是最近的畅销书介绍，还有读书俱乐部的推荐书，以及著名作者的近期书籍等。不仅在亚马逊书店的网页上有大量的多媒体广告，而且在其他相关网络站点上也经常可以看到它的广告，例如，在 Yahoo 上搜索书籍网站时就可以看到亚马逊书店的广告。

该书店的广告还有一大特点就在于其动态实时性。每天都更换的广告版面使得顾客能够了解到最新的出版物和最权威的评论。不但广告每天更换，还可以从“Check out the Amazon.com Hot 100 Updated hourly”中读到每小时都在更换的消息。

亚马逊书店千方百计地推销自己的网点，不断寻求合作伙伴。由于有许多合作伙伴和中间商，从而使得顾客进入其网点的方便程度和购物机会都大大增加，它甚至慷慨地做出了如下的承诺：

只要你成为亚马逊书店的合作伙伴，那么由贵网点售出的书，不管是否达到一定的配额，亚马逊书店将支付给你 15%的介绍费。

这是其他合作型伙伴关系中很少见的。目前，亚马逊书店的合作伙伴已经有很多，从其网页上的下面这段话“In fact, five of the six most visited Web sites are already Amazon.com Associates. Yahoo! And Excite are marketing products from their Web sites. So are AOL. com, Geocities, Netscape, and tens of thousands of other sites both large and small.”中，我们可以得知：包括 Yahoo 和 Excie 在内的五个最经常被访问的站点已经成为亚马逊书店的合作伙伴。

亚马逊书店专门设置了一个 gift 页面，为大人和小孩都准备了各式各样的礼物。这实际上是价值活动中促销策略的营业推广活动。它通过向各个年龄层的顾客提供购物券或者精美小礼品的方法吸引顾客长期购买本商店的商品。另外，亚马逊书店还为长期购买其商品的顾客给予优惠，这也是一种营业推广的措施。

亚马逊书店专门的礼品页面，为网上购物的顾客（包括大人和小孩）提供小礼品，这既属于一种营业推广活动，也属于一种公共关系活动；再有，是做好企业和公众之间的信息沟通，它虚心听取、搜集各类公众以及有关中间商对本企业和其商品、服务的反映，并向他们和企业的内部职工提供企业的情况，经常沟通信息；公司还专门为首次上该书店网的顾客提供一个页面，为顾客提供各种网上使用办法的说明，帮助顾客尽快熟悉，这也是一种搞好公共关系的方法。

（2）售前售后服务

① 搜索引擎。一家书店，如果将其所有书籍和音像产品都一一列出，是没有必要而且对用户来说也是很不方便的。因此，设置搜索引擎和导航器以方便用户的购买就成为书店的一项必不可少的技术措施。在这一点上，亚马逊书店的主页就做得很不错，它提供了各种各样的全方位的搜索方式，有对书名的搜索、对主题的搜索、对关键字的搜索和对作者

的搜索，同时还提供了一系列的如畅销书目、得奖音乐、最卖座的影片等的导航器，而且在书店的任何一个页面中都提供了这样的搜索装置，方便用户进行搜索，引导用户进行选购。这实际上也是一种技术服务，归结为售前服务中的一种。

② 顾客的技术问题解答。除了搜索服务之外，书店还提供了对顾客的常见技术问题的解答这项服务。例如，公司专门提供了一个 FAQ（Frequently Asked Questions）页面，回答用户经常提出的一些问题。例如，如何进行网上的电子支付？对于运输费用顾客需要支付多少？如何订购脱销书？而且，如果你个人有特殊问题，公司还会专门为你解答。

③ 用户反馈。亚马逊书店的网站提供了电子邮件、调查表等获取用户对其商务站点的反馈。用户反馈既是售后服务，也是经营销售中的市场分析和预测的依据。电子邮件中往往有顾客对商品的意见和建议。书店一方面解决用户的意见，这实际上是一种售后服务活动；另一方面，也可以从电子邮件中获取大量有用的市场信息，常常可以作为指导今后公司各项经营策略的基础，这实际上是一种市场分析和预测活动。另外，它也经常邀请用户在网上填写一些调查表，并用一些免费软件、礼品或是某项服务来鼓励用户发来反馈的电子邮件。

④ 读者论坛。亚马逊书店的网点还提供了一个类似于 BBS 的读者论坛，这个服务项目的作用是很大的。企业商务站点中开设读者论坛的主要目的是吸引客户了解市场动态和引导消费市场。在读者论坛中可以开展热门话题讨论。以一些热门话题，甚至是极端话题引起公众兴趣，引导和刺激消费市场。同时，可以开办网上俱乐部，通过俱乐部稳定原有的客户群，吸引新的客户群。通过对公众话题和兴趣的分析把握市场需求动向，从而经销用户感兴趣的书籍和音像产品。

思考：亚马逊书店的营销策略主要有哪些？从亚马逊书店的营销方式可以看出网络营销的哪些优势？